期货投资者教育系列丛书

乙二醇期货

中国期货业协会 编

中国财经出版传媒集团
中国财政经济出版社

图书在版编目（CIP）数据

乙二醇期货 / 中国期货业协会编. ——北京：中国财政经济出版社，2022.12

（期货投资者教育系列丛书）

ISBN 978-7-5223-1645-1

Ⅰ.①乙… Ⅱ.①中… Ⅲ.①乙二醇-期货交易-基本知识 Ⅳ.①F830.93

中国版本图书馆 CIP 数据核字（2022）第 147119 号

责任编辑：贾延平　　　　责任校对：胡永立
封面设计：王　颖　　　　责任印制：刘春年

乙二醇期货
YIERCHUN QIHUO

中国财政经济出版社 出版

URL：http://www.cfeph.cn
E-mail：cfeph@cfeph.cn

（版权所有　翻印必究）

社址：北京市海淀区阜成路甲 28 号　邮政编码：100142
营销中心电话：010-88191522
天猫网店：中国财政经济出版社旗舰店
网址：https://zgczjjcbs.tmall.com
北京时捷印刷有限公司印刷　各地新华书店经销
成品尺寸：170mm×230mm　16 开　17.75 印张　290 000 字
2022 年 12 月第 1 版　2022 年 12 月北京第 1 次印刷
定价：47.00 元
ISBN 978-7-5223-1645-1
（图书出现印装问题，本社负责调换，电话：010-88190548）
本社质量投诉电话：010-88190744
打击盗版举报热线：010-88191661　QQ：2242791300

《期货投资者教育系列丛书》编委会

编委会主任:洪 磊

编委会委员:王明伟 张晓轩 陈东升 吴亚军
　　　　　　王 颖 冉 丽 孙明福

主　　编:洪 磊

执行编委:董文旭 刘方媛

编撰人员:肖 彧 庄倚天 阮 有 姜兴春
　　　　　赵文婷 倪耀祥

前　言

我国期货市场经过 30 多年发展，经历了从无到有、从小到大、从乱到治，走出了一条独具特色的道路，取得了令人瞩目的成就。30 多年来，期货市场的规则体系不断完善，品种创新有序推进，风险管理工具进一步丰富，对外开放进程明显加快。期货市场的规模稳步扩大，市场投资者结构逐步优化，资产管理和风险管理等创新业务探索取得初步成效。期货市场整体运行质量和效率不断提高，价格发现和风险管理的基础功能得到发挥，在优化资源配置，促进产业升级，助力脱贫攻坚和维护国家经济金融安全等方面发挥着越来越重要的作用。

随着我国期货市场规模的不断发展壮大，新的市场参与者特别是个人投资者呈持续上升趋势。投资者是期货市场的重要主体，期货市场的发展离不开投资者的积极参与。中小投资者是我国现阶段资本市场的主要参与群体，但处于信息弱势地位，抗风险能力和自我保护能力较弱，合法权益容易受到侵害。维护中小投资者合法权益是证券期货监管工作的重中之重，关系广大人民群众的切身利益，是资本市场持续健康发展的基础。因此，当前我国期货市场正处于快速发展时期，做好投资者教育工作意义深远。

2013 年，《国务院办公厅关于进一步加强资本市场中小投资者合法权益保护工作的意见》（以下简称《意见》）发布，指出要强化中小投资者教育，加大普及证券期货知识力度。将投资者教育逐步纳入国民教育体系，有条件的地区可以先行试点。充分发挥媒体的舆论引导和宣传教育功能。证券期货经营机构应当承担各项产品和服务的投资者教育义务，保障费用支出和人员配备，将投资者教育纳入各业务环节。提高投资者风险防范意识。自律组织应当强化投资者教育功能，健全会员投资者教育服务自律规则。中小投资者应当树立理性投资意识，依法行使权利和履行义务，养成良好投资习惯，不听信传言，不盲目跟风，提高风险防范意识和自我保护能力。2019年3月，中国证监会、教育部联合印发了《关于加强证券期货知识普及教育的合作备忘录》（以下简称《合作备忘录》），旨在学校教育中大力普及证券期货知识，推动全社会树立理性投资意识，提升国民投资理财素质，维护社会和谐稳定。

随着《意见》的深入贯彻和落实，我国中小投资者保护工作取得了积极成效，围绕投资者教育工作，期货市场的监管部门、自律组织与中介机构都深入进行了大量形式多样、内容丰富、卓有成效的工作。由中国期货业协会组织编写的《期货投资者教育系列丛书》，就是协会按照中国证监会的统一部署，贯彻落实期货投资者教育工作的重要措施之一，也是协会积极响应《关于加强证券期货知识普及教育的合作备忘录》要求，推动期货知识进校园、进课堂、纳入国民教育体系的切入点。本丛书是为期货投资者编写的一套普及性读物，以广大普通投资者为服务对象，兼顾了专业机构的需求，采取简单明了的问答体例，在语言上力争做到深入浅出、通俗易懂、可读性强。衷心地希望本丛书的出版能够为期货投资者了解期货市场、树立风险意识、理性参与期货交易提供有益的帮助。

在此，我们对所有在本丛书编写和出版过程中付出辛勤劳动的朋友表示衷心感谢。由于编写时间紧迫，书中错误和疏漏在所难免，恳请读者批评指正。

中国期货业协会

2022 年 12 月

目 录

第一章　了解乙二醇 / 1

一、乙二醇是什么？ / 1

二、乙二醇的理化性质及储存、运输条件是怎样的？ / 3

三、乙二醇泄漏或起火时应如何处置？ / 4

四、乙二醇毒理环境及中毒急救有哪些方法？ / 5

五、乙二醇在我们实际生活中有哪些作用？ / 6

六、乙二醇是如何制备的？ / 14

七、我国乙二醇发展现状如何？ / 18

八、本书对乙二醇期货交易者的意义是什么？ / 23

自测题 / 24

参考答案 / 25

第二章　了解乙二醇期货 / 27

一、什么是期货？ / 27

二、现代期货市场是如何形成的？ / 28

三、国内期货市场的发展情况如何？ / 31

四、期货的主要特征有哪些？ / 37

五、期货与现货远期的主要差异是什么？ / 38

六、乙二醇期货上市的背景如何？ / 39

七、乙二醇期货上市的意义是什么？ / 44

八、乙二醇期货对期货市场参与者的作用有哪些？ / 46

九、乙二醇期货合约包括哪些条款？/ 50

十、保证金制度在乙二醇期货中如何运用？/ 52

十一、什么是当日无负债结算制度？/ 55

十二、什么是强行平仓制度？/ 56

十三、什么是涨跌停板制度？/ 57

十四、什么是持仓限额制度？/ 59

十五、什么是大户报告制度？/ 60

十六、对异常情况如何处理？/ 61

十七、什么是风险警示制度？/ 62

十八、什么是期货交割？/ 63

十九、如何期转现？/ 65

二十、乙二醇期货如何交割？/ 67

二十一、乙二醇期货的交割标准是怎样的？/ 73

二十二、乙二醇期货的交割地点有哪些？/ 74

二十三、哪些人群适宜参与乙二醇期货交易？/ 76

二十四、异常交易与期货违规行为有哪些？/ 78

自测题 / 83

参考答案 / 85

第三章 国际乙二醇的供需情况 / 86

一、全球乙二醇的供需状况如何？/ 86

二、全球乙二醇的生产分布状况怎样？/ 88

三、全球乙二醇的需求分布状况如何？/ 89

四、全球乙二醇的消费结构如何？/ 90

五、国际乙二醇贸易状况如何？/ 92

自测题 / 94

参考答案 / 95

第四章　国内乙二醇的供需情况　/ 96

一、我国乙二醇产能变化及分布状况如何？　/ 97

二、我国乙二醇新增产能分布状况如何？　/ 99

三、为何煤制乙二醇后续将成为我国增产新趋势？　/ 100

四、制取乙二醇各路线成本如何测算？　/ 101

五、我国乙二醇产量及开工变化趋势如何？　/ 104

六、我国乙二醇消费结构是怎样的？　/ 105

七、我国乙二醇下游消费构成情况如何？　/ 107

八、我国乙二醇下游消费增长情况如何？　/ 107

九、影响我国乙二醇下游消费的因素有哪些？　/ 109

十、我国乙二醇消费是否呈现明显的季节性特征？　/ 109

十一、我国乙二醇生产集中度情况怎样？　/ 110

十二、我国乙二醇贸易状况如何？　/ 111

十三、我国乙二醇仓储物流模式有哪些？　/ 114

十四、乙二醇市场的发展趋势如何？　/ 115

十五、我国乙二醇竞争形势如何？　/ 120

十六、我国乙二醇产业链上下游情况如何？　/ 123

十七、乙二醇与相关产品价格联动情况如何？　/ 124

自测题　/ 124

参考答案　/ 126

第五章　乙二醇期货的价格影响因素　/ 127

一、乙二醇价格历史走势情况如何？　/ 128

二、影响乙二醇价格变化的主要因素有哪些？　/ 131

三、分析乙二醇下游需求时应关注哪些因素？　/ 132

四、宏观经济对乙二醇价格有何影响？　/ 137

五、供应端的变化如何影响乙二醇价格？　/ 142

六、进口情况对乙二醇价格有何影响？　/ 144

七、国家政策对乙二醇产业有何影响？　/ 146

八、国际能源价格如何影响乙二醇价格？／154

九、乙二醇价格有何季节性规律？／157

自测题／157

参考答案／159

第六章　上游生产企业如何运用乙二醇期货工具　／160

一、什么是套期保值？／160

二、套期保值的种类有哪些？／163

三、什么是基差？基差变动对套期保值的效果有何影响？／163

四、基差的影响因素有哪些？／166

五、什么是基差交易？／168

六、上游生产企业如何运用期货工具提前锁定乙二醇销售利润？／170

七、上游生产企业如何运用期货工具拓展销售渠道？／171

八、上游生产企业如何运用套期保值降低库存风险？／174

九、参与乙二醇套保的企业应如何建设团队和制度？／176

十、企业在套期保值中常见的误区有哪些？／180

十一、企业如何进行套期保值风险管理？／183

十二、在套期保值实际操作中，企业如何进行套保系数管理？／188

自测题／190

参考答案／192

第七章　中间贸易商如何运用乙二醇期货工具　／193

一、中间贸易商是否有运用乙二醇期货工具进行套期保值的必要性？／193

二、中间贸易商如何判断自己的风险敞口？／194

三、采购价确定、销售价不确定时企业如何进行套期保值？／196

四、采购价不确定、销售价确定时企业如何进行套期保值？／200

五、采购价与销售价都不确定时企业如何进行套期保值？／202

六、中间贸易商参与卖出套期保值的优势有哪些？／203

七、中间贸易商参与买入套期保值的优势有哪些？／205

自测题 ／ 206

参考答案 ／ 208

第八章　下游生产企业如何运用乙二醇期货工具 ／ 209

一、下游生产企业为什么要参与乙二醇期货市场？／209

二、下游企业如何利用乙二醇期货进行买入套期保值？／210

三、下游企业如何进行卖出套期保值？／213

四、下游企业参与期货套期保值的优势有哪些？／213

自测题 ／ 215

参考答案 ／ 216

第九章　投机交易者如何运用乙二醇期货 ／ 217

一、何为投机交易？／218

二、投机交易如何分类？／220

三、投机交易方式如何分类？／225

四、投机交易者的主要分析方法有哪些？／226

五、投机交易者在期货交易中扮演了怎样的角色？／234

六、投机交易者在交易过程中如何进行策略管理？／235

七、投机交易者在交易过程中如何进行风险管理？／239

八、投机交易者在交易过程中如何进行资金管理？／240

自测题 ／ 242

参考答案 ／ 244

第十章　乙二醇期货市场的风险管理 ／ 245

一、什么是行情波动风险？／246

二、什么是保证金风险？／249

三、什么是流动性风险？／250

四、什么是涨跌停板风险？／255

五、什么是强制减仓风险？／258

六、期货交易中还有哪些风险？／260

七、如何管理期货交易中的风险？／261

八、各类参与者面临的主要风险有什么？／263

自测题　／263

参考答案　／264

后　记　／265

第一章

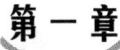

了解乙二醇

本章要点

　　本章主要介绍了乙二醇的基本知识,简述了乙二醇的理化性质、主要下游应用及制备方法,可帮助读者了解与乙二醇相关的基本常识,帮助读者做好参与乙二醇交易的事前准备工作。

 一、乙二醇是什么?

　　乙二醇,从名字上看就充满着的"化学气",虽然对于普通大众而言,乙二醇可能没有甲醇和乙醇那么出名,但实际上乙二醇就在我们身边。平时我们穿的衣物、喝的饮料的瓶子大多是由乙二醇和其他原料加工而成的,汽车用的冷却液也大多含有乙二醇。乙二醇与我们日常生活的关联度远比我们想象的更紧密。

乙二醇又名甘醇、1,2-亚乙基二醇，简称 EG。化学式为 $(CH_2OH)_2$，或者 $C_2H_6O_2$，结构简式为 $HO-CH_2CH_2-OH$，是最简单的脂肪族二元醇，具有醇类的化学性质，能生成醚、酯，能被氧化生成醛或酸，也可被卤素取代，或者与酰氯或酸酐反应，一般均形成双酯。乙二醇的球棍模型见图1-1。

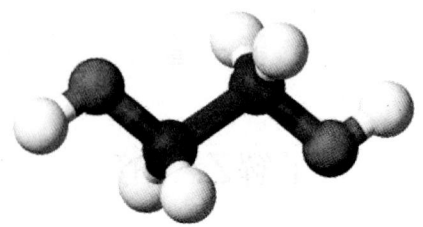

图1-1 乙二醇球棍模型示意图

通常，乙二醇是生产聚酯树脂、醇酸树脂、聚酯纤维的原料，也用作汽车抗冻剂和飞机发动机制冷剂。除此之外，乙二醇在催化剂（二氧化锰、氧化铝、氧化锌或硫酸）作用下加热，可在分子内或分子间脱水，生成环状乙二醇缩乙醛，它可与硝酸反应生成一种名为乙二醇二硝酸酯的炸药，乙二醇二硝酸酯与硝化甘油联合使用可使炸药的冻点降低。乙二醇还可作为药品和塑料的原料及高沸点溶剂。

> **小贴士**
>
> 现如今，世界范围内，乙二醇下游需求中用于生产聚酯方向的量约占九成，但在1980年，美国用于生产抗冻剂的乙二醇与用于生产聚酯的消费量相等。

乙二醇是我国重要的化工原料和战略物资，2009年我国乙二醇进口量超过580万吨。乙二醇期货上市的2018年我国乙二醇进口增加至979万吨，2020年我国乙二醇进口量已经突破千万吨大关，达到1055万吨。

二、乙二醇的理化性质及储存、运输条件是怎样的？

乙二醇是无色无臭透明黏稠液体，味甜，具有吸湿性，与水、低级脂肪族醇、甘油、醋酸、丙酮及类似酮类、醛类、吡啶及类似的煤焦油碱类混溶，微溶于乙醚，几乎不溶于苯及其同系物、氯代烃、石油醚和油类。此外，乙二醇能降低水的冰点，较不易挥发，其主要理化参数见表1-1。

表1-1　　　　　　乙二醇的主要理化参数

指标	数值
密度	1.113g/mL（25℃）
PH值	6~7.5（100g/l，H_2O，20℃）
蒸汽压	0.08 mmHg（20℃）
黏度	25.66 mPa.s（16℃）
燃烧热	1180.26 kJ/mol
凝固点	-11.5℃
闪点	110℃
沸点	197.4℃
自燃点	418℃
临界温度	372℃
临界压力	7699 kPa
临界摩尔体积	186C3/mol
爆炸极限值	3.2%（V）
偏心因子	0.27
表面张力	46.49 mN/m（20℃）
溶解度	与水、乙醇、丙酮、醋酸甘油吡啶等混溶，微溶于乙醚，不溶于石油烃及油类，能够溶解氯化钙、氯化锌、氯化钠、碳酸钾、氯化钾、碘化钾、氢氧化钾等无机物
相对介电常数	37（25℃）
稳定性	稳定

乙二醇自燃点较高，一般情况下单独放置不会燃烧，但遇明火、高热时依然可燃。会与氧化剂和酸类反应，因此切忌与强氧化剂和强酸一同放置。若遇高热，容器内压增加，有开裂或爆炸的风险。因此，乙二醇应储存于阴凉通风场所，远离火种和热源。应与氧化剂、酸类分开存放，同时配备相应品种和数量的消防器材。储存区应当配备泄漏应急设备以及合适的收容材料，管道内介质流速不宜过高，管道的接地情况要保持良好状态以防止静电。一般要求使用镀锌的铁桶对乙二醇进行包装，而且包装的密封性要求很高，长期储存乙二醇时，要注意氮封、防潮、防火、防冻。

运输乙二醇之前，应先检查包装容器是否完整、密封，运输过程中要确保容器不泄漏、不倒塌、不坠落、不损坏，严禁与氧化剂、酸类等混装混运。乙二醇和氧化剂等容易发生反应，产生燃烧爆炸，所以尽量专车运输，不要和其他物品一起运输。船运时应与机舱、电源、火源等部位隔离。

乙二醇不属于危险化学品，一般的贸易商仅需要经过市级审批即可取得乙二醇经营贸易的从业资质。乙二醇企业具有入市门槛低的特点。不过，作为易燃液体，乙二醇应当避免在高温天气下运输，特别是夏天中午高温时段，要尽量在早晚时间运输，同时车辆上要备有救火设备和防静电设备，车厢要保证阴凉通风。

三、乙二醇泄漏或起火时应如何处置？

乙二醇泄漏时，应迅速撤离人员至安全区并对泄漏污染区隔离，严格限制出入并切断火源。应急处理人员建议佩戴全面罩自吸过滤式防毒面具，穿一般作业工作服，尽可能切断泄漏源，防止乙二醇流入下水道、排洪沟等限制性空间。小量泄漏可以用砂土、蛭石等惰性材料吸收，也可以用不燃性分散剂制成的乳液刷洗，经过洗液稀释后放入废水系统；大量泄漏需要构筑围堤或挖坑收容，并用泵转移至槽车或专用收容器内，回收或运至废物处理场所处置。

乙二醇起火时，应先尽可能将容器移至空旷处，随后喷水保持火场容器冷却，直至火灭。处在火场中的容器若已变色或从安全泄压装置中发出声音时，必须立刻撤离。乙二醇的灭火剂可以是雾状水、抗溶剂泡沫、干粉、二氧化碳和砂土。

四、乙二醇毒理环境及中毒急救有哪些方法？

乙二醇属于低毒类，其本身毒性较低，但代谢产物毒性对人类的危害较大。乙二醇的主要三种代谢产物——乙醛酸、草酸和乳酸对人体具有毒性。乙醛酸能抑制糖酵解和三羧酸循环，刺激大脑；草酸可引起肾损伤和代谢性酸中毒，还可与钙离子结合形成草酸钙结晶，导致低钙血症，并沉积于肾、脑等处，造成肾、脑功能障碍；乳酸则可进一步加重酸中毒。

尽管乙二醇具有毒性，但其挥发性很小，故在生产中经吸入而引起严重中毒的可能性不大。吸入中毒时的表现为神志模糊、眼球震颤，尿中有蛋白、草酸钙结晶和红细胞等。在临床上，口服乙二醇中毒的表现分为三个阶段：第一阶段主要为中枢神经系统症状，如乙醇中毒的表现；第二阶段主要症状为气急、紫绀以及肺水肿或支气管肺炎的各种表现；第三阶段肾脏病变明显，有腰痛、肾区叩痛、肾功能损害、蛋白尿、血尿、尿中有草酸钙结晶、少尿以至无尿，出现急性肾功能衰竭。

乙二醇毒性测试数据及表现见表1-2。

表1-2　　　　乙二醇毒性作用试验数据

毒性类型	测试方法	测试对象	使用剂量	毒性作用
急性毒性	吸入	大鼠	4小时 180mg/m^3	1. 行为毒性——全身麻醉
急性毒性	口服	成年男性	24mg/kg	1. 大脑毒性——影响特定区域的中枢神经系统 2. 眼毒性——瞳孔扩张 3. 肺部、胸部或者呼吸毒性——其他变化

续表

毒性类型	测试方法	测试对象	使用剂量	毒性作用
急性毒性	口服	成年男性	15mg/kg	1. 周围神经毒性——感知改变 2. 胃肠道毒性——溃疡或小肠出血 3. 肾、输尿管和膀胱毒性——肾功能不全

资料来源：根据公开资料整理。

  乙二醇的侵入途径主要为误食摄入和蒸气吸入，皮肤也会少量吸收。因身体表面暴露而直接接触乙二醇的，必须用肥皂和清水冲洗身体污染部位，如果污染部位发生在眼部，则只能用清水或者生理盐水冲洗并就医。口服乙二醇的误服者须按一般口服中毒的急救原则处理，立即用 1:2000 高锰酸钾溶液洗胃，然后用盐水导泻。吸入乙二醇的误服者应立即转移离开现场，并静脉滴注 1/6mol 乳酸钠溶液 600ml 和 10% 葡萄糖酸钙 10ml 以及大量维生素 C。对严重中毒患者，可用人工肾透析。

  盛装乙二醇的容器上应有"有毒""易燃品"标记。乙二醇被加热时，要求容器密闭、排气，防止吸入乙二醇蒸气或气溶胶。操作人员应穿戴防护用具，避免皮肤长期直接接触乙二醇。相关工作人员建议每年体检时进行肾和肝功能的检查，尤其是尿常规项目。

 五、乙二醇在我们实际生活中有哪些作用？

  乙二醇与我们的日常生活息息相关，可以用于生产聚酯纤维、防冻液、不饱和聚酯树脂、润滑剂、增塑剂、非离子表面活性剂等，甚至炸药。此外，乙二醇还可以用于涂料、照相显影液、刹车液以及油墨等行业，用作硼酸铵的溶剂和介质，用于生产特种溶剂乙二醇醚等。乙二醇的应用范围相对广泛，下文通过对乙二醇在几个主要应用领域的介绍，带领大家领略无处不在的乙二醇。

(一) 聚酯与乙二醇的关系

聚酯是由多元醇和多元酸缩聚制成的聚合物的总称,主要指聚对苯二甲酸乙二酯(Polyethylene Terephthalate, PET),由精对苯二甲酸(Pure Terephthalic Acid, PTA)和乙二醇(Ethylene Glycol, EG)经过缩聚产生,是乙二醇最重要的下游产品。

聚酯可以分为纤维级聚酯和非纤维级聚酯,纤维级聚酯又称聚酯纤维,我国将聚酯含量超过85%的纤维称作"涤纶",在服装的衣物吊牌中,我们可以经常看到成分表里面有"聚酯纤维"和"涤纶"等字样。纤维级聚酯主要用于涤纶长丝和涤纶短纤,纤维级聚酯是聚酯生产的主要方向,占总量的近九成。非纤维级聚酯主要用于聚酯瓶片和聚酯薄膜,主要应用领域为包装料。聚酯切片则处在一个中间位置(见图1-2),随着生产工艺的不断成熟,聚酯切片已经成为产业链中的调剂产品。

图1-2 处在中间位置的聚酯切片

聚酯纤维具有一系列优良性能,如断裂强度和弹性模量高,回弹性适中,热定型效果优异,耐热和耐光性好。聚酯纤维的熔点为255℃左右,玻璃化温度约70℃,在广泛的最终用途条件下形状稳定,织物具有洗可穿性,另外,还具有优秀的阻抗性(诸如抗有机溶剂、肥皂、洗涤剂、漂白液、氧化剂)以及较好的耐腐蚀性,对弱酸、碱等稳定,故有着广泛的服装等产业用途。

纤维级聚酯中涤纶长丝的主要下游应用是纺织服装和产业用纺织品,涤纶短纤作为合成纤维的重要类别之一，主要应用在棉纺行业，可以通过单独纺纱的形式或者与棉花、黏胶纤维等混纺的形式，得到用于服装织布的纱线。涤纶纯纺或混纺制成的仿棉、仿毛、仿麻织物一般具有聚酯纤维原有的优良特性，如织物的抗皱性和褶裥保持性、尺寸稳定性、耐磨性、洗可穿性等，而聚酯纤维原有的一些缺点，如纺织加工中的静电现象和染色困难、吸汗性与透气性差、遇火星易熔成空洞等缺点，可随亲水性纤维的混入在一定程度上得以减少。涤纶短纤还可以用于家装面料、包装用布、填充料和保暖材料。

聚酯瓶片因为具有优异的强度、耐热性、耐化学药品性以及电绝缘性，被广泛应用于包装业、电子电器、医疗卫生等领域。软饮料领域始终是聚酯瓶片的最大需求领域，其制造的聚酯瓶优点是质量轻，通常只有等体积大小玻璃瓶重量的十分之一。机械强度大，不易破碎，携带和使用方便，且透明度好，表面富有光泽，无毒，气密性好，有良好的保鲜性。生产聚酯瓶的能量消耗少，废旧瓶可再生使用，还用于制作食品用油、调味品、甜食品、药品、化妆品以及含酒精饮料的包装瓶子。从未来发展看，健康型饮品、片材以及其他新型领域将成为聚酯瓶片下游需求的高增速点，短期内，聚酯瓶片下游需求的主要增长点仍以包装饮料和片材为主。

聚酯瓶片不仅能生产透明瓶，而且能生产有色瓶、正在发展的聚酯和其他树脂的复合瓶。玻璃纤维增强的聚酯塑料有重大发展，1984年，杜邦公司开发了一种超韧性玻璃纤维增强PET，它具有优异的刚性、冲击韧性和耐热性，熔体流动性好，易加工成形状复杂的制品，模塑周期短，着色性好，模温在80℃以上即可制得表面光泽好的制品。聚酯塑料主要用于汽车的壳体、保险杠、方向盘、要求耐冲击的体育器材、电器制品、浴缸、防弹护甲、船身和优异的建筑材料。

聚酯还被广泛应用于塑编行业，与传统的聚丙烯制塑编产品相比，聚酯制塑编具有以下优势：首先，聚酯扁丝的拉力强度是聚丙烯的2至3倍，更有利于节省原料，降低生产成本；其次，聚酯扁丝在耐老化方面更为优秀，是聚丙烯的4倍，使用多年也不会老化，且生产的集装袋和编织袋不用添加任何抗紫外线剂，节约了成本。此外，由于聚酯透明度高、光泽度高，聚酯制透明袋或网眼袋透明度高，表面平整光洁；聚酯在耐热和耐低温性能上也较聚丙烯更具优势；由于聚酯产品有较高的强度和模量、较好的弹性、耐磨性和耐冲击性，载荷下耐蠕变性好，在编织中不裂丝，因此，其草坪丝耐磨性较好，且抗老化不褪色，其篷布在阳光下也不易老化。因此，聚酯塑编有望拓展塑编的应用领域，满足塑编产品日益增加的社会需求。

总体而言，在乙二醇下游产品中，聚酯占绝大部分，占比将近九成。在聚酯内部，涤纶长丝与涤纶短纤组成的聚酯纤维又占了聚酯的约三分之二的地盘，是整个乙二醇下游产品中当仁不让的"老大哥"。在剩余的空间中，聚酯膜片仅占不到2%，聚酯切片与瓶片平分剩余部分。

从更广阔的视角看，聚酯纤维是各类纤维（包括棉花、聚酯、粘胶、尼龙、聚烯烃、丙烯酸、丝绸、羊毛等）中的一种，目前，聚酯纤维占纤维总需求的55%~60%，且保持逐年递增的趋势，在人类生活中扮演了重要的角色。

（二）乙二醇用作防冻液的原因

防冻液是防冻冷却液的简称，意为有防冻功能的冷却液，主要用于液冷式发动机冷却系统，防冻液具有冬天防冻，夏天防沸，全年防水垢、防腐蚀等优良性能。乙二醇防冻液本质上就是一种冷却液，主要用途为帮助发动机系统有效散热，跟水的作用类似。由于部分地区存在冰冻情况，而水的冰点为0℃，需要冰点更低的冷却液起冷却效果，但同时又不至于令发动机冷却系统因低温冰冻出现损害。许多人认为防冻液只是冬天才使用，其实防冻液全年都要使用。

一般情况下，防冻液主要成分可以是乙二醇、丙二醇或者二甘醇等，这些成分加水稀释后，就能得到防冻液。而实际市场上，主要石油加工企业生产的防冻液绝大多数是乙二醇防冻液。乙二醇防冻液也是制冷行业中非常常见的制冷剂，世界各国从20世纪50年代起就基本采用乙二醇作为防冻剂，目前，国内外仍有95%以上的防冻液使用的是乙二醇的水基型防冻液。

乙二醇是一种无色、微黏的液体，沸点197.4℃，冰点-11.5℃，可与水按任何比例混合。混合后，由于冷却水蒸汽压力的变化，其凝固点明显降低。在一定范围内，随着乙二醇含量的增加，其还原度降低。当乙二醇含量为66%时，凝固点甚至可降至-68℃的超低温，但需要注意的是，过犹不及，当乙二醇含量超过68%后，凝固点转为升高，应用效果反而降低。当含量达到99.9%时，其凝固点上升至-13.2℃，与乙二醇本身冰点相近，这就是浓缩型防冻液（防冻液母液）为什么不能直接使用的一个重要原因。在中国中南部，一般采用乙二醇质量分数为40%的配比，而中国的北方为了应对更寒冷的天气，一般采用乙二醇质量分数为50%的配比。

乙二醇浓度及凝固点关系见图1-3。

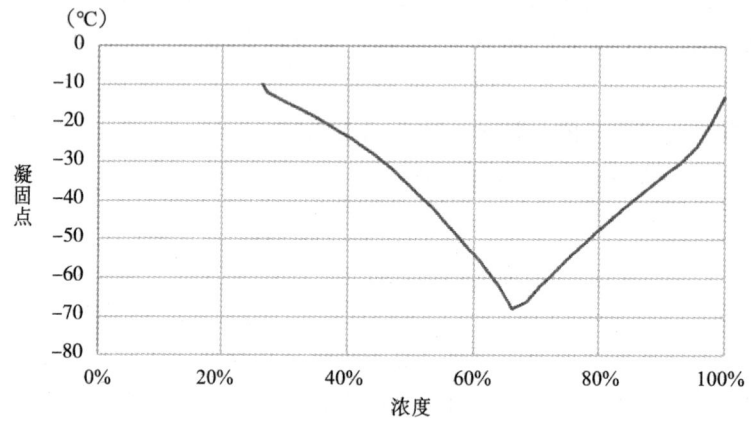

图1-3 乙二醇浓度及凝固点关系

需要注意的是，乙二醇含有羟基，容易被氧化成乙醇酸，再被氧化成乙二酸（草酸）。乙二醇防冻液在使用中易产生酸性物质，对金属具有腐蚀作用，并容易渗漏，因此，应掺入适量的磷酸氢二钠等防腐添加剂，以防止钢铁、铝的腐蚀以及水垢的生成。

此外，虽然乙二醇具有毒性，但由于它的沸点很高，并不会产生蒸汽，不用担心乙二醇蒸汽被吸入体内并引起中毒情况的发生。乙二醇具有很高的吸湿性，储存容器应密封，以防吸水后溢出。因为水的沸点比乙二醇低，所以先蒸发的大多是水，当缺少冷却水时，只要加入净水就行了。在条件允许的情况下也可以添加相同品牌的冷却液。为什么一定要是相同品牌的冷却液呢？因为现在市面上使用的乙二醇防冻液的母液成分并不一定一致，所以贸然添加后可能导致多种化学成分之间发生化学反应，从而使防冻液失效。

目前，主要的防冻液分三种类型：乙醇型、乙二醇型和甘油型。乙二醇型防冻液我们已经做了充分介绍，接下来将三种类型的防冻液的各项性能整理汇总供读者比对（见表1-3）。

表1-3　　　　　　　　　　　主要防冻液比较

指标	乙醇型	乙二醇型	甘油型
使用寿命	6个月	3~5年	7~12年
冰点	-114℃	-11.5℃	-17℃
沸点	78.3℃	197.4℃	290℃
调配	不超过40%	国内40%~50%	需要高含量
特性	1. 沸点低，不宜在工作温度较高的发动机冷却系统中使用 2. 一次性产品，蒸发损失量大，需及时补充，以避免发动机过热，不适宜北方车辆使用	1. 易腐蚀金属，需添加防腐添加剂 2. 吸湿性强，因此冷却系统会出现沸点降低的现象 3. 使用后可回收，调整浓度并补加防腐剂后可继续使用	1. 与水混合后冰点最低可达-46.5℃，但低冰点甘油含量需求非常大，成本较高 2. 国际民航管理规范指定飞机起飞前的除冰剂，一般车辆使用较少 3. 可再生资源，可自然降解，是环保绿色产品

资料来源：根据公开资料整理。

（三）乙二醇在聚氨酯生产中扮演的角色

聚氨酯树脂（Polyurethane，PU），全名为聚氨基甲酸酯，一般直接称作聚氨酯，是一种高分子化合物。最早由德国科学家奥托·拜耳等人在1937年研发而成，他们将液态的异氰酸酯和液态聚醚或二醇聚酯缩聚生成一种新型材料，该材料的物理性能参数与当时的传统聚烯烃材料有很大区别。

软质聚氨酯主要具有热塑性的线性结构，它比PVC发泡材料有更好的稳定性、耐化学性、回弹性和力学性能，具有更小的压缩变形性。其隔热、隔音、抗震、防毒性能良好，可用作包装、隔音、过滤材料。硬质聚氨酯塑料质轻、隔音、绝热性能优越，是耐化学药品，电性能好，易加工，吸水率低。它主要用于建筑、汽车、航空工业、保温隔热的结构材料。聚氨酯弹性体性能介于塑料和橡胶之间,耐油、耐磨、耐低温、耐老化,硬度高,有弹性,主要用于制鞋工业和医疗业。聚氨酯还可以制作黏合剂、涂料、合成革等。

综上所述,聚氨酯制品主要包括泡沫塑料、弹性体、纤维塑料、纤维、革鞋树脂、涂料、胶黏剂和密封胶等,其中泡沫塑料所占比重最大。聚氨酯泡沫塑料分为硬泡和软泡两种,具有优良的弹性、伸长率、压缩强度和柔软性,以及良好的化学稳定性。此外,聚氨酯泡沫塑料还有优良的加工性、黏合性、绝热性等性能,属于性能优良的缓冲材料。

在聚氨酯生产过程中,乙二醇主要扮演的角色是扩链剂,是可选品、非必需品,用量相对较小。扩链剂又称链增长剂,是指能与线型聚合物链上的官能团反应而使分子链扩展、分子量增大的物质。常用于提高聚氨酯、聚酯等产品的力学性能和工艺性能。扩链剂对于聚氨酯胶黏剂和密封剂的合成非常重要,直接影响其产品的力学性能和工艺性能。扩链剂通常为含羟基或氨基的低分子质量多官能团的醇类或胺类化合物,它们通常是具有能与反应体系进行化学反应的特性基团,且分子量低,反应活泼,对异氰酸酯和聚醇体系构成较强的反应竞争概率,从而极其有效地调节反应体系的反应速度,使聚氨酯反应体系能够快速扩链。

在聚氨酯的合成中,使用最多的扩链剂是1,4-丁二醇,当然还有乙二醇、丙二醇等。乙二醇扩链剂用量能够显著影响聚氨酯微孔弹性体工艺及性能,随着其用量的增加,聚合反应的乳白时间和凝胶时间递减,断裂伸长率显著下降,密度略有增加,硬度和拉伸强度明显提高。根据乙二醇用量的多少,可以制备出适合不同用途的聚氨酯微孔弹性体材料。与使用最多的扩链剂1,4-丁二醇相比,乙二醇的耐水性和流动性略差,强度表现略好,具体应用要看相关树脂主题及其配方参数。

(四)乙二醇与不饱和树脂的关系

不饱和树脂(Unsaturated Polyester Resin,UPR),是指由二元酸和二元醇经缩聚反应而生成的含有不饱和双键的高分子化合物。聚酯化缩聚反应通常是在190℃~220℃进行,直至达到预期的酸值(或黏度)。在聚酯化缩聚反应结束后，趁热加入一定量的乙烯基单体，配成黏稠的液体，这样的聚合物溶液被称为不饱和聚酯树脂。

不饱和树脂在生产关系中更靠近终端制造业，其原料众多，包括乙二醇、丙二醇、顺酐、二乙二醇、苯酐、苯乙烯等，但其生产工艺基本类似。变化较大的是不饱和树脂的生产型号及原料配比，各生产企业根据下家制品来调节原料配比，使之符合相应的性状。

不饱和聚酯树脂最大的优点是工艺性能优良，其可以在室温下固化，常压下成型，工艺性能灵活，特别适合大型和现场制造玻璃钢制品。固化后树脂综合性能好，力学性能指标略低于环氧树脂，但优于酚醛树脂。耐腐蚀性，电性能和阻燃性可以通过选择适当牌号的树脂来满足要求，树脂颜色浅，可以制成透明制品。

树脂分为热塑性树脂和热固性树脂两大类，其中，加热熔化冷却变固，而且可以反复进行的可熔的树脂叫作热塑性树脂，而加热固化以后不再可逆，成为既不溶解又不熔化的固体的树脂叫作热固性树脂，不饱和聚酯树脂属于热固性树脂。作为热固性树脂，不饱和聚酯树脂在热或引发剂的作用下，可固化成为一种不溶不熔的高分子网状聚合物。但这种聚合物机械强度很低，不能满足大部分使用的要求，当用玻璃纤维增强时可成为一种复合材料，俗称"玻璃钢"（Fiber Reinforced Plastics，FRP）。玻璃钢在机械强度等方面的性能相对树脂浇铸体有很大提升，UPR-FRP是以不饱和树脂为基材，以玻璃纤维为增强骨材的复合材料，具有轻质高强、耐腐蚀性良好、电性能优异的特点，又具有独特的热性能，加工工艺性能优异，且材料的可设计性好等品质，可制成耐腐蚀产品、耐瞬时高温产品、透光板材、耐火阻燃制品、耐紫外线以及玻璃钢门窗、钢管、钢罐、钢槽、格栅等制品。

目前，玻璃钢占我国国内不饱和树脂下游需求的将近一半，是运用较为广泛的制品。作为新型材料，近几年，玻璃钢复合材料在新农村建设（玻璃钢化粪池）、新能源汽车充电桩、5G管道建设、水利建设、风电等行业的用量增长明显。除了玻璃钢以外，不饱和树脂也会被应用到人造石、大理石、工艺品等领域，这部分用量占总量的三成左右，还有一小部分的不饱和树脂则会被用于涂料、浇筑及其他领域。

六、乙二醇是如何制备的？

在介绍完乙二醇广泛的下游应用后，下面我们主要介绍乙二醇的自身制备。相对于更接地气的应用，乙二醇制备方面的知识较为生涩，仅供对乙二醇生产工艺及其原理有兴趣的读者参阅。

首先我们看一下乙二醇的主要生产工艺路径（见图1-4）。

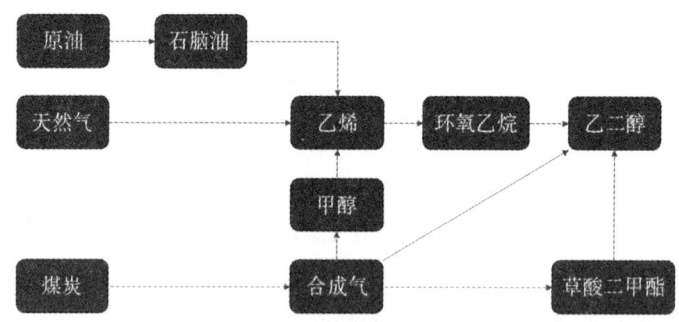

图1-4 乙二醇主要生产工艺路径

（一）环氧乙烷直接水合法

在煤制乙二醇工艺成熟之前，环氧乙烷直接水合法是全球工业规模化生产乙二醇的唯一方法。环氧乙烷直接水合法是采用原料环氧乙烷（Ethylene Oxide，EO）和水在加热（190℃~200℃）、加压（2.23 MPa）下，反应半个小时，生成乙二醇含量约10%的乙二醇、二乙二醇、三乙二醇的混合水溶液，再经分离制得乙二醇。随后，将乙二醇稀溶液经薄膜蒸发器浓缩，再经过脱水、精制等工序，得到合格的乙二醇产品及副产品。该技术的生产工艺主要由英荷Shell化学公司、美国SD以及UCC公司拥有，该技术已经相对成熟，并应用广泛。

环氧乙烷制乙二醇装置典型工艺流程见图1-5。

第一章　了解乙二醇　15

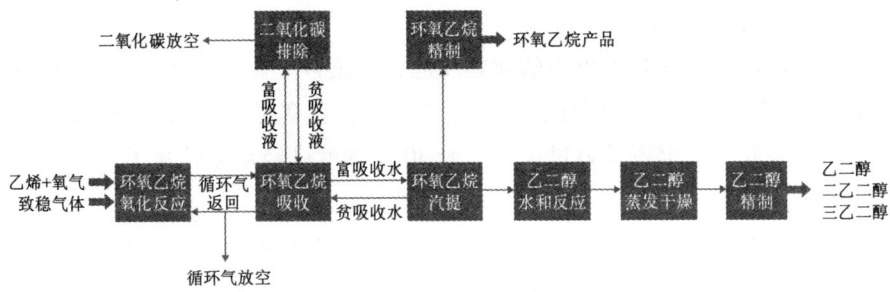

图 1-5　环氧乙烷制乙二醇装置典型工艺流程

资料来源：根据公开资料整理。

主反应方程式：环氧乙烷加水合成乙二醇

C_2H_4O（环氧乙烷）$+ H_2O$（水）$\rightarrow C_2H_6O_2$（乙二醇）

副反应方程式：乙二醇进一步与环氧乙烷合成二乙二醇及三乙二醇

C_2H_4O（环氧乙烷）$+ C_2H_6O_2$（乙二醇）$\rightarrow C_4H_{10}O_3$（二乙二醇，Diethylene Glycol，DEG）

C_2H_4O（环氧乙烷）$+ C_4H_{10}O_3$（二乙二醇）$\rightarrow C_6H_{14}O_4$（三乙二醇，Triethylene Glycol，TEG）

关于环氧乙烷水合法制乙二醇的细节说明如下：

1. 关于水的比例

随着水量的增加，环氧乙烷与水的反应选择性大大增加，相应地，乙二醇需要与水争夺与环氧乙烷的反应权，因此，进一步碰撞产生二乙二醇、三乙二醇的概率大大减少。缺点是水的比例过高后，后续分离提纯装置的能耗将大大增加，因此，添加水的比例取决于生产商对各产品的具体需求。

2. 关于水合温度

水温增加后反应活化能较大，会加快反应速度，因此反应温度必须提高。最终反应温度在200℃附近，并没有过高，这是因为要保持反应状态为液相；需要根据温度加压，温度越高，对应加压越大，这样会对设备的结构和材质提出额外的要求。

3. 关于水合压力

如前所说，为了保持反应状态为液相，必须在加温的同时加压，在工业生产中，水合温度在150℃~220℃时要分别对应水合压力1.0~2.5MPa。

4. 关于水合时间

环氧乙烷水合法是不可逆的放热反应，在正常工业生产条件下，环氧乙烷的转化率接近100%，因此，为了保证实际转化率尽可能大，需要保证相应的水合时间。但也不需要过久，一般30分钟就已经足够转化了。

5. 关于酸碱度

环氧乙烷的水合反应在酸性和碱性催化剂下都能加速进行，但需要注意碱性催化剂同时也会催化乙二醇与环氧乙烷生成聚乙二醇，酸催化在工业上使用得不多，因为腐蚀性会给后期处理造成困难。

环氧乙烷除了直接水合法外，还有硫酸催化水合法。环氧乙烷与水在硫酸催化下，在60℃~80℃、9.806~19.61kPa的压力下水合生成乙二醇。反应液用液碱中和，经蒸发器蒸去水分，得到80%浓度的乙二醇，再在精馏塔中精馏提浓，得到98%以上的成品。本法为早期开发的方法，由于存在腐蚀、污染和产品质量问题，加之精制过程复杂，各国已逐渐停用，从而改用直接水合法。此外，还有常压水合法，在环氧乙烷和水中另外添加少量无机酸为催化剂，在50℃~70℃与常压状态下进行反应。

（二）草酸二甲酯加氢制乙二醇

众所周知，我国的能源结构为富煤、贫油、少气。传统的油制乙二醇路线（即环氧乙烷水合法）一方面挤占了我国对原油的需求；另一方面水合法主要技术由境外公司掌控，我国国内还缺乏自主知识产权，自身技术较为落后，且成本受原油影响较大。开拓煤制乙二醇技术不仅可以有效缓解我国乙二醇的供需矛盾，同时可以提升煤炭资源利用率，消化一些如褐煤这类缺陷比较明显、应用面受限的煤种。

但是与油制乙二醇相比，煤制乙二醇也有一些自身的劣势。由于与油制乙二醇工艺路线不同，其所含杂质成分亦不同。不幸的是，煤制乙二醇中的杂质对聚酯透光性等性能会有一定影响，所以，在煤制工艺运行初期，下游聚酯工厂的接受度并不高。但随着时间的推移和技术的进步，煤制乙二醇的产能占有率以及市场接受度都已经大大改善。

煤制乙二醇的工艺路径可以分为直接合成法和间接合成法，直接合成法是指直接将合成气中的 CO 和 H_2 进一步合成为乙二醇，草酸二甲酯加氢合成法属于间接合成法，先由合成气制成中间产物草酸二甲酯，再由草酸二甲酯加氢制得乙二醇。目前，该技术已经趋于成熟，近几年国内煤制乙二醇产能呈快速增长趋势。

草酸二甲酯加氢制乙二醇法，首先将煤制合成气中的一氧化碳（Carbon Monoxide，CO）催化反应，合成中间产品草酸二甲酯（Dimethyl Oxalate，DMO）。然后，草酸二甲酯催化剂加氢生产得到乙二醇。上述过程的主要反应包括一氧化碳与亚硝酸甲酯（Methyl Nitrite，MN）生成草酸二甲酯的羰化反应；草酸二甲酯加氢生成乙二醇的反应；一氧化氮（Nitric Oxide，NO）、氧气和甲醇（Methanol）生成亚硝酸甲酯的酯化再生反应。

草酸二甲酯加氢制乙二醇主要反应方程式如下：

草酸酯加氢反应：$(COOCH_3)_2$（草酸二甲酯）$+4H_2 \rightarrow HOCH_2CH_2OH$（乙二醇）$+2CH_3OH$（甲醇）

草酸二甲酯加氢制乙二醇再生反应方程式如下：

氧化、酯化反应：$2CH_3OH + 2NO + \frac{1}{2}O_2 \rightarrow 2CH_3ONO$（亚硝酸甲酯）$+ H_2O$

一氧化碳偶联反应：$2CO + 2CH_3ONO \rightarrow (COOCH_3)_2 + 2NO$

两边削去中间产物草酸二甲酯以及再生反应物亚硝酸甲酯及甲醇，总化学方程式为：

$$2CO + 4H_2 + \frac{1}{2}O_2 \rightarrow HOCH_2CH_2OH（乙二醇）+ H_2O$$

需要注意的是，在此过程中，还会产生一些如二乙二醇、1,2-丁二醇（BDO）和1,2-丙二醇（PG）等副产品。

（三）其他制乙二醇的方法

接下来我们介绍一些其他制得乙二醇的线路方法，其中，甲醇合成法与天然气法在我国都已经成功生产。不过，相对于前两种工艺而言，这种方法的实际应用规模化程度相对较小，在此仅作简单介绍。

1. 氯乙醇法

以氯乙醇为原料在碱性介质中水解得到乙二醇，该反应在100℃以下进行，先生成环氧乙烷。随后，在1.01MPa压力下加压水解生成乙二醇。

2. 乙烯直接水合法

乙烯在催化剂（如氧化锑 TeO_2、钯催化剂）的帮助下，在乙酸溶液中氧化生成单乙酸酯或二乙酸酯，进一步水解得到乙二醇。

3. 甲醇合成法

一是将煤气化制取合成气（$CO + H_2$），再由合成气制得甲醇，即煤制甲醇；二是将甲醇通过MTO装置制得乙烯，三是从乙烯得到环氧乙烷，并通过水合法制得乙二醇。

4. 直接合成法

同样，先将煤气化制取合成气，再由合成气一步直接合成得到乙二醇。此方法原子利用率较高（乙二醇 $C_2H_6O_2 = 2CO + 3H_2$），理论上是一种最简单有效的合成方法。但实际上，该反应在热力学角度难以进行，需要催化剂以及高温高压的条件，其技术关键为催化剂的选择。

5. 甲醛法

同属于煤制乙二醇中的间接合成法，主要通过甲醇甲醛作为中间产物加氢获得乙二醇。与草酸二甲酯加氢法相比，此路线的研究尚不够成熟，距离工业化仍有一段距离。

6. 天然气法

总体方法与油制乙二醇工艺中的环氧乙烷直接水合法类似，区别在于，环氧乙烷的上游乙烯从天然气中的乙烷加工得到，而非靠石脑油路线得到。此法在中东地区较为多见，因为中东地区有得天独厚的天然气资源，我国西南地区已经有一定规模的天然气法生产乙二醇的企业，不过受限于富煤贫油少气的能源结构，总体上还难以在国内大范围推广，且冬季生产容易受到当地限气政策影响。

七、我国乙二醇发展现状如何？

在前文中，我们已经介绍了乙二醇的理化性状、乙二醇的一些特性，及应对方法、主要下游应用面、主要上游制得法。这里我们将主要探讨我国目前在乙二醇领域的发展状况，以及过去一段时间内我国乙二醇市场的主要变化情况。

（一）产能产量变化及分布

我国乙二醇产能逐年增加，2015年后产能增加步伐加快，主要得益于新技术煤制乙二醇装置逐步投产。其中，2018年与2020年产能井喷效应较为明显，2018年我国乙二醇产能增加217.7万吨，增幅达到26.12%；2020年是一个更大的飞跃，当年全国乙二醇产能增加494万吨，达到1570.2万吨，增幅将近一半，高达45.90%。据不完全统计的市场调查结果显示，2021—2025年，我国将新增投入乙二醇装置年产能约1800万吨，我国乙二醇产能高速增长期远未结束（见图1-6）。

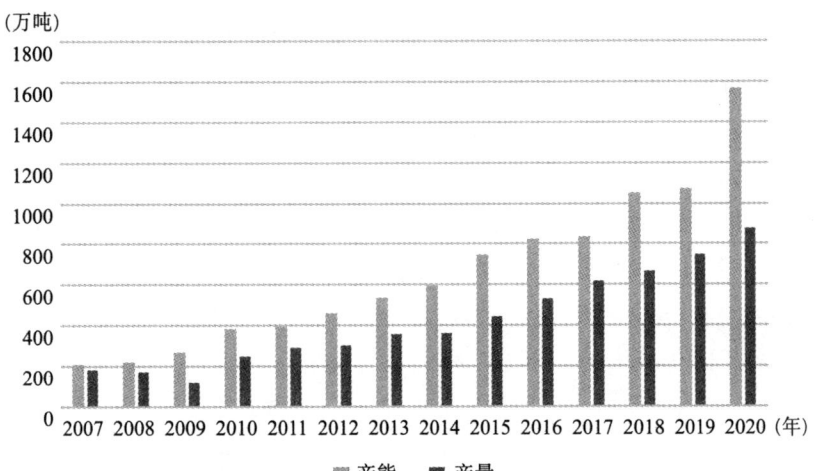

图1-6 我国日益增长的乙二醇产能产量

资料来源：根据公开资料整理。

按区域划分，2020年中国乙二醇总产能共1550.2万吨，华东地区总产能600.00万吨，占总产能的38.70%；华北地区总产能250.20万吨，占总产能的16.14%，第三位为东北地区，当地总产能235.00万吨，占总产能的15.16%。

从产量来看，我国同样从 2015 年开始加快了增长的步伐，这一方面得益于行业景气程度的复苏；另一方面是煤制路线工艺改进优化后，乙二醇生产稳定性得到了提升。2018 年，由于大多数的新增投产项目集中在第三、第四季度，从最终数据表现上看，产量未能匹配上产能的增长。2020 年，受公共卫生事件以及原油自身"黑天鹅"事件的影响，油制乙二醇利润等因素导致产能利用率出现大幅倒退，仅为 57.36%，创 2009 年以来最低水平。随着产能的迅速扩张，国内产量未来几年的上行趋势看似已经不可阻挡。

（二）下游集中度

从行业划分，国内乙二醇有将近 95% 的用途落在了聚酯上，其他用途零星地分布于防冻液、聚氨酯和不饱和树脂上。在聚酯部分，乙二醇的绝大部分终端下游产品是涤纶长丝，其次是涤纶短纤和聚酯瓶片，聚酯膜片仅占比 1.76%。聚酯切片作为聚酯下游中间产品，可以由切片再加工成其他四种聚酯产品。与 2015 年相比，2020 年乙二醇下游产品变动最大的是涤纶长丝与聚酯切片。2015 年，涤纶长丝占乙二醇总需求的 64.2%，而聚酯切片的占比仅为 4.3%。随着切片生产技术越来越成熟，2020 年聚酯切片的份额已经扩张到了 16.95%，不过这部分聚酯切片中的大部分最终仍然用于生产长丝，因此，算上切片再加工后的部分，涤纶长丝的实际占比与 2015 年变化不大。

图 1-7 为乙二醇下游产品分布。

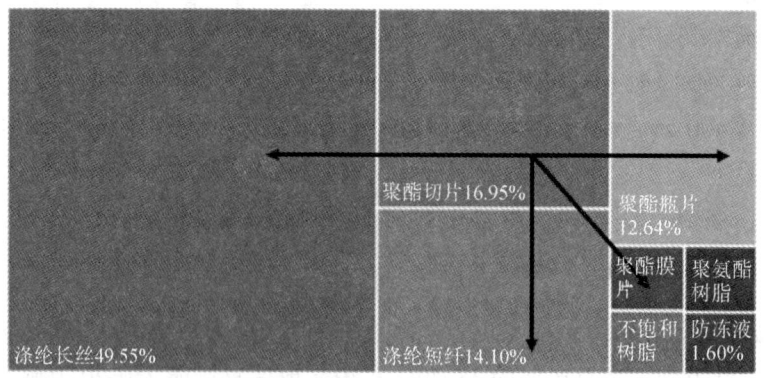

图 1-7 乙二醇下游产品分布

资料来源：根据公开资料整理。

从区域划分，我国乙二醇主要消费区域是浙江、江苏两省。首先，聚酯占乙二醇下游产品95%的份额，其次，浙江、江苏是我国聚酯企业最集中的地区。2019年，浙江和江苏的乙二醇消费量分别占国内的44%和35%，合计消费占全国体量的将近4/5，是当之无愧的乙二醇消费大省。除了江浙地区，福建、广东等东南沿海地区也聚集了一定规模的聚酯企业，占我国消费总量的14%。

（三）进口依赖度

我国是全球最大的乙二醇进口国，进口量占比一直较为突出。在2010年前后，我国的乙二醇进口依赖度稳定在70%以上，SABIC、MEGlobal、SHELL等公司是我国乙二醇的主要供应商，我国从沙特阿拉伯进口乙二醇最多，从中国台湾、加拿大、新加坡与韩国进口乙二醇的量依次减少。近几年，随着我国乙二醇产能迅速投放，我国乙二醇产量加速增加，使我国乙二醇进口依赖度出现下降。但由于乙二醇下游需求同样处在高增长环节，进口依赖度下降幅度并不大，目前依然维持在50%以上，绝对进口量甚至依然处在递增周期中。

图1-8为我国维持增长的乙二醇进口量（万吨）与依然偏高的乙二醇进口依存度。

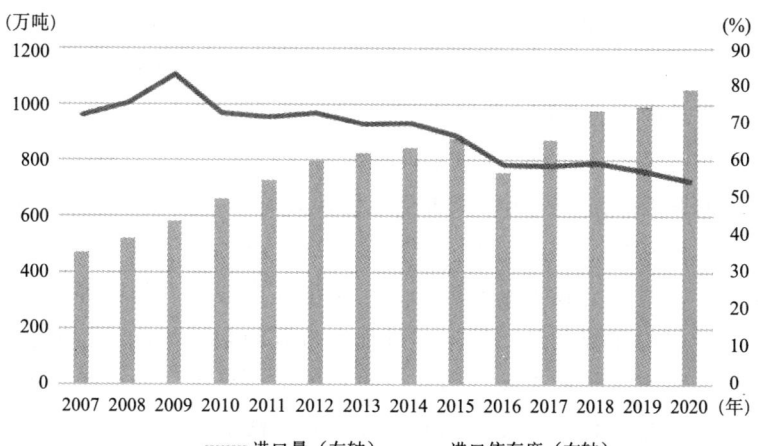

图1-8　我国乙二醇进口量与进口依存度

资料来源：根据公开资料整理。

可以预计，在经历了这轮国内乙二醇产能大幅扩张后，进口依赖度会明显降低。在国内乙二醇产量占比逐渐增加的情况下，对国内乙二醇定价影响力的提升会有帮助。但与此同时，由于乙二醇产能迅速扩充，对乙二醇行业利润造成冲击，行业格局可能改变。

（四）近几年煤制乙二醇在国内的发展

2015 年，按照我国乙二醇产能的工艺路径划分，乙二醇产能中约 65% 采用乙烯法，23% 采用煤制，11% 采用甲醇制，剩下一套 6 万吨年产能采用植物法制乙二醇装置，且常年停车，可忽略不计。

当时，我国的乙烯法装置中将近 90% 为一体化装置，即环氧乙烷直接水合法，通过裂解乙烯原料制得乙二醇，原料全部来源于一体化装置自供，仅极个别装置需外采乙烯。乙烯法制乙二醇，当时技术已经非常成熟，厂家多为东部沿海地区，可 100% 用于聚酯生产，是我国国内乙二醇生产主力军。

相对而言，煤制乙二醇发展起步较晚。直到 2009 年，国内第一家煤制乙二醇厂才由中科院、上海金煤、丹化科技共同投资监理的通辽金煤化工有限公司建成投产，并于 2011 年 12 月 7 日正式运行 20 万吨煤制乙二醇装置。在随后的两年中，国内煤制乙二醇发展较为缓慢，几乎没有新投产装置。直到 2012 年，这种情况才发生改观。2012 年，国内煤制乙二醇项目迅速扩张，到了 2015 年，国内煤制乙二醇装置总产能已经达到 180 万吨，占当时全国乙二醇总产能的约四分之一。

由于我国富煤、贫油、少气的能源结构，相较于当时长期在 80 美元/桶上方波动的原油价格，我国煤炭价格则比较低廉。我国有丰富而价格低廉的煤炭原料，在成本优势的推动下，煤制乙二醇的迅猛发展也在情理之中。当时的煤制乙二醇工艺技术基本成熟，厂家多在内蒙古、新疆等煤炭资源丰富的地区。但由于煤制乙二醇生产过程中带有的杂质与传统乙烯法生产的杂质不同，故煤制得的聚酯产品在一定程度上，色度、紫外透光性等物理性状达不到理想条件，因此，当时的煤制乙二醇只是部分地掺杂在其他工艺制乙二醇之中使用，鲜有完全使用煤制乙二醇生产下游产品的聚酯工厂。

随后的 5 年是我国煤制乙二醇工艺的井喷时期,从 2011 年底到 2020 年短短的 10 年内,煤制乙二醇已经占据国内超过四成的总产能。但受制于煤制乙二醇老生常谈的杂质质量问题,下游聚酯行业实际应用仍较为谨慎,国有企业仍不愿提高煤制乙二醇用量,仅在常规品种上使用煤制乙二醇,只有部分民营企业在使用中掺用比例较高,煤制乙二醇在质量提高和下游市场接受度推广方面还有很长的一段路要走。为了提高煤制乙二醇的市场竞争力,煤制乙二醇在技术工艺上还要进一步攻克难题,使其产品能更好地满足其下游企业具体的使用需求。

2021—2025 年,我国预计新投产的乙二醇装置中绝大部分为煤制乙二醇工艺。据不完全统计,这期间将新建投产年产能约 1068 万吨的煤制乙二醇装置,而同期新投产一体化装置的年产能仅 595 万吨,其他工艺累计年产能 160 万吨。可以预见,未来几年我国的煤制乙二醇工艺占乙二醇总产能比例将进一步走高。

八、本书对乙二醇期货交易者的意义是什么?

乙二醇作为国民日常生活中紧密联系的聚酯产品两大生产原料之一,同时又能在防冻液、聚氨酯树脂、不饱和树脂等领域作出贡献,其在化工体系占据十分重要的地位。中国拥有全球最大的聚酯加工产能,处于聚酯链中的乙二醇期货是高度国情化的期货品种,其开展对于我国聚酯产业链企业而言,无疑增加了一个对冲价格风险的渠道,对帮助我国聚酯链行业平稳发展具有重要的意义。

本书以广大普通交易者为服务对象,对乙二醇和期货分别进行基础知识的普及,同时,针对乙二醇期货的具体操作实务进行介绍,力图使期货市场的不同参与者都能从本书中获得裨益。本书通过铺开知识面的广度,尽量满足不同读者对于乙二醇期货不同层面知识的需求。即使从未接触参与期货交易的人士,也能通过本书了解我国期货市场现状、期货交易本质、常见风险及其管理等情况，告别"谈期色变"的错误认知。

对于投机类交易者，他们需要关注影响乙二醇价格的各方面因素。本书对乙二醇的生产、需求、流通环节中的国内贸易、进出口贸易及乙二醇的价格影响因素进行了介绍。同时，通过背景梳理让交易者了解我国乙二醇行业的总体发展情况，为交易者判断交易机会提供参考和帮助。

对于套保类交易者，他们之中相当一部分人对乙二醇本身已经有了充足的认识，可以说是业内的资深人士，本书介绍的期货交易规则、实务操作上的流程机制以及套保案例的解释说明，也可使其能够更好、更灵活地利用期货工具服务现货，完成企业正常生产经营管理。

本书还系统全面地阐述了期货交易中各个环节可能出现的风险点，并与大家分享探讨与之相对应的风险管理办法，为各位交易者的期货交易保驾护航。

自测题

一、不定项选择题

1. 乙二醇具有以下（　　）性质。

   A. 毒性　　　　B. 易燃　　　　C. 有刺激性气味　　D. 黏稠液体

2. 储存乙二醇需要（　　）。

   A. 露天放置　　　　　　　　B. 可与酸类物质一同集中堆放

   C. 远离火种和热源　　　　　D. 配备相应的消防器材

3. 当前，乙二醇最主要的下游制品是（　　）。

   A. 聚酯　　　　B. 防冻液　　　C. 聚氨酯树脂　　D. 不饱和树脂

4. 以下（　　）属于聚酯中间产品，需要二次加工制得其他聚酯。

   A. 聚酯纤维　　B. 聚酯切片　　C. 聚酯瓶片　　　D. 聚酯膜片

5. 我国乙二醇防冻液中，乙二醇质量占比为（　　）。

   A. 20%～30%　　　　　　　　B. 40%～50%

   C. 60%～70%　　　　　　　　D. 80%～90%

6. 当今全球应用最多的乙二醇制备方法是（　　）。
A. 环氧乙烷直接水合法　　　　B. 草酸二甲酯加氢法
C. 甲醛法　　　　　　　　　　D. 天然气法

7. 最近几年，我国乙二醇装置的后起之秀是（　　）。
A. 环氧乙烷直接水合法　　　　B. 草酸二甲酯加氢法
C. 甲醛法　　　　　　　　　　D. 天然气法

8. 最近几年，煤制乙二醇装置大量新增投产的原因是（　　）。
A. 我国富煤贫油少气的能源结构
B. 煤制乙二醇品质更好
C. 缓解我国乙二醇供需矛盾
D. 我国草酸二甲酯加氢法以及甲醛法等煤制技术已经完全成熟

9. （　　）是全球最大的聚酯加工国（地区）。
A. 中国　　　B. 美国　　　C. 日本　　　D. 欧盟

10. 我国乙二醇上下游产业最主要的集中地是（　　）。
A. 东北三省　　B. 河北、山东　　C. 江苏、浙江　　D. 福建、广东

二、判断题

1. 我国是乙二醇进口国。（　　）
2. 乙二醇中毒主要是因为吸入空气中的挥发成分。（　　）
3. 乙二醇是聚氨酯树脂的主要生产原料。（　　）
4. 在我国实际乙二醇下游产业中，煤制乙二醇已经绝大部分地取代了油制乙二醇。（　　）
5. 近几年我国乙二醇产能急剧扩张。（　　）

参考答案

一、不定项选择题

1. ABD　　2. CD　　3. A　　4. B　　5. B　　6. A　　7. B

8. AC   9. A   10. C

二、判断题

1. √   2. ×   3. ×   4. ×   5. √

第二章

了解乙二醇期货

> **本章要点**
>
> 本章先介绍了期货和期货合约的概念,再结合乙二醇的实际情况,简要阐述了乙二醇期货上市的背景和意义,最后通过详细介绍乙二醇期货规则,不仅让读者了解了乙二醇期货,还使读者举一反三地对整个期货市场的实际情况有所把握。

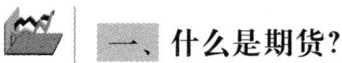

一、什么是期货?

期货(Futures)不是货,一般与现货相对应。期货由现货远期交易衍生而来,通常是指以某种大宗商品或者特定金融资产为标的的可交易标准化合约。这些标准化合约,是由期货交易所统一制定的,规定在将来某一特定的时间和地点交割一定数量和质量标的物的合约，这些特定的合约就是我们平时所说的期货合约。

期货合约通常会根据标的物和规定的时间命名，比如EG2109，EG指代的是乙二醇（Ethylene Glycol），2109意味着交割时间在2021年9月，EG2109合约即指在2021年9月规定的时间和地点交割一定数量乙二醇的期货合约。

这里指定的标的物也是我们平时所说的期货品种。根据标的物的种类，我们通常把期货品种划分为金融期货和商品期货两大类，而商品期货中还能进一步细分，比如农产品期货和工业品期货，根据具体需求还可以进行更加精细的划分。

二、现代期货市场是如何形成的？

早在古希腊和古罗马时期，带有期货贸易性质的交易就已经存在了。最初的期货交易由远期交易逐渐发展衍生而来，现货远期交易最早是双方口头承诺在某一时间交易一定数量的商品。随着交易规模的扩大和发展，口头承诺逐渐被买卖契约所替代。随着契约需求的日益增长，第一家商品远期合同交易所——皇家交易所在1571年的伦敦应运而生。

远期契约，又称作远期合同或者远期合约，是指交易双方约定在未来的某一个特定时间，以特定价格交易特定数量的特定标的资产的合约，是一种锁定未来价格的工具。买卖双方需要就交易时间、价格、数量、标的物等内容协商确定，并依此履行契约。

随着远期交易的集中化和组织化，交易方式不断演变进化，这就为期货交易的产生奠定了基础。1848年，82位粮食商人发起组织了芝加哥期货交易所（Chicago Board of Trade，简称CBOT），这是人类历史进程中第一家较为规范的期货交易所。一般，我们认为该交易所的成立标志着现代期货市场的形成。

> **延伸阅读**

芝加哥地处连接美国中西部产粮区与东部主要粮食消费市场的枢纽地带，19世纪30年代，芝加哥已经发展成为全美最大的谷物集散中心。随着农产品交易量日渐庞大，农产品自身生产的季节性与物流交通和仓储能力的不足导致的供需矛盾令农产品价格波动剧烈。谷物收成后，由于短期内集中上市，物流仓储能力不足，导致供大于求，价格一跌再跌，令产粮区生产者蒙受巨大损失，到了上市淡季，供需矛盾又会反其道而行之，淡季时谷物供不应求，价格飞涨，又令消费者和粮食加工商承受高昂的支出成本。

在巨大的价格波动产生的投机机会以及市场自身的需求下，储运贸易行业得到了长足发展。储运经销商开始在交通要道设立商行，修建仓库，并不断扩大规模。他们在旺季大量收购谷物储存至淡季出售，在赚取价差的同时也起到了缓解季节性供需矛盾和以此产生的价格波动的作用。但即使如此，储运经销商依然会面临谷物储存期间价格波动的风险，作为规避风险的手段之一，在收购谷物的同时，经销贸易商就直接在芝加哥与当地的谷物经销商和粮食加工商签订远期合同。

最初的芝加哥期货交易所只是一家为了促进芝加哥工商业发展自发形成的商会组织，一个集中进行现货交易和现货中远期合约转让的场所，严格来讲，这还不是真正现代意义上的期货交易所。交易所参与者主要是实体上下游产业链，包括生产商、经销商和加工商等。交易者通过交易所寻找交易对象，在交易所签订远期合同，并依照合同到期进行实物交割，其特点是实买实卖。最早，交易所主要起到稳定物价、降低季节性波动率的作用。

随着这种远期交易为主的模式不断拓展，交易所因为积累了不少现实层面难以克服的问题逐渐陷入困境。首先，由于商品的种类、品级、价格、交割数量、交割时间和交割地点都是远期合同双方根据自身具体情况敲定的，其个性化十分强烈。这就导致在出现需要转让合约的时候，因为所有细节都是量身定制，所以会出现难以找到合适下家的情况。其次，在价格发生剧烈波动，严重偏离远期合约规定的成交价格的时候，能否履约完全仰仗因为价格波动承受亏损一方自身的信誉，增加了交易中的风险。这使远期交易中锁定利润规避风险这一个重要的功能在实际操作中并没有百分百的保障。

1865年，针对上述困难，芝加哥期货交易所完成了合约的标准化，推出了第一批标准期货合约，这堪称革命的变革。标准期货合约中对商品的品质、数量、交割时间、交割地点等都做出了明确的规定，标准化的合约几乎完美地解决了远期合约找下家难的问题，使市场参与者能够非常方便地交易转让期货合约，大幅度增加了市场流动性。与此同时，芝加哥期货交易所还规定了保证金制度，向合约双方按合约总价值分别收取不超过10%的保证金，在一定程度上也解决了远期合约的信誉问题。

1882年，芝加哥期货交易所允许以对冲方式免除履约交割责任，这使产业链人士能够更灵活地参与其中，更是直接促进了投机客的参与，使非产业链人士也能参与其中，进一步增加了市场流动性。

随着期货交易的蓬勃开展，芝加哥期货交易所又遇到了新的问题，这次问题出在了结算上。芝加哥期货交易所在1883年成立了结算协会，向芝加哥期货交易所的会员提供对冲工具，但最初他们采取的是环形结算法，这种算法烦琐又困难，实用性并不高。经过不断摸索与探究，1891年，明尼亚波利斯谷物交易所率先成立了结算所，芝加哥期货交易所也在1925年成立了自己的结算公司（BOTCC），规定所有发生在芝加哥期货交易所的交易都要进入结算公司统一结算，自此，现代意义上的结算机构宣告形成。

随着现代结算所的成立，统一结算得以实施，加上早先确立的标准化合约、保证金制度和对冲机制，现代期货市场就此确立。

三、国内期货市场的发展情况如何？

（一）方案研究和初步实施阶段

我国的期货市场，产生于 20 世纪 80 年代的改革开放，在从计划经济过渡到市场经济的漫长过程中，经过研究探索，借鉴国外市场经验后最终开始运行。

价格改革是改革开放中的重要一环，是指从计划经济的价格体系和价格管理体制向市场经济的价格体系和价格管理体制的转换过程。国家实行价格双轨制后，取消了农产品的统购统销政策，放开了大部分农产品的价格，市场对农产品生产、流通和消费的调节作用越来越大。但与此同时，也出现了农产品价格大涨大跌乃至价格不公开以及失真现象，农业生产大起大落，买卖困难反复出现，政府用于农产品补贴的财政负担日益加重等一系列问题。

这些问题很快引起了领导和学者的关注，主要归结为两点：一个是价格忽上忽下，严重失真，应防范波动率放大造成的市场风险；另一个是生产经营活动中的买卖困难及农产品上下游缺乏保值机制的问题。

1988 年 2 月，国务院发展研究中心、国家体改委、商业部等部门根据中央领导的指示，组织力量开始进行期货市场研究。期货市场研究小组成立，对国外的期货市场制度开始了系统的考察和研究。1988 年 3 月，七届人大一次会议的《政府工作报告》提出要加快商业体制改革，积极发展各类批发贸易市场，探索期货交易。

1990 年 10 月 12 日，经国务院批准，郑州粮食批发市场以现货交易为基础，引入期货交易机制，迈出了中国期货市场发展的第一步。

（二）迅猛发展阶段（1990—1993 年）

在郑州粮食批发市场成立以后，上海金属交易所、深圳有色金属交易所等陆续开业。大连商品交易所也在1993年2月28日成立。到了1993年下半年,全国期货交易所已经超过了50家。

1992年9月,广东万通期货经纪公司作为新中国第一家期货经纪公司成立,时隔40多年后中国期货市场重新启动,随后,中国国际期货公司等期货经纪机构也陆续成立。到了1993年下半年,中国期货经纪机构已经将近千家。

在利益驱动以及缺乏统一管理的情况下,各地各部门在迅猛发展阶段纷纷创办各种各样的期货交易所,期货经纪机构也如雨后春笋一样冒出。由于对期货市场功能以及风险认知不足,法律监管严重落后,期货市场逐渐进入盲目发展的无序状态。那时,期货市场多次出现恶性风险事件,影响极为恶劣。

(三) 整顿治理阶段 (1993—2000年)

在期货市场逐渐展现出如脱缰野马一般的失控姿态后,国务院在1993年11月发布了《关于制止期货市场盲目发展的通知》,提出"规范起步、加强立法、一切经过试验和从严控制"原则,标志着第一轮整治开始。1994年5月,国务院办公厅批转国务院证券委《关于坚决制止期货市场盲目发展若干意见的请示》,开始对期货交易所进行全面审核。第一次清理整顿将国内期货交易所由50多家缩减至15家,并进行会员制改造,期货品种也削减为35个。1995年底,330家期货经纪公司经过重新审核获得期货经纪业务许可证,期货经纪机构大量减少。

1998年8月,第二轮治理整顿工作随着国务院发布《关于进一步整顿和规范期货市场的通知》开始运行,剩余的15家交易所进一步重组为大连商品交易所、郑州商品交易所、上海期货交易所3家;35个期货交易品种进一步调减为12个。此外,期货兼营机构退出期货经纪代理业,并将期货经纪公司最低注册资本提高到3000万元人民币,原有的期货经纪公司进一步缩减为180家左右。

1999年6月到9月,一个条例、四个办法相继颁布实施。2000年,中国期货行业的自律管理组织——中国期货业协会成立,将自律机制引入监管体系,与中国证监会、期货交易所一并构成不同层次的市场监管体系。期货市场主体行为逐步规范，期货交易所的市场管理和风险控制能力不断增强，期货投资者越来越成熟和理智，整个市场的规范化程度有了很大提高。

> **小贴士**
>
> 一个条例是指《期货交易管理暂行条例》，四个办法是指《期货交易所管理办法》《期货经纪公司管理办法》《期货经纪公司高级管理人员任职资格管理办法》和《期货业从业人员资格管理办法》。

（四）稳步发展阶段（2000—2013年）

在整顿治理阶段过后，我国期货市场逐渐走向法制化和规范化，进入了稳步发展阶段。在此期间，监管体制和法规体系不断完善，新的期货交易品种不断上市，国内期货市场由收缩转为发展，上海期货交易所的铜期货和大连商品交易所的大豆等期货分别成长为全球市场内交易最活跃的同类期货合约之一。

2004年1月31日，国家发布了《关于推进资本市场改革开放和稳定发展的若干意见》，进一步明确提出了稳步发展期货市场，对期货市场的政策也由规范整顿向稳步发展转变。证券公司和上市公司纷纷参股期货公司，使行业得到进一步发展。

2006年5月，中国期货保证金监控中心成立。同年9月，中国金融期货交易所成立，并于2010年4月推出国内第一个金融期货——沪深300股票指数期货，标志着中国期货市场进入了商品期货和金融期货共同发展的新阶段。

（五）创新发展阶段（2014年至今）

2014年5月，国务院出台了《关于进一步促进资本市场健康发展的若干意见》，简称新"国九条"。新"国九条"对期货市场改革发展给予了充分肯定和高度重视，在凝聚共识、明确方向、共同推进期货市场更好服务实体经济方面具有深远影响，标志着中国期货市场进入了一个创新发展的新阶段。

此外,《中华人民共和国期货和衍生品法》开始起草并在 2021 年 4 月 26 日的十三届全国人大常委会第二十八次会议上首次审议了草案。草案共 14 章 173 条,重点对期货交易、结算与交割基本制度,期货交易者保护制度,期货经营机构和期货服务机构的监管,期货交易场所和期货结算机构的运行,期货市场监督管理,法律责任等进行了规定。

2022 年 4 月 20 日,第十三届全国人民代表大会常务委员会第三十四次会议通过《中华人民共和国期货和衍生品法》。该法最终共 13 章 155 条,自 2022 年 8 月 1 日起施行。

延伸阅读

《中华人民共和国期货和衍生品法》的制度安排

本次《中华人民共和国期货和衍生品法》(以下简称《期货法》)的制定,以习近平新时代中国特色社会主义思想为指导,贯彻落实中央关于完善资本市场基础制度建设的决策部署,以服务实体经济、防控金融风险、深化金融改革为出发点和落脚点,坚持市场化、法治化、国际化方向,全面系统地规定了期货市场和衍生品市场各项基础制度,为打造一个规范、透明、开放、有活力、有韧性的资本市场提供了坚实的制度保障,具有非常重要而深远的意义。本次《期货法》的制定,在总结历史经验和借鉴国际有益做法的基础上,做了一系列制度安排。

一、重点规范期货市场,兼顾衍生品市场

期货市场和衍生品市场的法律性质、基本定位总体相同,二者深度融合、功能互补、紧密相连,共同服务于实体经济。但期货市场和衍生品市场的发展程度不一。《期货法》从市场实际情况出发,统筹考虑了两个市场:一方面,系统规定了期货交易及其结算与交割等期货市场基本制度,确立了交易者保护体系,规范了期货经营机构、期货交易场所、期货结算机构和期货服务机构等市场主体的运行,明确了期货市场的监督管理等。另一方面,将衍生品交易纳入法律调整范围,充分吸收二十国集团在全球金融危机后达成的加强衍生品监管的共识,借鉴国际成熟市场经验,确立了单一主协议、终止净额结算、交易报告库等衍生品交易基础制度,并授权国务院制定具体管理办法,使衍生品市场的发展"有法可依"。

二、在总结提炼既有经验的基础上,为改革创新预留空间

《期货法》平衡制度稳定和改革创新的关系:一方面,总结期货市场三十多年的发展经验,将实践中运行良好、成熟可行的期货交易、结算与交割、金融市场基础设施运行监管等制度和做法在法律层面予以肯定,将保证金监控、账户实名制等具有中国特色的监管制度确定下来,以稳定市场预期,适应现阶段市场发展特征。另一方面,顺应市场发展趋势,破除期货市场发展的体制机制障碍,在品种上市机制、期货公司业务范围、保证金多样化等方面作出了创新性安排,发挥了立法前瞻性和先导性作用,为市场改革创新提供了支持。

三、发挥期货市场功能,增强服务实体经济能力

《期货法》围绕服务实体经济的主线,就促进期货市场功能发挥进行了制度安排:明确规定国家支持期货市场健康发展,发挥市场价格发现、风险管理和资源配置的功能;鼓励实体企业利用期货市场从事套期保值等风险管理活动,明确持仓限额豁免;专门规定采取措施推动农产品期货市场和衍生品市场发展,引导国内农产品生产经营;建立以市场为导向的品种上市机制,原则规定品种上市基本条件,优化品种上市程序,丰富期货品种,完善产品结构;扩展期货公司业务范围,为增强期货公司经营能力和风险管理能力,更好服务实体企业,预留了法律空间。

四、加强市场风险防控,维护国家金融安全

本次《期货法》的制定将防范和化解市场风险作为重中之重,进一步完善风险控制制度,夯实市场稳定运行的基础。规定期货交易实行持仓限额、当日无负债结算、强行平仓等风控制度,明确期货结算机构中央对手方的法律地位;健全期货市场的风险识别、预防和处置制度体系,强化期货交易场所一线监管职责,规定异常情况紧急措施和突发性事件处置措施,完善市场监测监控制度,构建立体多元的风险防控体系;加

强监督管理,加大对违法违规行为的惩处,显著提高违法违规行为的成本,有效维护市场秩序。

五、构建交易者保护体系,加大普通交易者保护力度

为体现监管的人民性,《期货法》突出对普通交易者的保护,构建了交易者保护的制度体系:建立交易者分类和适当性制度;系统规定交易者保护制度,明确交易者享有的各项权益;禁止期货交易场所、监管机构及其工作人员,期货经营机构的从业人员等特殊主体参与期货交易,防范利益冲突;全面系统规定了期货经营机构禁止从事损害交易者利益的行为规范;完善期货市场民事法律责任体系;引入当事人承诺制度;完善多元纠纷解决机制。

六、对标国际最佳实践,构建期货市场对外开放的新格局

扩大对外开放,是提高我国期货市场核心竞争力和国际影响力的必由之路,此次《期货法》的制定填补了涉外期货交易法律制度的空白;明确了法律的域外适用效力,从"引进来"和"走出去"两个方面规定了境外期货交易场所、境外期货经营机构等向境内提供服务,以及境内外交易者跨境交易应当遵守的行为规范,构建境内外市场互联互通的制度体系。为适应对外开放的格局,《期货法》对国务院期货监督管理机构与境外监管机构建立跨境监管合作机制、跨境监督管理的框架和原则进行了安排。

资料来源:中国证监会。

同时,中国证监会出台了《期货公司监督管理办法》《关于进一步推进期货经营机构创新发展的意见》,并召开了首届期货创新大会;期货公司的风险管理、资产管理等创新业务全面展开;期货交易所不断推出新品种,增添新的产业链,完善已有的产业链,以满足实体经济需要;将期权正式纳入市场,以充实市场的风险管理工具库。上述这些都是中国期货市场进入创新发展阶段之后的主要成果。

四、期货的主要特征有哪些?

前文我们已经交代了期货交易的形成,可以说,期货交易是在现货远期交易的基础上演变而来的。那么在具体的交易内容中,期货和远期交易有什么不同呢?首先我们总结期货交易的主要特征。

(一) 合约标准化

期货合约是由交易所统一制定的标准化合约。除了价格以外,合约对标的物的品种、规格、质量、结算方式、交割时间和地点等内容均有统一而明确的规定。交易双方不需要对这些内容进行协商,从而提高了交易效率和市场流动性。

(二) 场内集中竞价交易

期货交易实行场内交易,所有成交均为集中竞价成交。无论是交易所会员本身还是会员所属交易者,均可以参与。其中,会员所属交易者不能直接场内参与,但可以通过委托会员代理进行期货交易。

(三) 保证金制度

期货交易实行保证金制度,所有交易参与者在交易时必须按照合约价值的一定比例缴纳保证金作为履约保证。这个比例通常不超过15%,所以期货交易者往往可以进行远超自己账户本金的交易,因此,人们常常根据这个特性将期货交易称为"杠杆交易"。

(四) 结算制度

期货交易实行结算制度,所有交易均要进入结算部门。结算部门在每日休市后,按照当天结算价与交易者结算所有持仓合约的盈亏、手续费以及交易保证金；根据盈亏，对应当补齐的款项进行划转，增加或减少保证金到实际盈亏所对应的标准。如果交易者的保证金余额低于标准，则交易者需要追加保证金，以达到所规定的应当达到的标准。在杠杆交易中，结算制度起到及时防范风险、保证市场正常运转的功能。

（五）双向交易

期货交易实行双向交易，与大家更为熟悉的股票交易不同。由于期货交易是现货交易的衍生，所有交易的发生必须同时具备买入方（多头）和卖出方（空头），因此市场参与者可以参与多空任何一方，并与对手方经过场内集中竞价交易撮合成交。

五、期货与现货远期的主要差异是什么？

了解了期货的主要特征之后，我们再来比较期货与现货远期的差异就相对简单得多。

远期交易中，更多的是根据交易双方自身需求量身定制的自定义交易，交易的时间、地点、商品的具体品质标准、交易价格乃至保证金均由交易双方商讨而成。远期交易尽管由场外交易市场（OTC）提供一定的渠道和便利，但总体而言，远期交易不易被监督和管理，在价格出现剧烈波动、明显偏离约定价格的情况时，其违约风险较高。此外，远期交易的目的大多是买卖现货，大多数交易以实物交割履约结束，只有少量的交易会通过对冲、转让了结。

期货交易中，交易的时间、地点、商品的具体品质标准均由标准化合约统一规定，根据交易所的性质，可以在全国范围以及全球范围对标准化合约进行交易，交易的对象是标准化合约，而不是具体指定的对象，交易价格通过公开报单撮合成交而成。期货交易实行当日无负债的结算制度，结合强制减仓制度，有效控制了信用风险。根据交易者自身性质，期货交易的目的可分为多种类型,大多数期货交易以投机客对冲了结结束,只有少部分套期保值交易者需要进行实物交割履约。

期货交易和现货远期交易的区别见表2-1。

表2-1 期货交易和现货远期交易的主要差异

种类 项目	期货交易	现货远期交易
交易内容(含交割时间、交割地点、具体商品及其标准等)	标准化合约	根据具体需求
交易场地	期货交易所场内公开交易	场外交易,根据具体需求
交易对象	交易对象不明确:可以反复交易的标准化合约	交易对象明确:远期合约的另一方
交易价格	竞价撮合配对生成的成交价	根据详谈结果
保证金(履约金)	根据交易所规定	双方自行协商或找第三方担保
信用风险	结算部门每日清算,信用风险低	通过OTC,不易监督管理,违约风险高
履约形式	大多数对冲平仓,少量实物交割履约	大多数实物交割履约,取消履约需双方均同意
主要功能	规避风险、发现价格	现货交易

六、乙二醇期货上市的背景如何?

2018年12月10日,经多方研究讨论以及上级有关部门批准,乙二醇期货在我国大连商品交易所挂牌上市,是大商所继塑料、PP、PVC之后第4个化工品种,也是整个交易所的第17个期货品种,是大商所完善石化期货品种体系、拓展服务实体经济深度和广度的重要探索,是大商所继豆粕期权上市、铁矿石期货国际化和场外市场建设之后,按照"巩固、充实、提升"

的工作方针,持续深入推进多元开放战略转型的重要举措。

上市一个期货品种,小到对一家企业,大到对一个产业,都会产生深远而积极的影响。对一家企业而言,期货市场提供了公开、透明、高效的风险管理工具和及时、有效的价格信号。企业可利用期货工具套期保值、锁定收益,也可利用期货价格及时调整经营策略,最终实现稳健经营和可持续发展。一个发展成熟的期货品种还可能深刻改变企业的运行机制,促进企业转变定价模式,形成以期货价格为参照的市场营销、绩效考核和财务预算体系,提高经营的主动性和预见性。对一个产业而言,上市期货品种能通过提升产业要素的配置效率,促进产业链的优化整合,加快升级,提升产业的生产效率和竞争力。

业界有"股票改变一家企业,期货改变一个行业"的说法,那么乙二醇期货是在什么样的背景下应运而生,进入讨论范畴并最终成功挂牌上市的呢?

(一) 全球乙二醇逐渐走向过剩

国内乙二醇期货进入讨论范畴、挂牌上市的背景之一,就是全球乙二醇呈现逐渐走向过剩的趋势。当时,全球乙二醇产能的扩张速度高于下游需求扩张速度,而且市场对未来乙二醇产能持续增长也有较强预期,且扩张的主要地区就在中国。

从全球来看,2012 年全球乙二醇产能约 2750 万吨,到了 2017 年,全球乙二醇产能达到 4436 万吨,5 年增长了 61.3%,按复利计算,年化增长率高达 10.0%。同时,乙二醇下游企业需求仅从 2012 年的 2300 万吨增长到 2017 年的 3412 万吨,5 年增长了 48.3%,按复利计算,年化增长率为 8.2%,不及乙二醇产能增长速度。

乍看下来,乙二醇产能远超下游企业需求。事实上,2017 年全球乙二醇开工率在 78% 左右,实际产量 3460 万吨,与需求之间总体处在平衡关系(见图 2-1)。

从国内看,2018 年乙二醇期货上市之际,国内乙二醇产能已经达到 971 万吨,相较 2013 年的 498 万吨增长了将近一倍,增长约 95.0%,复利年化增长率高达 15.1%。当时,中国乙二醇装置投产预期很好。到了 2020 年,国内乙二醇总产能已经达到 1550.2 万吨，较 2017 年的 834 万吨增加了 85.9%，复利年化增长率高达 23.0%。2018—2020 年这三年，国内乙二醇产能处于明显的加速增长期，符合之前市场判断。

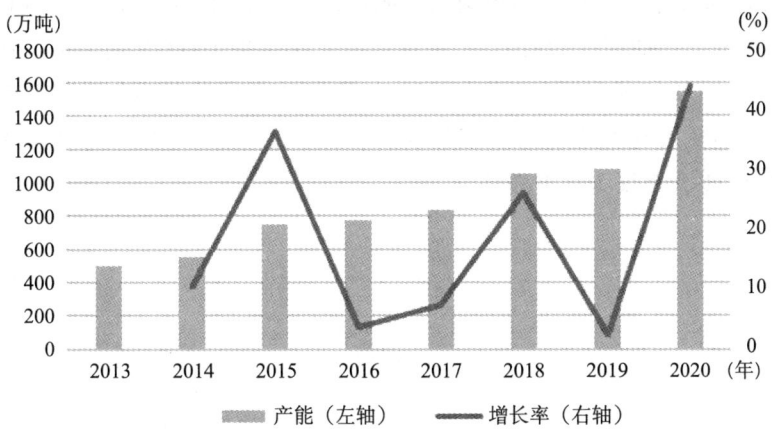

图 2-1 国内乙二醇产能变化示意图

资料来源：根据公开资料整理。

2020 年，全球乙二醇新增产能全部落在中国，原计划在 2020 年投产的台塑美国 80 万吨装置和沙特阿拉伯朱拜勒联合石化（JUPC）70 万吨装置均因公共卫生事件影响推迟投产，中国占全球乙二醇产能比例逐年提高。这个时段正是乙二醇高速发展期。

目前，中国乙二醇主流生产工艺有三种：一体化（石脑油/乙烯法）、MTO 与煤制乙二醇。截至 2020 年，一体化（石脑油/乙烯法）总产能 879.20 万吨，占比 56.72%；MTO 总产能 92.00 万吨，占比 5.93%；煤制乙二醇总产能 579.00 万吨，占比 37.35%。

我国乙二醇期货上市的最主要背景在于在全球乙二醇逐渐走向过剩的同时，我国乙二醇却正经历着高速扩张。

（二）我国乙二醇进口依存度大

中国是全球最大的乙二醇进口国，乙二醇期货上市期间，中国进口量约占全球六成。中东地区凭借着丰富的天然气资源以及成本优势，成为中国乙二醇进口的主要地区,其中,SABIC、ME Global、SHELL等公司是乙二醇主要供应商。此外,由于国内乙二醇需求旺盛,价格持续上涨,使全球市场套利窗口被打开,美国等地的乙二醇也集中涌向中国市场。

在随后几年中,尽管中国国内产能持续大幅增加,我国乙二醇进口量依然保持增长。2020年,我国乙二醇进口量首次突破1000万吨大关,达到创纪录的1054.8万吨,同比增加5.92%。进口依存度尽管逐年下降,但依然高达54.67%(见图2-2)。相较而言,我国乙二醇的出口量可以忽略不计,2020年全年仅为6.1万吨。

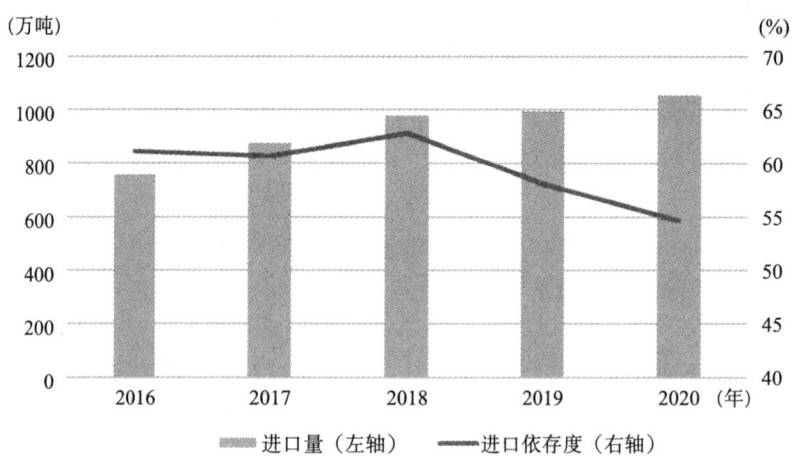

图2-2 国内乙二醇进口量及进口依存度

资料来源:根据公开资料整理。

由于进口依存度非常高,国内进口乙二醇美金合约价格主要参考全球生产乙二醇第一大公司沙特阿拉伯沙比克(SABIC)的报结价,人民币合约价主要参考中石油、中石化的报结价。一般,月初给出一个倡导价,根据当月的现货价格进行修改,月末给出一个合同货结算价,但中石化和中石油的出厂价也会被动参考进口货源。所以,我国乙二醇期货上市的背景之一就是我国进口乙二醇的依存度过高,我国乙二醇议价能力较为薄弱。

(三)我国乙二醇现货贸易风险较大

乙二醇的销售以供应商与聚酯工厂之间的直销为主,供应商有七成以上的货物通过直销给聚酯工厂。另外，会以均价方式销售部分货物给关系稳定的贸易商。贸易商拿到的这部分货物成为张家港地区乙二醇纸货贸易及华西村电子盘交易的基础。

由于前几年全球乙二醇的供应长期保持偏紧状态，供应商的产品销售顺畅，利润较大，在销售定价过程中，处于主导地位，聚酯工厂只能被动地接受。无论是国内还是国外的乙二醇销售合同价格均基于安迅思（ICIS）外盘，中国化纤网（CCF）内盘或普氏（PLATTS）外盘等现货均价将根据合同量进行折扣谈判。

国内乙二醇期货上市之前，华东市场乙二醇的现货贸易活跃，价格波动剧烈，但缺乏有效的监管。国内乙二醇现货价格参考电子盘，乙二醇的现货和纸货贸易风险比较大，违约赖单的情况时有发生。

（四）我国乙二醇下游需求集中

乙二醇的主要用途是与精对苯二甲酸（Pure Terephthalate Acid，PTA）发生反应，生成聚对苯二甲酸乙二醇酯，别名聚对苯二甲酸乙二酯，简称聚酯（Polyethylene Terephthalate，PET）。聚酯是一类非常重要的合成高分子，以聚酯为基础制成的纤维称为涤纶，与锦纶和腈纶并称三大合成纤维，也是最主要的合成纤维，与我们的生活息息相关。全球范围内，聚酯占乙二醇下游产品需求的近90%。

我国作为全球最大的乙二醇消费市场，同时又是全球聚酯加工工厂集中地，聚酯需求更是占乙二醇总需求量的近95%。聚酯领域的产品主要为涤纶长丝、涤纶短纤和聚酯切片。聚酯切片包括纤维级切片、瓶用切片和薄膜切片。目前，我国聚酯的生产规模将近7000万吨/年，产能主要分布在东部沿海的江苏、浙江和福建三省，还有一些分布在上海和广东，另有少量散落分布在中西部各地。

从乙二醇其他下游产品领域来看，不饱和树脂、聚氨酯、防冻液需求占据了1.6%~1.7%，总和仅略超过5%。因此，在我国，乙二醇下游需求高度集中在聚酯上。具体而言，涤纶长丝需求最大，占到将近一半；如果算上聚酯切片再加工后流向涤纶长丝的部分，需求占比将超过六成。聚酯切片、涤纶短纤和聚酯瓶片由高到低的占比落在12%~17%这个区间，另外还有不到2%的需求落在薄膜上。

综上所述，国内乙二醇期货上市的另一个背景就是乙二醇的下游需求高度集中在聚酯，而聚酯也是我国重要产业之一。一方面，整个聚酯产业链需要得到期货行业更多的服务与支持，产业链内地位比较重要的产品应首当其冲，产业链重要环节之一的PTA已经在郑州商品交易所上市多年；另一方面，由于乙二醇的下游高度聚集在同一个行业，也需要市场提供更有效、更多元的风险保护工具和机制。

七、乙二醇期货上市的意义是什么？

我国是全球最大的乙二醇进口国和消费国，2007—2017年，我国乙二醇产量年均增长16.1%，表观消费量年均增长8.5%。2017年，我国乙二醇产能占全球总量的22%，消费量占50%。尽管我国产能高速投放，产量快速增长，但由于下游需求同样急速扩张，我国乙二醇市场长期产不足需，高度依赖进口。2017年，我国进口乙二醇达875.1万吨，进口依存度高达58.8%。

乙二醇品种标准化程度高，便于存储和运输，产品质量的指标体系明确且易于鉴定，有利于开展标准化的期货合约交易。我国有数以千计的聚酯产业链上中下游企业，庞大的乙二醇生产、贸易规模确保了期货的可供交割量充足。

乙二醇期货的上市，对于进一步发挥期货市场服务实体经济的作用，满足化工行业风险管理需要，扩大我国乙二醇产品的国际定价影响，保障化工产业健康稳定和高质量发展都具有重要而深远的意义。乙二醇期货的上市能够通过更加公平、公正、公开的交易机制，改变原有的定价模式，形成新的乙二醇市场定价机制，从而在一定程度上为我国在国际乙二醇市场上谋得定价话语权。

（一）为聚酯产业链提供更加健全完善的支持与服务

2020年，我国聚酯产业链规模已经达到7000万吨，除了我们更熟悉的下游消费品，比如衣物、PET瓶的消费量不断上升外，其配套上游产品的产能产量也在扩张增长。聚酯产业链有相对健全完善的传导链，但其中仍有很多重要上下游产品尚未在期货交易所上市，而聚酯上游产品很多与原油、动力煤等大宗原材料挂钩，自身消费又与下游经济消费周期挂钩，价格波动率较大，急需期货市场作为风险对冲的工具。

由焦煤、焦炭、铁矿石、螺纹、线材、热卷等期货品种组成的期货黑色产业链已经较为完善，黑色产业链的上下游包括中间贸易商均可以通过期货工具对上下游的主要产品开展套期保值业务，以管理企业风险。目前，废钢期货正在筹备中，一旦成功上市，对黑色产业链而言更是如虎添翼。

相对而言，聚酯产业链上的期货品种较为匮乏（见图2-3）。2006年PTA期货在郑州商品交易所上市，是聚酯产业链中第一个上市品种，大连商品交易所从2013年起就开始持续研究和推动乙二醇期货上市，经过广泛征求意见和充分论证后，乙二醇期货终于在2018年年末成功上市。截至2021年上半年，已经上市的聚酯产业链相关期货品种只有PTA、乙二醇和短纤。正在计划上市的期货品种有PX和瓶片等，聚酯产业链上仍有空缺。乙二醇期货的上市，只是期货市场健全聚酯产业链的开始。

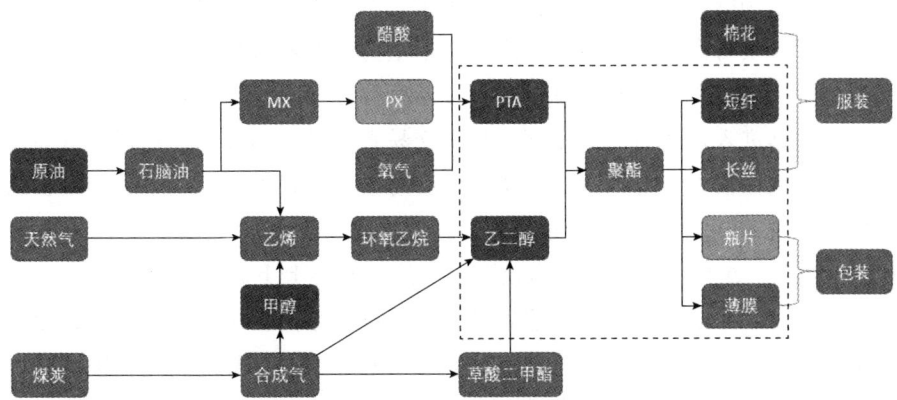

图2-3 聚酯产业链概述

(二) 乙二醇期货上市后具备的功能

在前文中我们已经提到,乙二醇在上市前现货市场的一些定价方式,无论是美金定价还是人民币定价,都主要依赖进口货源,国内定价话语权较小。当时,我国大约有40多家乙二醇生产企业、400多家进口贸易企业和100多家聚酯生产企业,乙二醇价格波动会对这些企业的盈亏状况造成直接影响。

乙二醇期货的上市,一方面可以发挥期货市场发现价格的功能,避免价格过度依赖进口货源,另一方面也为全产业链提供了风险管理工具,为相关企业提供新的贸易方式,同时也催生出新的经营思路,从而能够更有效地对风险进行控制管理。

八、乙二醇期货对期货市场参与者的作用有哪些?

在期货市场,根据不同的分类方法,参与者可以划分为不同类型。比如,按照主体不同,可以划分为个人投资者和机构投资者。个人投资者是指参与期货市场的自然人,机构投资者则是与个人投资者相对的称呼,其可以是生产者、贸易商、加工者这些产业链上下游的产业机构投资者,也可以是金融机构、养老基金、对冲基金、投资基金等专业机构投资者。

而根据进入市场目的的不同,期货交易者又可以划分为套期保值者和投机者。套期保值者,是指通过期货合约交易活动以减少自己未来可能面临的市场价格波动风险,可以锁定成本,也可以锁定利润。套期保值(以下简称"套保")参与者大多为机构投资者中的产业链上下游企业,也就是生产者、贸易商、加工者。套期保值者最大的特点是他们会参与实物交割,无论是买入套保还是卖出套保。套期保值者可以通过到期交割达到完全锁定成本和利润的效果,也可以通过期转现完成套保规划,还可以通过在现货市场实物买卖的同时在期货市场平仓退出市场。

投机者，则是指通过预测期货价格未来走势，经由期货合约交易活动把握价格波动差额，进行低买高卖操作获取利润的市场参与者。投机者可以是个人投资者，也可以是专业机构投资者，有时候甚至可以是产业机构投资者。投机者最大的特点是他们会在合约到期前了结手中头寸，无论是单边投机头寸还是双边套利头寸，只有在极少数情况下才会出现企业投机者持仓进入实物交割环节。

（一）乙二醇期货对套期保值者的作用

基于乙二醇期货上市的背景和意义，以及期货套期保值者的特性，乙二醇期货对于相关产业链企业在套期保值业务上的作用是不言而喻的。套期保值主要是帮助市场参与者规避价格波动风险，锁定生产成本与利润。我们通过以下案例来体会乙二醇期货对相关套期保值者的作用。

案例 2-1

2020 年 10 月下旬，华东某聚酯加工生产企业根据与下游企业的订单预计 2 个月后需要购入大量乙二醇。当时，市场对后市一致持看涨预期，该企业担心其生产原料乙二醇价格有被带动走高的风险。为了防止乙二醇价格在未来上涨，在 10 月 30 日，企业买入对应数量的乙二醇 2101 合约，成交价格为 3740 元/吨，当时现货市场价格为 3710 元/吨。到了 12 月下旬，在 12 月 25 日企业买入预订数量的乙二醇现货，当时现货市场价格为 4130 元/吨，企业以 4190 元/吨卖出期货合约。具体操作见表 2-2。

表 2-2　　　　　　　　　　买入套保案例

时间及盈亏	现货市场	期货市场
10 月 30 日	现货价格 3710 元/吨	买入开仓价格 3740 元/吨
12 月 25 日	买入价格 4130 元/吨	卖出平仓价格 4190 元/吨
盈亏	相当于亏损 420 元/吨	盈利 450 元/吨

在此案例中，华东某聚酯加工生产企业通过在期货市场的套期保值操作，规避了现货上涨带来的成本抬高风险。由于期货市场涨幅超过现货市场，该企业在套保过程中还获得了 30 元/吨的收益。当然，这只是个别情

况，这部分收益也不是套期保值本身的目的。在绝大部分情况下，期货市场的波动与同时期现货市场波动的方向一致，波动幅度相仿，从而能够通过两者之间的抵消，降低价格单边波动给加工企业带来的生产经营风险。

案例 2-2

2021年3月初，正值欧洲第三轮新冠肺炎疫情高峰，大宗商品价格急转直下。某中间贸易商手中持有大量乙二醇现货，一时难以找到下家，其担心未来乙二醇价格下跌，于是在3月8日卖出相应数量的乙二醇2105合约，成交价为5970元/吨。当时现货市场价格为6380元/吨。3月19日，该贸易商觅得下家，出售手中一半现货，成交价为5110元/吨，同时买入平仓一半期货头寸，成交价为4920元/吨。4月20日，该贸易商又觅得下家，出售手中剩下的现货，成交价为5050元/吨，同时买入平仓剩余期货头寸，成交价为4940元/吨。具体操作见表2-3。

表2-3　　　　　　　　　卖出套保案例

时间及盈亏	现货市场	期货市场
3月8日	现货价格6380元/吨	卖出开仓价格5970元/吨
3月19日	卖出价格5110元/吨	买入平仓价格4920元/吨
3月19日盈亏	相当于亏损1270元/吨	盈利1050元/吨
4月20日	卖出价格5050元/吨	买入平仓价格4940元/吨
4月20日盈亏	相当于亏损1330元/吨	盈利1030元/吨
平均盈亏	相当于亏损1300元/吨	盈利1040元/吨

在此案例中，通过积极的套期保值操作，在市场出现大幅下跌的过程中，尽管该中间贸易商最终蒙受了260元/吨的不小损失，但与其本应承受的1300元/吨的巨额亏损相比已经是将损失尽可能控制到最小了，最终降低了价格剧烈波动中的生产经营风险。

通过以上两个案例的对比，我们在此再度强调套期保值的核心是保值。与投机交易的目的不同，套期保值交易的目的在于锁定成本利润，规避不确定性，从而保障生产销售过程中的稳定性，而不是以此谋取价差利润。利用期货价格与现货价格变动之间的关联性，通过期现两端的对冲操作，从而将成本和利润锁定在一定范围之内。

案例 2-3

2020年4月末，随着外盘 WTI 原油一度下跌进入深度负油价区间，某乙二醇生产企业受市场情绪传染，认为其厂库中待售的乙二醇现货价格未来的下跌风险极大，因此在4月27日卖出乙二醇2009合约，成交价为3450元/吨。当时乙二醇现货价格为3270元/吨。但是，随后油价触底反弹，乙二醇价格也跟随反弹，该企业在6月3日将手中乙二醇现货卖给下家，成交价为3670元/吨，同时将手中的乙二醇2009合约全部平仓，成交价为3800元/吨。具体操作见表2-4。

表2-4　　　　　与期货行情波动方向不利的套期保值案例

时间及盈亏	现货市场	期货市场
4月27日	现货价格3270元/吨	卖出开仓价格3450元/吨
6月3日	卖出价格3670元/吨	买入平仓价格3800元/吨
盈亏	相当于盈利400元/吨	亏损350元/吨

在此案例中，通过积极的套期保值操作，尽管未来行情波动方向与套期保值头寸相反，但期货市场的损失得到了现货市场价格上涨的弥补，这相当于将企业销售利润锁定在了4月27日当天的盈利水平附近。由于期货与现货在大部分情况下具有同向波动性，无论套保头寸本身是否盈利，一组套期保值交易之间盈亏相抵后基本上都能落在一个较小的波动区间里。

通过上述案例，我们已经可以比较清晰地感受到，套保的作用是通过期现对冲抵消现货市场的亏损或者收益，将成本或者利润锁定在当下的水平附近。至于套保头寸的盈利与否，与总体收益关联性不大，套保的最终目的是消灭企业经营过程中过高的盈亏波动，通过套保将企业营收锁定在企业核心利润附近，避免潜在的高亏损风险。

（二）乙二醇期货对投机者的作用

期货投机，是指交易者通过预测期货合约未来价格变化，以在期货市场上获取价差收益为目的的期货交易行为。根据不同维度，可以将投机者进行不同的分类。

1. 基本面投机者与技术面投机者

基本面投机者主要指通过分析预判某品种未来宏观因素供需关系、价差关系等的走向，对该品种的未来走势作出判断，并依此进行交易的投机者；技术面投机者通过行情走势图的技术分析，或参照技术指标，或参考图形本身，对某品种的未来走势作出判断，并依此进行交易的投机者。当然，还有这两者相结合的投机者。

2. 单边投机者与套利投机者

单边投机者主要指通过"单腿"操作博取利润的投机者；套利投机者主要指通过"双腿"甚至"多腿"操作博取利润的投机者，"多腿"可以是同一个品种的不同月份合约，也可以是关联品种的不同合约。对乙二醇而言，它与PTA和短纤之间具有较强的上下游生产关系，进行简单的加减乘除，可粗略计算得出短纤的加工利润。它们之间的套利交易又被称为利润交易。

根据其他分类，投机者可以是进行主观交易者、量化交易者甚至是程序化交易者。事实上，无论是乙二醇本身，还是其上游的原油、煤或者甲醇，或是其下游的聚酯，包括生产关系中与其并列的PTA，都是波动率偏高的品种。对于投机者而言，有波动就意味着有机会。乙二醇品种的上市，一方面丰富了投机者的参与标的，另一方面也使聚酯产业链的利润交易更加健全。

 九、乙二醇期货合约包括哪些条款？

在了解乙二醇期货过程中，我们首先介绍其标准化合约（见表2-5）。

表2-5

指标	内容
交易品种	乙二醇

续表

指标	内容
交易单位	10 吨/手
报价单位	元（人民币）/吨
最小变动价位	1 元/吨
涨跌停板幅度	上一交易日结算价的 4%
合约月份	1月、2月、3月、4月、5月、6月、7月、8月、9月、10月、11月、12月
交易时间	每周一至周五 9：00 至 11：30，13：30 至 15：00，以及交易所规定的其他时间
最后交易日	合约月份倒数第 4 个交易日
最后交割日	最后交易日后第 3 个交易日
交割等级	大连商品交易所乙二醇交割质量标准（F/DCE EG001-2018）
交割地点	大连商品交易所乙二醇指定交割仓库
最低交易保证金	合约价值的 5%
交割方式	实物交割
交易代码	EG
上市交易所	大连商品交易所

资料来源：大连商品交易所。

1. 交易单位为 10 吨/手，套保交易者需要注意套保头寸手数与实际套保规模之间的乘数，投机交易者在计算保证金占比时也需要注意该乘数。

2. 在实际运用中，具体的涨跌停板幅度和最低交易保证金，一般都会比标准化合约中标识的标准更高，具体参数每天都会在大连商品交易所官网"日交易参数"页面公示。2021 年 6 月末时，乙二醇期货现行涨跌停板幅度为 8%，保证金则根据套保和投机以及远近月合约各有不同。一般而言，套保头寸保证金占用会少于投机头寸，临近交割月份的保证金会增加，而国家法定节假日前后或者出现连续单边市的情况下，保证金也会相应提高。

3. 乙二醇期货已经开展夜盘交易。交易时间中，日盘交易分三个交易小节，分别为第一节 9：00 至 10：15、第二节 10：30 至 11：30 和第三节 13：30 至 15：00；夜盘交易时间为 21：00 至 23：00。其中，夜盘交易的一切过程和结果均归于下一个交易日，一个完整的交易日是从前一个开市的自然日的夜盘（如无夜盘，即从交易日当天上午开始）到交易日当天下午。法定节假日前一交易日，夜盘停止交易。

4. 目前，乙二醇期货交割标准仍适用于 2018 年制定的乙二醇交割质量标准（F/DCE EG001-2018），主要交割质量指标要求见本章乙二醇期货交割标准内容。

5. 乙二醇期货交割地点必须在大连商品交易所乙二醇指定交割仓库名录中，名录分交割仓库和交割厂库，全部位于华东和华南。其中，华东地区有 13 个交割仓库和 8 个交割厂库，华南地区仅 2 个交割仓库和 3 个交割厂库，这也和乙二醇的产地及主要下游聚酯企业所在地的分布状况有关。

一份高度标准化的期货合约，在附件中会对交割品种、交割等级、交割时间和交割地点均作出明确规定，交易者可以依此进行交易，并根据自身情况选择在最后交易日之前了结头寸或是进入实物交割环节。套保交易者尤其需要注意交割等级中的具体约定，值得一提的是，乙二醇期货的最后交易日为合约月份倒数第四个交易日，与大部分商品期货的最后交易日出现在月中不同，需稍加留意。此外，乙二醇期货合约交易场所仅限于大连商品交易所。

乙二醇期货自 2018 年年底上市以来，各合约总成交量从 2019 年的 7410 万手增加至 2020 年的 8332 万手，2021 年的成交量更是井喷至 1.2213 亿手，交易活跃度及市场认可度逐年加速提高。

十、保证金制度在乙二醇期货中如何运用？

期货交易实行保证金制度。在期货交易中，多空双方都必须按照其所交易的期货合约价值的一定比率缴纳资金，用于结算和保证履约。保证金制度是期货市场风险管理的重要手段。在我国，商品期货交易保证金比率具有如下特点。

(一) 期货合约上市运行的不同阶段规定了不同的交易保证金比例

一般来说，距离交割月份越近，交易者面临到期交割的概率就越大，为了规避交易者在实物交割过程中可能出现的违约风险，为了促使不愿进行实物交割的交易者尽早平仓了结头寸，交易保证金比率会随着交割临近而提高。

就乙二醇期货而言，其最低交易保证金为合约价值的5%，交易保证金实行分级管理，进入交割月前一个月第十五个交易日后，合约交易保证金调整至合约价值的10%，而进入交割月后的第一个交易日起，该合约的保证金率将大幅上调至合约价值的20%，具体参见案例2-4和表2-6。

案例2-4 2021年6月21日乙二醇日结算参数

表2-6

品种	合约代码	结算价（元/吨）	保证金率（%）			
			投机买	投机卖	套保买	套保卖
乙二醇	eg2106	4700	20	20	20	20
乙二醇	eg2107	4730	11	11	10	10
乙二醇	eg2108	4703	11	11	8	8
乙二醇	eg2109	4738	11	11	8	8
乙二醇	eg2110	4753	11	11	8	8
乙二醇	eg2111	4774	11	11	8	8
乙二醇	eg2112	4790	11	11	8	8
乙二醇	eg2201	4834	11	11	8	8
乙二醇	eg2202	4840	11	11	8	8
乙二醇	eg2203	4855	11	11	8	8
乙二醇	eg2204	4866	11	11	8	8
乙二醇	eg2205	4928	11	11	8	8

资料来源：大连商品交易所。

（二）交易所可根据合约持仓量的增加提高交易保证金标准，并向市场公布

一般来说，合约持仓量的增加，特别是持仓量远远超过相关商品现货数量时，往往意味着期货市场投机力度过大，如果不加管控，到交割时可能会面临恶意逼仓这类严重干扰金融市场正常运营的风险事件。因此，随着合约持仓量的增加，交易所也会根据具体实际情况逐步提高该合约的交易保证金比率，以控制市场风险。就乙二醇期货而言，具体调整以大连商品交易所公告为准。

（三）当某期货合约出现连续单边市或其他异常的情况下，交易保证金率也会相应提高

就乙二醇期货而言，相应规则如表2-7所示。

表2-7　　　　　　　连续单边市时保证金率的提高

指标	第一个停板	第二个停板	第三个停板
涨跌停板	P	P+3%	P+5%
交易保证金	M	M1=MAX［P+5%，M］	MAX［P+7%，M］

资料来源：大连商品交易所。

按照2021年6月末现行涨跌停板P=8%以及投机交易保证金M=11%为例，正常情况下交易保证金率为11%，出现单边市后：

下一个交易日的保证金=MAX［P+5%，M］=MAX［13%，11%］=13%

连续出现第二个单边市后：

下一个交易日的保证金=MAX［P+7%，M］=MAX［15%，11%］=15%

在单边市不再出现后，将下一个交易日的保证金率调回至11%。

另外，当某期货合约的结算价连续若干个交易日的累积涨跌幅超过一定程度时，交易所有权根据市场情况，对部分或所有会员的单边或双边头寸实施同比例或不同比例提高交易保证金率、限制部分或全部会员出金、暂停部分或全部会员开新仓、调整涨跌停板幅度、限期平仓、强行平仓等的一种或多种措施，以控制风险。在某期货合约出现其他异常情况时，交易所也可以

按照规定的程序调整交易保证金率。

 十一、什么是当日无负债结算制度？

当日无负债结算制度，是指每个交易日结束后，由期货结算机构对每一个会员的盈亏、交易手续费、交易保证金等款项进行结算。根据结算结果进行资金划转，当天的盈利会划入会员结算准备金，当天的亏损也会从会员结算准备金中划扣。每日结算完毕后，若会员的结算准备金低于交易所规定的结算准备金最低余额时，会员必须在下一交易日开市前补足准备金，至交易所规定的最低余额。该制度对控制期货市场风险，维护期货市场的正常运行具有重要作用。

（一）结算价

按照大连商品交易所规定，乙二醇期货结算价是指乙二醇某一期货合约当日成交价格按照成交量的加权平均价；当日无成交的，以上一交易日的结算价作为当日结算价。结算价，是指当天交易结束后，对未平仓合约进行结算的当日交易保证金及当日盈亏结算的基准价。

（二）结算公式

当日结算准备金余额 = 上一交易日结算准备余额 + 当日盈亏 + 上一交易日交易保证金 − 当日交易保证金 + 入金 − 出金 − 手续费

其中：

当日盈亏 = Σ[（卖出成交价 − 当日结算价）× 卖出量] + Σ[（当日结算价 − 买入成交价）× 买入量] +（上一交易日结算价 − 当日结算价）×（上一交易日卖出持仓量 − 上一交易日买入持仓量）

当日交易保证金 = 当日结算价 × 当日交易结束后的持仓总量 × 交易保证金率

案例 2-5　结算

某会员在某日开仓买入乙二醇期货 80 手,乙二醇期货的交易单位为 10 吨/手,成交价为 4000 元/吨。同时,他在当日卖出 40 手乙二醇期货,成交价为 4030 元/吨,当日结算价为 4040 元/吨,交易保证金比例为 10%,假设该会员上一交易日结算准备金余额为 500000 元,未有任何其他持仓,在当日无出入金,且不考虑手续费的情况下:

当日盈亏 = (4030 − 4040) × 40 × 10 + (4040 − 4000) × 80 × 10 = 28000(元)

当日保证金 = 4040 × 40 × 10 × 10% = 161600(元)

当日结算准备金余额 = 500000 + 28000 − 161600 = 366400(元)

(三) 风险度

风险度是期货公司风险管理中的重要指标,绝大多数期货公司采取了金仕达系统默认的算法。

风险度 = 保证金占用 ÷ 客户权益 × 100%

风险度越接近 100%,风险越大;风险度超过 100% 时,即客户权益小于保证金占用时,期货公司会对客户发送"追加保证金通知书"。

在上述案例的情形中,该会员的风险度 = 161600 ÷ (500000 + 28000) × 100% = 30.61%,即无须追加保证金。

十二、什么是强行平仓制度?

强行平仓,是指为了控制期货交易风险,按照规定对会员或客户的持仓实行平仓的一种强制措施。强行平仓根据发生关系双方分为两种情况:一种是交易所对会员的强行平仓,另一种是期货公司对其客户的强行平仓。强行平仓根据触发原因可分为多种情况,其中最常见的是由于账户交易保证金不足而触发的强行平仓，以及因为会员或客户的持仓数量超过了持仓限额制度而触发的强行平仓。

相对而言，由于账户交易保证金不足而触发的强行平仓更为常见，当行情往不利的方向运行后，未能在收到当日无负债结算制度中发出的"追加保证金通知书"后及时追加保证金或者主动减仓，且行情仍然向着不利的方向发展时，期货交易所（期货公司）会强行平掉该会员（客户）的部分或全部头寸，以填补保证金缺口。

根据我国期货交易所的规定，当会员（客户）发生以下情形之一时，交易所有权对其持仓进行强行平仓。

（1）结算准备金余额小于零，并未能在规定时限内补足的；
（2）持仓量超过限仓规定的；
（3）因违规受到强行平仓处罚的；
（4）根据交易所的紧急措施应予强行平仓的；
（5）其他应予强行平仓的情形。

我国期货公司必须设有专门的风险控制人员实时监督客户的持仓风险，当客户风险度超过100%时，期货公司会通知客户追加保证金或者主动减仓，在客户没有处理且行情继续朝着不利的方向运行时，期货公司会根据自身的风控标准，对客户的持仓进行强行平仓。

我国交易所在执行强行平仓时，会先向有关会员下达"强行平仓通知书"。在开市后，有关会员必须自行平仓，直到达到交易所平仓要求，并由交易所审核执行结果。超过自行平仓时限未执行完毕的由交易所直接对剩余部分强制执行，并将执行结果记录、发送、存档。

十三、什么是涨跌停板制度？

涨跌停板制度，是指期货合约在一个交易日中的成交价格不得高于或者低于规定的涨跌幅度，在涨跌幅度以外的报价一律视为无效报价，又称每日价格最大波动限制制度。涨跌停板制度的存在，能够有效缓和一些突发性事件和过度投机行为对期货价格的短期冲击力度，控制单日价格波动幅度，使方向不利的会员和客户在当天的损失可以控制在一定范围以内，降低了亏损会员和客户不能补足保证金的违约风险，为当日无负债结算制度的实施创造了有利条件。

在我国，每日价格最大波动限制一般设定为该合约上一交易日结算价的某一个百分比。就乙二醇期货而言，在2021年6月末，已上市合约与交割月合约的涨跌停板为8%，新上市合约的涨跌停板为正常涨跌停板的两倍，即16%。其中，新上市合约的两倍涨跌停板幅度持续至其第一个有成交记录的交易日为止，下一个交易日开始，涨跌停板自动切换至8%。

当乙二醇期货以涨跌停板价格申报时，成交撮合原则实行平仓优先和时间优先的原则。大连商品交易所涨跌停板的规则如表2-8所示。

表2-8　　　　　　大连商品交易所涨跌停板的规则

指标	第一个停板	第二个停板	第三个停板
涨跌停板	P	P+3%	P+5%

资料来源：大连商品交易所。

此外，在期货合约同方向连续涨跌停板单边无连续报价（以下简称"连续涨跌停板"），遇到国家法定长假，或者交易所认为市场风险明显变化时，交易所可以根据市场风险调整其涨跌停板幅度。涨（跌）停板单边无连续报价，是指某一期货合约在某一交易日收市前5分钟内出现只有停板价位的买入（卖出）申报，没有停板价位的卖出（买入）申报，或者一有卖出（买入）申报就成交但未打开停板价位的情况。

以2021年6月末的乙二醇期货为例。正常情况下，涨跌停板为8%，若当天出现涨跌停，下一个交易日的涨跌停板为11%，若下一个交易日继续出现同方向涨跌停板，则再下一个交易日的涨跌停板为13%，若下一个交易日未出现同方向的涨跌停板，则再下一个交易日的涨跌停板恢复为8%。

十四、什么是持仓限额制度?

持仓限额制度,是指交易所规定会员或客户可以持有的、按单边计算的某一合约投机头寸的最大数额。持仓限额制度可以降低会员或客户通过大量持仓操纵市场价格行为的风险,同时也可以避免防范期货市场风险过度集中于少数投资者的情况。

大连商品交易所对乙二醇期货合约的持仓限额规定如表2-9所示。其中,具有实际控制关系的客户和非期货公司会员的持仓合并计算。此外,个人客户在交割月份的持仓限额为0。

非期货公司会员、境外特殊非经纪参与者或客户的持仓数量不得超过交易所规定的持仓限额,超过持仓限额的,不得同方向开仓交易。对超过持仓限额的非期货公司会员、境外特殊非经纪参与者或客户,交易所将于下一交易日按有关规定执行强行平仓。

表2-9　　　　　乙二醇期货合约的持仓限额规定

品种	一般规定			
	时间段	合约单边持仓量	非期货公司会员/境外特殊非经纪参与者	客户
乙二醇	合约上市至交割月份前一个月第十四个交易日	单边持仓量≤80000手	8000手	
		单边持仓量>80000手	单边持仓量×10%	
	交割月份前一个月第十五个交易日至该月最后一个交易日	—	3000手	
	交割月份	—	1000手	

资料来源:大连商品交易所。

一个客户在不同期货公司会员、境外特殊经纪参与者处开有多个交易编码，其持仓量合计超出限仓数额的，由交易所指定有关期货公司会员或境外特殊经纪参与者对该客户超额持仓执行强行平仓。

对超过持仓限额的非期货公司会员、境外特殊非经纪参与者或者客户，交易所还可以采取电话提示、要求报告情况、要求提交书面承诺、列入重点监管名单、限制开仓等措施。

十五、什么是大户报告制度？

大户报告制度，是指当交易所会员或客户某品种某合约持仓达到交易所规定的持仓报告标准时，会员或客户应当向交易所报告。大户报告制度通常与持仓限额制度相辅相成，可以使交易所对持仓量较大的会员或客户进行重点监控，了解其持仓动向、意图，从而降低市场价格被操纵的风险，同时也可以避免期货市场风险过度集中于少数投资者的情况。

乙二醇期货所在的大连商品交易所实行大户报告制度。当非期货公司会员或客户某品种持仓合约的投机头寸达到持仓限额所规定的持仓量的80%以上（含80%）时，应向交易所提交大户持仓报告。委托期货公司会员从事期货交易的客户须通过期货公司会员报告；委托境外特殊经纪参与者从事期货交易的客户，须通过境外特殊经纪参与者报告；委托境外中介机构从事期货交易的客户，应当委托其境外中介机构报告，境外中介机构再委托期货公司会员或者境外特殊经纪参与者报告；非期货公司会员及境外特殊非经纪参与者应向交易所报告。

达到标准的非期货公司会员或客户在报告中须提供以下材料：

（1）填写完整的大户报告表，内容包括会员名称、会员号、境外特殊非经纪参与者名称、境外特参号、合约代码、现有持仓、持仓性质、持仓保证金、可动用资金、持仓意向、预报交割数量、申请交割数量；客户还须提供客户名称和编码。

(2) 资金来源说明。

(3) 交易所要求提供的其他材料。

(4) 客户还须提供开户材料以及当日结算单据。

非期货公司会员、境外特殊非经纪参与者和客户应当保证所提供的大户持仓报告和其他材料的真实性、准确性和完整性。

交易所可根据市场风险状况，调整改变持仓报告水平。

十六、对异常情况如何处理？

根据大连商品交易所发布的风险管理办法，当出现以下情形之一的，交易所可采取紧急措施化解风险，并可以宣布进入异常情况。

(1) 地震、水灾、火灾等不可抗力或计算机系统故障等原因导致交易、结算、交割、行权与履约等业务无法正常进行；

(2) 出现结算、交割、行权与履约危机，对市场正在产生或者将产生重大影响；

(3) 期货价格出现同方向连续涨跌停板，有依据认为会员、境外特殊参与者、境外中介机构或者客户违反交易所交易规则及其实施细则，并且对市场正在产生或者即将产生重大影响；

(4) 交易所规定的其他情况。

出现上述（1）中异常情况时，交易所总经理可以采取调整开市收市时间，暂停交易，调整交易时间，暂停挂牌新合约，调整相关合约最后交易日、到期日、最后交割日、交收日等日期，调整标准仓单和交割相关业务，调整期权行权、履约及相关对冲业务，调整资产作为保证金业务，取消未办理的相关业务申请，调整强行平仓实施时间，调整保证金收取标准或者方式，调整涨跌停板幅度，调整合约结算价、交割结算价，调整相关费用收取标准及结算时间，调整结算数据发送方式等紧急措施；出现不可抗力或计算机系统故障且交易指令、成交数据错误、丢失无法恢复的，交易所总经理可以决定取消未成交的交易指令，理事会可以决定取消交易。

出现上述（2）（3）（4）中异常情况时，理事会可以决定采取调整开市收市时间、暂停交易、调整涨跌停板幅度、提高交易保证金、暂停开仓、限期平仓、强行平仓、限制出金、强制减仓等紧急措施。

交易所宣布异常情况并决定采取紧急措施前必须报告中国证监会。交易所宣布进入异常情况并决定暂停交易时，暂停交易的期限不得超过3个交易日，但经中国证监会批准延长的除外。

因为下列情形发生的技术故障，交易所不承担责任：
（1）因不可抗力引发的技术故障；
（2）非因交易所过错引发的技术故障；
（3）法律、法规、规章规定的其他免责情形。

十七、什么是风险警示制度？

大连商品交易所实行风险警示制度。当交易所认为有必要时，可以分别或同时采取要求报告情况、谈话提醒、发布风险提示函等措施中的一种或多种，以警示和化解风险。

出现下列情形之一的，交易所可以要求会员、境外特殊参与者、境外中介机构或客户报告情况，或约见指定的会员、境外特殊参与者、境外中介机构高管人员或客户谈话提醒风险。
（1）合约价格出现异常变动；
（2）品种、合约成交持仓比出现异常变动；
（3）会员、境外特殊参与者或客户交易行为异常；
（4）会员、境外特殊参与者、境外中介机构或客户持仓变化较大；
（5）会员、境外特殊参与者、境外中介机构或客户持仓量过大，或持仓占比过高；

(6) 会员、境外特殊参与者、境外中介机构或客户成交量过大，或成交占比过高；

(7) 会员或其受托结算明细账户资金变化较大；

(8) 会员、境外特殊参与者、境外中介机构或客户涉嫌违规；

(9) 会员、境外特殊参与者、境外中介机构或客户被投诉；

(10) 会员、境外特殊参与者、境外中介机构或客户涉及司法调查或诉讼案件；

(11) 交易所认定的其他情形。

交易所要求会员、境外特殊参与者、境外中介机构或客户报告情况的，会员、境外特殊参与者、境外中介机构或客户应当按照交易所要求的时间、内容和方式如实报告。交易所实施谈话提醒的，会员、境外特殊参与者、境外中介机构或客户应当按照交易所要求的时间、地点和方式认真履行。交易所如果使用电话提示方式，应保留电话录音；如果使用视频谈话方式，应保存相关视频；如果使用现场谈话方式，应保存谈话记录。

发生下列情形之一的，交易所可以向全体或部分会员、境外特殊参与者、境外中介机构和客户发出风险提示函。

(1) 期货市场交易出现异常变化；

(2) 国内外期货或现货市场发生较大变化；

(3) 会员、境外特殊参与者、境外中介机构或客户涉嫌违规；

(4) 会员、境外特殊参与者、境外中介机构或客户交易存在较大风险；

(5) 交易所认定的其他异常情形。

 十八、什么是期货交割？

（一）期货交割概念

期货交割，是指期货合约到期时，按照期货交易所的规定，交易双方通过该标准化合约所约定的标的物所有权转移，或者按照交割结算价进行的现金差价转移等方式了结到期未平仓头寸的行为。一般来说，商品期货以实物交割为主；金融期货以现金交割为主。

期货交割，是促使期货价格与现货价格趋于一致的制度保证。当期货价格由于过度投机严重偏离正常价格时，交易者可以通过期现两端的套利操作，轻松赚取其中的不合理价差，并在这个过程中使期货价格重回正轨。脱离交割，意味着期货与现货的脱轨，将令期货交易如脱缰野马，变成投机倒把、利用资金优势以大欺小的游乐场。同时，期货交割是期货市场向实体现货行业服务的保障，作为现货远期交易的衍生工具，现货上下游企业和贸易商可以通过期货交割实现现货远期交易的功能。

（二）交割结算价

期货交割结算价，是指在实物交割时的基准价格，交割行为产生的一切票证上的价格，都以交割结算价加上具体规定的升贴水作为最终成交价格。根据不同的交割方式，结算价的计算方法各有不同。其中，期货转现货的交割结算价由期转现双方商定，滚动交割的交割结算价为配对日结算价，一次性交割的交割结算价为乙二醇期货合约交割月最后 10 个交易日所有成交价格的加权平均价，若交割月不满 10 个交易日，则交割月所有成交价格的加权平均价就是结算价。

（三）标准仓单

标准仓单，是指期货交易所指定的交割仓库按照交易所的规定签发的标准化实物提货凭证。在实际交割的具体实施中，买卖双方并不是直接进行实物商品的交收，而是交收标准仓单。标准仓单的持有形式是标准仓单持有凭证，该凭证是交易所开具的代表标准仓单所有权的有效凭证。仓单的生成包括入库预报、商品入库、验收、指定交割仓库开具标准仓单、交易所签发和注册等环节。标准仓单经交易所注册后生效，可用于交割、转让、提货、质押等。

十九、如何期转现?

期转现,是期货转现货的简称,是指持有同一品种同一个合约的多空双方之间达成现货买卖协议后,向交易所提出申请并获得批准后,由交易所将其在期货市场的相应头寸以双方商定的价格(该价格应在交易所规定的正常波动范围之内)进行平仓,同时双方按协议对相关现货仓单进行交换的行为。

期转现行为一般分为两种:一种是期货市场中的多空双方,准备使用标准仓单或者标准仓单以外的货物或者准备在交割合约到期前进行实物交割,并寻找交易对象配对成功的期转现;另一种是双方本来就有远期现货交易意向,借助期货市场保障交货价格稳定同时避免对方违约的期转现。

(一) 期转现交易的基本流程

1. 寻找交易对手

准备期转现的一方,可自行寻找期转现对方,或通过交易所发布期转现意向。

2. 商定交易

找到对方后,双方敲定期货平仓价、现货交收价格,以及一系列现货具体事务,比如确定具体非标仓单内容、地点、交收事件等。其中,平仓价格要合理,需要在审批日期货价格限制范围内;平仓价格与现货交收价格之间的差额也要合理,差额要考虑实际交收仓单的升贴水、期转现过程中节约的交割成本、仓储费和利息等。

3. 向交易所提出申请

买卖双方商定期转现的具体交易内容后,需要到交易所办理相关手续,填写交易所统一印制的相关期转现申请单,使用非标仓单交割的,需要提供相关的现货买卖协议或仓单转让协议等证明。

4. 交易所核准

交易所收到相关申请单和买卖协议等资料后,将对这些资料进行核对。符合条件的予以批准,并在批准日当天了结双方期货头寸;不符合条件的将结果告知买卖双方会员,由会员及时转告客户。

5. 办理手续

用标准仓单期转现的,批准日的下一日买卖双方须至交易所办理仓单过户和货款划转,并缴纳规定的手续费;用非标仓单期转现的,买卖双方自行按照现货买卖协议或者仓单转让协议中的规定交收现货。

6. 纳税

用仓单期转现的,买卖双方须在规定期间至税务部门办理纳税,各自负担仓单转让环节的手续费。

(二) 与传统期货操作相比,期转现具有的优势

1. 节约交割成本

期转现有利于下游加工商顺利接到上游现货,可以有效节约期货交割成本,比如搬运、整理、包装等过程的交割费用。尤其是通过非标准仓单的期转现,卖方可以直接将货物运到买方附近的存货地点,不必再经由交易所指定交割仓库,这样双方都节省了交割成本。

2. 买卖双方可灵活选择交货地点和品级

传统期货实物交割中,对于卖出方较为有利,只要货物满足交割标准,心仪的仓库仍有库容,卖方就可以通过标准流程将货物交割入库并生成标准仓单,但偶尔也会出现卖家附近没有期货交易所指定的交割仓库或者附近的仓库剩余库容不足的情况。此时,交割入库就意味着不便利以及额外的成本,买入方相对更为被动。尽管交易所会发起意向申报,但最终实际分配的标准仓单往往不能完全匹配买家意向,这意味着买方无法控制收取仓单的仓库地点,同时大多数商品的交割标准是一个范围,甚至品级相差较为明显时还会有升贴水存在,买方不能确保交易所分配到手的仓单是自己最青睐的货物品牌或者自己期望的货物品级。而在期转现中,买卖双方可以就仓单的商标和品级等进行具体商定,也可以对交割地点和交割方式进行协商敲定。与传统交割相比,期转现双方尤其是买方不需要担心交货地点和品级的随

机性。

3. 期转现比一般套保风险敞口更小

期转现在买卖双方敲定期货平仓价格的同时，也确定了相应的现货成交价格，期现市场的风险同时锁定，比起传统的期货平仓后购销现货中间不可避免地会存在时间差更有优势。

4. 买卖双方在时间上更有利

通过期转现，与传统的期货交易所规定的交割相比，卖方可以更早回收货款，买方可以更早提取仓单，双方都节省了时间，对未来业务和生产的规划起了积极的作用。

 二十、乙二醇期货如何交割？

根据《大连商品交易所交割管理办法》，乙二醇期货实物交割可以适用期转现、滚动交割和一次性交割。该办法对乙二醇期货交割作出如下规定：

（一）个人客户不得参与交割

个人客户持仓不得参与交割，自交割月份第一个交易日起，交易所对个人客户交割月份合约的持仓予以强行平仓。最后交易日收市后，个人客户交割月份合约的乙二醇期货持仓仍未平仓的，首先由其所在的期货公司代为履约，期货公司仍然未能履约的，按照《大连商品交易所交割管理办法》交割违约相关内容进行处理。

（二）期转现交割

乙二醇期转现的期限为该合约上市之日起至交割月份前一个月倒数第三个交易日，提出期转现申请的客户必须是单位客户。交易双方达成现货买卖协议后，应在交易日的11：30前向交易所提出期转现申请，并提交期转现申请、现货买卖协议、相关货款证明以及相关的货物持有证明等材料。

对于标准仓单期转现，交易所在申请当日之内予以审批，卖方会员应在11：30前将相应数量的标准仓单交到交易所，买方会员应将按协议价格计算的全额货款划入交易所账户。标准仓单期转现的仓单交收和货款支付由交易所负责办理，具体流程见《大连商品交易所结算管理办法》，手续费按交割手续费标准收取。

对于非标准仓单期转现，交易所在收到申请后三个交易日内予以审批。非标准仓单期转现的货物交收和货款收付通过交易双方自行办理的，由交易双方自行协商确定；货款收付委托交易所办理的，具体流程见《大连商品交易所结算管理办法》。手续费按交易手续费标准收取，交易所对非标准仓单期转现的货物交收和货款支付不承担担保责任。采用非标准仓单进行期转现时，交易双方应在现货交易结束后向交易所提交货物交收证明，货款收付自行办理的，还应当向交易所提交货款支付证明；交易所有权对交易双方的现货行为进行监督和核查。

期转现批准日结算时，交易所将交易双方的期转现持仓按协议价格进行结算处理，产生的盈亏计入当日平仓盈亏。期转现的持仓从当日持仓量中扣除，交易结果不计入当日结算价和成交量。每个交易日结束后，交易所将当日执行的期转现有关信息予以公布。此外，对非善意的期转现行为，按照《大连商品交易所违规处理办法》中的有关规定处理。

（三）滚动交割

滚动交割，是指在交割月第一个交易日至最后一交易日的前一交易日期间，由持有标准仓单（已冻结的除外，下同）和交割月单向卖持仓的卖方客户主动提出，并由交易所组织匹配双方在规定时间完成交割的交割方式。滚动交割的交割结算价采用该期货合约滚动交割配对日的当日结算价。滚动交割由客户提出交割申请，会员代客户办理。

滚动交割流程的第一日是配对日。进入交割月后，同时持有标准仓单和交割月单向卖持仓的客户可以通过会员提出交割申请，会员在交割月第一个交易日至最后交易日前一交易日闭市前，均可向交易所申报交割。提出交割申请的相应持仓和仓单应予以冻结，不再收取其卖持仓对应的交易保证金。而持有交割月单向买持仓的买方在交割月第一个交易日至最后交易日前一交易日闭市前也可以向交易所申报交割意向。

配对日闭市后，交易所通过系统，按照"申报意向优先、含有建仓时间最早的持仓优先"原则，确定参与配对的买方持仓。配对结果一经确定，买卖双方不得变更。对于集团交割仓库的标准仓单，以分库为单位申报交割意向，进行交割配对。买方会员的配对买持仓的交易保证金转为交割预付款。配对持仓从交割月合约的持仓量中扣除，不再受持仓限额限制。"交割通知单"和配对结果等滚动交割信息随配对日结算单通过会员服务系统发送给买卖双方会员，会员服务系统一经发送，即视为已经送达。配对结果等信息通过相关公共媒体和信息商对社会公众发布。

配对结果确定后，买方应及时向卖方提供有关增值税专用发票开具内容的事项，卖方在配对日后7个交易日内将增值税专用发票交付买方。交割增值税专用发票由交割的卖方客户向相对应的买方客户开具，客户开具的增值税专用发票由双方会员转交、领取并协助核实。会员迟交或未提交增值税专用发票的，按《大连商品交易所结算管理办法》有关规定处理。

配对日后第2个交易日为交收日。交收日闭市之前，买方会员须补齐与其配对交割月份合约持仓相对应的全额货款，办理交割手续。交收日闭市后，交易所将卖方交割的仓单分配给对应的配对买方。交收日闭市后，交易所将卖方会员提交的标准仓单交付买方会员，将货款的80%付给卖方会员，余款在卖方会员提交了增值税专用发票后结清。

滚动交割违约，是指在规定期限内买方未能如数解付货款。构成交割违约的，按照《大连商品交易所交割管理办法》交割违约相关条款进行处理，其中违约合约价值按配对日结算价计算，交割违约处理在滚动交割的交收日后进行。实行保税交割相关品种期货业务细则对保税标准仓单滚动交割有规定的，按照其规定执行。

（四）一次性交割

一次性交割，是指在合约最后交易日后，交易所组织所有未平仓合约持有者进行交割的交割方式。一次性交割在3个交易日内完成，分别为标准仓单提交日、配对日和交收日（最后交割日）。在合约最后交易日后，所有未平仓合约的持有者须以交割履约，同一客户号买卖持仓相对应部分的持仓被视为自动平仓，不予办理交割，平仓价按一次性交割的交割结算价计算。乙二醇期货一次性交割的交割结算价采用该期货合约交割月最后10个交易日所有成交价格的加权平均价，若交割月不足10个交易日，则采用该期货合约自交割月第一个交易日起至最后交易日所有成交价格的加权平均价。最后交易日闭市后，交易所将交割月份买持仓的交易保证金转为交割预付款。

一次性交割流程第一日是标准仓单提交日。最后交易日后第一个交易日闭市前，卖方会员应当将与其交割月份合约持仓相对应的全部标准仓单交到交易所，最后交易日后第一个交易日闭市后，交易所公布各交割仓库或分库交割品种与标准仓单数量信息。

一次性交割流程第二日是配对日。最后交易日后第二个交易日闭市前，买方可以根据交易所公布的信息，提出交割意向申报。买方可以申报两个交割意向，包括第一意向和第二意向。闭市后交易所分配标准仓单时，将保税标准仓单按照"境外买方优先""意向优先"原则进行分配。其中，意向优先性顺序为：对任一买方，先考虑其第一意向，第一意向未得到满足或未全部得到满足，再考虑其第二意向；对任一交割仓库，先考虑将该仓库作为第一意向的买方，若有剩余仓单，再考虑将该仓库作为第二意向的买方。配对日闭市后，交易所按照《大连商品交易所交割管理办法》规定的原则和步骤进行交割配对，配对结果一经确定，买卖双方不得变更。配对结果等信息通过会员服务系统发送给买卖双方会员，会员服务系统一经发送，即视为已经送达。

一次性交割流程第三日是交收日，即最后交割日。最后交割日闭市前，买方会员应当补齐与其交割月份合约持仓相对应的差额货款。最后交割日闭市后，交易所将卖方会员提交的标准仓单交付买方会员，将货款的80%付给卖方会员，余款在卖方会员提交了发票后结清。

配对结果确定后，买方应当在配对日后1个交易日内，按照税务机关的规定将开具发票的具体事项，包括购货单位名称、地址、金额、纳税人登记号等信息通知卖方。卖方会员应当在配对日后7个交易日内将发票交付买方会员。发票由交割的卖方向对应的买方开具，并由双方会员转交、领取并协助核实。会员迟交或未提交交易所规定的发票的，按《大连商品交易所结算管理办法》有关规定处理。

（五）乙二醇三种交割方式的比较（见表 2-10）

表 2-10

项目	期转现	滚动交割	一次性交割
办理时间	合约上市之日起至交割月份前一个月倒数第三个交易日（含）	交割月第一个交易日至交割月最后交易日前一交易日	最后交易日
配对时间	在可办理时间内以买卖双方协商的日期为准	卖方提出滚动交割申请当日	最后交易日后第二个交易日闭市前
配对原则	买卖双方协商	"卖方优先""申报意向优先""含有建仓时间最早的持仓优先"	详见《大连商品交易所交割管理办法》第64条
结算价格	买卖双方协议价	配对日结算价	该期货合约交割月最后10个交易日所有成交价格的加权平均价，交割月不足10个交易日的采用该期货合约自交割月第一个交易日起至最后交易日所有成交价格的加权平均价
主要特点	双方协商进行，分为标准仓单期转现和非标准仓单期转现	卖方优先原则：符合条件的卖方提出申请后保证当天配对成功，被配对买方要按期付款	最后交易日收市后交易所组织所有未平仓合约持有者进行交割

资料来源：大连商品交易所。

（六）基本事项、仓单生成和注销、厂库交割与仓库交割、保税交割等

乙二醇期货合约的交割单位为 10 吨，除保税期转现开具增值税普通发票外，其他交割一律开具增值税专用发票。乙二醇交割手续费为 1 元/吨；取样及检验收费实行最高限价，由交易所制定并公布；仓储费收取标准为 1.5 元/吨·天。

货主向指定乙二醇交割仓库发货前，应当由会员向交易所办理交割预

报,并交纳30元/吨的交割预报定金,交易所应当在收到办理交割预报申请后的3个交易日内予以答复,并按"择优分配、统筹安排"的原则安排指定交割仓库。货主应当向交易所安排的指定交割仓库发货。交割预报自办理之日起有效,有效期为30个自然日。在有效期内按照交割预报执行的,交割预报定金在商品入库后予以返还;部分执行的,按照实际到货量予以返还;未在有效期内执行的,交割预报定金不予返还,未返还的交割预报定金罚没给对应指定交割仓库。

货主在办理完交割预报后应当在入库前3个自然日之前将车船号、品种、数量、到货时间等通知指定交割仓库。乙二醇收发重量以指定交割仓库检重为准,检重费由货主承担,由指定交割仓库负责转交。指定交割仓库应当在货物入库前3个自然日之前将相关信息通知指定质检机构,检验费用由货主承担,由指定交割仓库负责转交。质检报告有正本1份、副本3份,正本提交给指定交割仓库,交易所和货主分别收到副本1份。检验合格后,经交易所规定程序,生成标准仓单。

在生成仓单环节,仓库交割流程包括交割预报、商品入库、验收、指定交割仓库签发、交易所注册等环节,厂库交割节省了前三个环节,只包括厂库签发和交易所注册等环节。

根据交易所规定,乙二醇标准仓单在每年的3月份最后1个交易日(含)之前应当进行标准仓单注销。从仓库出库时,货主应当在实际提货日3个自然日前与指定交割仓库联系出库事宜,并在标准仓单注销日后10个工作日(含)内到指定交割仓库提货。从厂库出库时,货主应当在标准仓单注销日(不含)后4个自然日(含)内到厂库提货。厂库发货并出具产品原产地证明或出厂检验报告等货物来源及品质的相关材料和凭证。厂库出库时,厂库应当在货主监督下抽样,经双方确认后将样品封存,保留至发货日后的30个自然日,作为发生质量争议时的处理依据。

除了仓库和厂库交割外,乙二醇期货也可以实行保税仓单交割。保税交割,是指以海关特殊监管区域或保税监管场所内处于保税监管状态的期货合约所载商品作为交割标的物进行期货交割的过程。根据交割方式,具体分为保税期转现、保税滚动交割和保税一次性交割。保税标准仓单和完税标准仓单的参与方式略有不同,详见大连商品交易所相关文件。保税交割时,先依

照交割方式获得交割结算价,然后得出保税交割结算价:

保税交割结算价 = [(交割结算价 - 相关费用)/(1 + 进口增值税税率) - 消费税]/(1 + 进口关税税率)

其中,相关费用包括商品进口报关、报检及代理服务费等费用,由交易所另行发布。

一次性交割的保税交割结算价由交易所在合约最后交易日公布,滚动交割的保税交割结算价由交易所在合约滚动交割配对日公布。

二十一、乙二醇期货的交割标准是怎样的?

目前,乙二醇期货交割标准仍适用于 2018 年制定的乙二醇交割质量标准(F/DCE EG001 - 2018),主要交割质量指标如表 2 - 11 所示。

表 2 - 11　　　　　　　　乙二醇期货交割质量标准

序号	项目	指标
1	外观	透明液体,无机械杂质
2	乙二醇(w/%)	≥99.9
3	二乙二醇(w/%)	≤0.050
4	1,2 - 丁二醇(w/%)	≤0.01
5	碳酸乙烯酯(w/%)	≤0.005
6	色度(铂 - 钴)/号 加热前 加盐酸加热后	≤5 ≤20
7	密度(20℃)(g/cm³)	1.1128 ~ 1.1138
8	沸程(在0℃,0.10133MPa) 初馏点(℃) 干点(℃)	≥196.0 ≤199.0
9	水分(w/%)	≤0.08

续表

序号	项目	指标
10	酸度（以乙酸计）/（mg/kg）	≤10
11	铁含量/（mg/kg）	≤0.10
12	灰分/（mg/kg）	≤10
13	醛含量（以甲醛计）/（mg/kg）	≤8.0
14	紫外透光率（%） 220nm 275nm 350nm	 ≥75 ≥92 ≥99
15	氯离子（mg/kg）	≤0.5

资料来源：大连商品交易所。

乙二醇质量标准中的条款均引用下列文件中的条款，若后续有更新文件出台，凡冲突矛盾之处皆以最新文件为准：

（1）GB/T 6678 化工产品采样总则；

（2）GB/T 6680 液体化工产品采样通则；

（3）GB/T 4649 工业用乙二醇。

其中，试样的采取按 GB/T 6678 和 GB/T 6680 执行，质量指标检验按 GB/T 4649 执行。乙二醇应贮存在铝制或不锈钢容器或具有环氧乙烷等特殊内涂层的容器中。贮存过程中应保持容器的密闭性。大连商品交易所负责交割标准的解释。

二十二、乙二醇期货的交割地点有哪些？

乙二醇指定交割仓库分为基准交割仓库和非基准交割仓库。江苏、浙江、上海等地的仓库为基准交割仓库，福建、广东等地区的仓库为非基准交割仓库，无升贴水，交易所可视情况对指定交割仓库进行调整。表 2-12、

表2-13列出了当下大连商品交易所指定交割仓库和厂库名录,具体联系方式请查询大连商品交易所官网。

表 2-12　　大连商品交易所乙二醇指定交割仓库名录

序号	地区	省市	交割仓库名称
1	华东地区	江苏张家港	张家港保税区长江国际港务有限公司
2	华东地区	江苏太仓	太仓阳鸿石化有限公司
3	华东地区	江苏南通	南通阳鸿石化储运有限公司
4	华东地区	江苏南通	南通千红石化港储有限公司
5	华东地区	上海	洋山申港国际石油储运有限公司
6	华东地区	江苏江阴	江阴恒阳化工储运有限公司
7	华东地区	江苏常州	常州宏川石化仓储有限公司
8	华东地区	江苏常熟	常熟宏川石化仓储有限公司
9	华东地区	江苏常熟	常熟千红石化港储有限公司
10	华东地区	江苏常熟	常熟市东联仓储有限公司
11	华东地区	浙江宁波	宁波宁兴液化储运有限公司
12	华南地区	广东东莞	东莞三江港口储罐有限公司
13	华东地区	江苏扬州	张家港保税区长江国际扬州石化仓储有限公司
14	华南地区	广东东莞	东莞市百安石化仓储有限公司
15	华东地区	江苏太仓	江苏长江石油化工有限公司

资料来源:大连商品交易所。

表 2-13　　大连商品交易所乙二醇指定交割厂库名录

序号	地区	省市	交割厂库名称
1	华东地区	江苏南通	江苏恒科新材料有限公司
2	华南地区	广东惠州	中海壳牌石油化工有限公司
3	华东地区	浙江宁波	中基宁波集团股份有限公司
4	华东地区	浙江宁波	远大能源化工有限公司
5	华东地区	浙江杭州	浙江永安资本管理有限公司
6	华东地区	江苏连云港	连云港石化有限公司
7	华东地区	浙江宁波	浙江前程石化股份有限公司

续表

序号	地区	省市	交割厂库名称
8	华东地区	浙江杭州	物产中大化工集团有限公司
9	华东地区	浙江杭州	浙江恒逸国际贸易有限公司
10	华南地区	福建厦门	厦门国贸石化有限公司
11	华南地区	福建泉州	福建百宏聚纤科技实业有限公司

资料来源：大连商品交易所。

交割仓库地点是交易所充分考虑到乙二醇上下游产业链地区分布后所决定的。从上游供给来看，无论是生产还是进口，都主要集中于以江浙沪为代表的华东地区。在设计期货合约的2017年，华东地区产量占全国总产量的49.4%，进口量占全国总进口量的85.0%，江浙地区也是我国乙二醇储罐分布最集中的地区，当地贸易商数量众多，是我国当仁不让的乙二醇贸易的重要集散地。

从乙二醇下游消费来看，主要集中在江浙沪以及福建广东等东部沿海地区。江浙两省是我国聚酯企业最集中的地区，而聚酯占乙二醇下游方向的90%以上。2017年江浙两省乙二醇消费量之和占全国总消费的80.0%，福建广东等东南沿海地区是我国乙二醇第二大消费地区，占全国总消费的14.6%，而其他所有地区的消费量总和仅略超5%。

因为乙二醇的产销区域十分集中，且区域重合度很高，所以在期货合约设计时，大连商品交易所将主要的交割库设在了华东地区，同时兼顾华南地区，覆盖了我国乙二醇绝大部分的产销流通区域。

二十三、哪些人群适宜参与乙二醇期货交易？

和大部分的商品期货一样，乙二醇期货的设计和上市是出于服务聚酯产业链的考量。产业链的套期保值者的存在使期货市场的功能得以充分发挥，使期货价格保持在现货价格附近的合理范围内。同时，乙二醇期货题材丰富、价格波动大等特点也获得了投资交易者的青睐。基本面也好、技术派也罢，甚至是程序化交易，任何一个商品期货都需要有足够的投资者参与，以提供市场流动性，投资者承担了期货交易中的主要风险，同时也攫取了期货交易中的主要收益，是投资者的频繁参与活化了期货品种。

根据《证券期货投资者适当性管理办法》，可将投资者分为专业投资者和普通投资者。专业投资者可以是有关金融监管部门批准设立的金融机构，包括证券公司、期货公司、基金管理公司及其子公司、商业银行、保险公司、信托公司、财务公司等；经行业协会备案或者登记的证券公司子公司、期货公司子公司、私募基金管理人，以及上述机构面向投资者发行的理财产品，包括但不限于证券公司资产管理产品、基金管理公司及其子公司产品、期货公司资产管理产品、银行理财产品、保险产品、信托产品、经行业协会备案的私募基金。除此之外，社会保障基金、企业年金等养老基金，慈善基金等社会公益基金，合格境外机构投资者（QFII）、人民币合格境外机构投资者（RQFII）也是专业投资者。这些投资者应当向经营机构提供营业执照、经营业务许可证、登记或备案证明、开户类型证明等身份资质证明材料。经营机构审核通过的，可将其直接认定为专业投资者，并将认定结果书面告知投资者。

除此之外，一些符合特定条件的法人、其他组织和自然人也可以是专业投资者，其中，法人与其他组织必须同时满足：

（1）最近1年末净资产不低于2000万元；

（2）最近1年末金融资产不低于1000万元；

（3）具有2年以上证券、基金、期货、黄金、外汇等投资经历。

而自然人需要同时满足：

（1）金融资产不低于500万元，或者最近3年个人年均收入不低于50万元；

（2）具有2年以上证券、基金、期货、黄金、外汇等投资经历，或者具有2年以上金融产品设计、投资、风险管理及相关工作经历，或者属于有关金融监管部门批准设立的金融机构的高级管理人员、获得职业资格认证的从事金融相关业务的注册会计师和律师。

这些投资者中，机构投资者需要提供最近一年的财务报表、金融资产证明文件、本机构的投资经历等；自然人投资者需要提供近一个月本人的金融资产证明文件或近三年的收入证明、投资经历或工作证明、职业资格证书等,经营机构审核通过的,可认定其为专业投资者。

专业投资者可购买或接受所有风险等级的产品或服务。对于专业投资者以外的普通投资者,则需要通过填写风险承受能力问卷等形式进行适当性评估,以评定投资者的风险承受能力。问卷问题不少于10个,应当至少包括收入来源和数额、资产状况、债务、投资知识和经验、风险偏好、诚信状况等方面,普通投资者按其风险承受能力可至少划分为五类,由低至高分别为C1(含风险承受能力最低类别)、C2、C3、C4、C5类。

期货行业产品或服务的风险等级原则上由低到高划分为五级,分别为R1、R2、R3、R4、R5级,其中,一般商品期货品种属于R3级别,期权、原油期货与金融期货品种属于R4级别。乙二醇期货作为一般商品期货品种,划归R3级别,因此,参与乙二醇期货交易的普通投资者应该是至少符合C3类别的适当性评估的普通投资者(见表2-14)。

表2-14

投资者等级	可购买或接受的产品或服务
C1(含风险承受能力最低类别)	R1
C2	R1、R2
C3	R1、R2、R3
C4	R1、R2、R3、R4
C5	R1、R2、R3、R4、R5

二十四、异常交易与期货违规行为有哪些?

通过了评估,具备足够的风险承受能力的投资者可以参与乙二醇期货交易。同时,期货投资者还应当注意避免出现交易所认定的异常交易和期货违规行为。出现这些行为的期货投资者会受到期货公司的提醒、劝阻和制止，经劝阻、制止无效的，期货公司会员还可以针对投资者采取提高交易保证金、限制开仓、强行平仓等措施。对于非期货公司会员或客户出现异常交易或期货违规行为的，交易所可以采取电话提示、要求报告情况、要求提交书面承诺、列入重点监管名单等措施；情节严重的，交易所可以根据《大连商品交易所违规处理办法》等相关规则的规定采取强行平仓、限制开仓等监管措施；涉嫌违反法律、法规、规章的，交易所可以提请中国证监会进行立案调查。具体参见表2-15。

表2-15 大商所《投资者合规交易提示手册》中梳理的15类异常交易与违规行为

编号	异常或违规行为类型	监管标准	处理程序及罚则
1	自买自卖	（1）单一客户或实际控制关系账户单日在某一合约上的自成交次数达到5次（含）以上 （2）实际控制关系账户的自成交行为合并计算	
2	频繁报撤单	（1）客户单日在某一合约上的撤单次数达到500次（含）以上 （2）实际控制关系账户的频繁报撤单行为合并计算	（1）第一次达标电话提示 （2）第二次达标列入重点监管名单 （3）第三次达标限制开仓不低于1个月
3	大额报撤单	（1）客户单日在某一合约上的撤单次数达到400次（含）以上的，且单笔撤单的撤单量超过合约最大下单手数的80% （2）实际控制关系账户的大额报撤单行为合并计算	

续表

编号	异常或违规行为类型	监管标准	处理程序及罚则
4	实际控制关系账户组合并持仓超限	实际控制关系账户投机持仓合并计算，且不得超过单个客户的投机持仓限额	（1）实际控制关联账户合并持仓超限的，客户自行平仓；如客户次日第二节前未平仓的，交易所对客户进行强行平仓，同时限制开仓不低于1个月 （2）第一次超仓列入重点监管名单 （3）第二次超仓限制开仓不低于10个交易日 （4）第三次超仓限制开仓不低于6个交易日
5	违反持仓管理规定	交易所实行限仓制度。限仓是指交易所规定会员或客户可以持有的，按单边计算的某一期货合约投机头寸的最大数额	（1）警告 （2）通报批评 （3）公开谴责 （4）强行平仓 （5）暂停部分期货业务 （6）暂停开仓交易1个月以内 （7）可并处1万至20万元罚款
6	操纵市场	（1）单独或者合谋，集中资金优势、持仓优势或者利用信息优势，连续或者联合买卖合约，恶意影响或者企图影响期货交易价格或者期货交易量 （2）利用移仓、分仓、对敲等手段，规避交易所的持仓限制，超重持仓，控制或企图控制市场价格，影响市场秩序	（1）交易所视情节上报中国证监会 （2）责令改正 （3）赔偿损失，没收违规所得 （4）情节较轻的，处以： ①警告 ②强行平仓 ③暂停开仓交易1个月以内 ④没有违规所得或者违规所得5万元以下的，可并处5万至20万元的罚款；违规所得5万

续表

编号	异常或违规行为类型	监管标准	处理程序及罚则
6	操纵市场	（3）不以成交为目的或明知申报的指令不能成交，仍恶意或连续输入交易指令影响或者企图影响期货价格，扰乱市场秩序或转移资金 （4）为制造虚假的市场行情而进行连续买卖、自我买卖或蓄意串通，按事先约定的方式或价格进行交易或互为买卖，制造市场假象，影响或企图影响市场价格或持仓量	元以上的，可并处违规所得1倍以上3倍以下的罚款 （5）情节严重的，处以： ①通报批评 ②公开谴责 ③强行平仓 ④暂停部分期货业务 ⑤暂停开仓交易1至6个月 ⑥取消其相应资格 ⑦宣布为"市场禁止进入者" ⑧没有违规所得或者违规所得10万元以下的，可并处10万至100万元的罚款；违规所得10万元以上的，可并处违规所得3倍以上5倍以下的罚款
7	对敲转移资金	利用对敲手段，转移资金或者牟取不当利益	
8	自成交影响价格	利用自成交手段，影响市场价格或者牟取不当利益	
9	内幕交易	利用内幕信息或国家机密进行期货交易或泄露内幕信息影响期货交易	
10	未妥善保管交易编码	未按交易所规定妥善管理交易编码，导致交易编码被他人利用实施违规行为	
11	套期保值持仓超仓	交易期间，非期货公司会员或客户当日开仓导致套保持仓与投机持仓合计超过交易所规定标准；结算后，非期货公司会员或客户套期保值持仓与投机持仓合计超过交易所规定标准，并且未在下一交易日第二节交易结束前自行调整或调整后仍不符合要求	交易期间，非期货公司会员或客户当日开仓导致套保持仓与投机持仓合计超过交易所规定标准的，交易所禁止其当日超仓合约开仓交易，并在结算后恢复其开仓权限 结算后，非期货公司会员或客户当日开仓导致套保持仓与投机持仓合计超过交易所规定标准的，应在下一交易日第二节交易结束前自行平仓。未平仓或平仓后仍未符合规定标准的，交易所禁止其超仓合约开仓交易，并

续表

编号	异常或违规行为类型	监管标准	处理程序及罚则
11	套期保值持仓超仓	交易期间，非期货公司会员或客户当日开仓导致套保持仓与投机持仓合计超过交易所规定标准的；结算后，非期货公司会员或客户套期保值持仓与投机持仓合计超过交易所规定标准，并且未在下一交易日第二节交易结束前自行调整或调整后仍不符合要求	在结算后恢复其交易权限，因价格涨跌停板、异常情况或不可抗力导致无法在第二节交易结束前完成平仓的情形除外 非期货公司会员或客户累计2个（含）交易日以上出现套保持仓与投机持仓合计超过规定标准情形的，交易所自下一交易日起连续3个交易日禁止其超仓合约开仓交易；情节严重的，按照《大连商品交易所违规处理办法》处理
12	套期保值交易影响价格	具有套期保值交易资格的客户频繁进行开平仓交易，影响或者企图影响市场价格	（1）谈话提醒 （2）书面警示 （3）调整或者取消其套期保值持仓增加额度 （4）取消套期保值交易资格 （5）必要时可以采取限制开仓、限期平仓、强行平仓等措施，并按《大连商品交易所违规处理办法》有关规定处理
13	虚假套期保值	在申请套期保值交易资格、申请增加套期保值持仓额度和交易时，有欺诈或违反交易所规定行为	（1）不受理其增加套期保值持仓额度的申请 （2）调整或者取消已批准的套期保值持仓增加额度 （3）取消其套期保值交易资格 （4）必要时可以采取限制开仓、限期平仓、强行平仓等处置措施，并按《大连商品交易所违规处理办法》的有关规定处理
14	套利交易影响价格	利用套利交易影响或者企图影响市场价格	（1）谈话提醒 （2）书面警示 （3）调整或者取消其套利持仓增加额度 （4）限制开仓、限期平仓、强行平仓等措施，并按《大连商品交易所违规处理办法》的有关规定处理

续表

编号	异常或违规行为类型	监管标准	处理程序及罚则
15	虚假套利	在申请增加套利持仓额度和交易时,有欺诈或违反交易所规定行为	(1) 不受理其增加套利持仓额度的申请 (2) 调整或者取消已批准的套利持仓增加额度 (3) 限制开仓、限期平仓、强行平仓等处置措施,并按《大连商品交易所违规处理办法》的有关规定处理

资料来源:大连商品交易所。

自 测 题

一、不定项选择题

1. 我国期货市场的形成源于（　　）。
A. 市场经济　　B. 改革开放　　C. 加入世贸　　D. 一国两制

2. 期货与现货远期的主要差异包括（　　）。
A. 期货有标准化合约
B. 期货有交易所场内公开交易
C. 期货交易的另一头是明确的
D. 期货有保证金制度作为履约信用保障

3. 乙二醇期货的上市背景包括（　　）。
A. 全球乙二醇逐渐走向过剩　　B. 我国乙二醇进口依存度大
C. 我国乙二醇贸易风险较大　　D. 我国乙二醇下游需求集中

4. 乙二醇期货上市期间,我国乙二醇进口依存度为（　　）。
A. 三成左右　　B. 四成左右　　C. 五成左右　　D. 六成左右

5. 以下关于乙二醇期货合约的描述错误的有（　　）。
A. 合约单位为5吨/手

B. 合约代码为 EG

C. 最后交易日为合约月份第 10 个交易日

D. 最小变动价位为 1 元/吨

6. 乙二醇期货的交割方式有（　　）。

A. 一次性交割　　B. 滚动交割　　C. 期转现　　D. 现金交割

7. 根据乙二醇期货的涨跌停板制度，若某日乙二醇期货某合约出现单边市，下一交易日，该合约涨跌停板将增加（　　）%。

A. 2　　　　B. 3　　　　C. 4　　　　D. 5

8. 根据乙二醇期货的持仓限额制度，非期货公司会员在交割月份的持仓限额为（　　）手。

A. 1000　　B. 2000　　C. 4000　　D. 8000

9. 参与乙二醇期货交易，个人交易者的投资者等级必须达到（　　）以上。

A. C1　　　B. C2　　　C. C3　　　D. C4

10. 以下（　　）行为可能会触发异常交易。

A. 价格距离涨跌停板很远的情况下，在涨停板上大量挂空单

B. 大量自成交行为

C. 频繁报撤单

D. 观看《新闻联播》后当晚全部平仓

二、判断题

1. 乙二醇期货上市阶段正处我国期货市场创新发展阶段。　　（　　）

2. 为了方便现货市场，大连商品交易所在全国各地都设有乙二醇交割仓库和厂库。　　（　　）

3. 除了江浙地区外，福建、广东也有一定的聚酯生产规模。　　（　　）

4. 风险度超过 90% 后，期货公司会对客户发送"追加保证金通知书"。

（　　）

参考答案

一、不定项选择题

1. B　　2. ABD　　3. ABCD　　4. D　　5. AC　　6. ABC　　7. B
8. A　　9. C　　10. BC

二、判断题

1. √　　2. ×　　3. √　　4. ×

第三章

国际乙二醇的供需情况

> **本章要点**
>
> 本章通过对全球乙二醇供需格局的分析与梳理，重点从国际乙二醇生产分布状况、国际乙二醇需求分布状况、国际乙二醇整体消费结构的形成与现状，以及当前全球如何通过乙二醇国际贸易来平衡全球整体市场的阶段性供需错配问题等多角度深入剖析国际乙二醇市场供需基本面整体情况，使读者更全面地了解掌握国际乙二醇市场现状及后续发展趋势。

一、全球乙二醇的供需状况如何？

近年来，随着全球聚酯相关类产品消费急剧增长，作为上游主要原料的乙二醇的生产和发展也极为迅速。全球乙二醇供给以传统石脑油制备为主，而煤制乙二醇技术的进步使其成为供应端的主要增长点。

整体来看，近两年全球乙二醇新增产能主要在我国和北美地区，而需求的增量则集中在我国。2020年之前，美国计划投产两套145万吨的乙二醇装置，但当时北美的需求增量只有22万吨，北美地区产能根本难以消化，出口量必然会增加，对全球供应产生一定程度的冲击。截至2020年，全球乙二醇产能达到4518.7万吨，由于国际市场传统的石化路线制乙二醇产能投资显著放缓，预计未来几年产能投放将处于缓慢上升阶段，至2025年，全球乙二醇产能可能会达到6000万吨的水平。从需求端来看，受亚洲聚酯产能大幅增长的拉动，全球乙二醇表观消费量在3200万吨左右，最主要的消费仍是聚酯行业。未来5年，全球乙二醇的需求仍将保持较快增长。预计到2025年，全球乙二醇需求量将进一步增至3741万吨，年均增速4%左右。

2016年和2020年全球乙二醇主要产区产能变化情况见表3-1。

表3-1 2016年和2020年全球乙二醇主要产区产能变化情况

产区	国家（地区）	2016年总产能（万吨）	2020年总产能（万吨）	5年年均增长率（%）
北美	美国	249.4	489.3	17.8
北美	加拿大	156.9	173.0	4.7
北美	墨西哥	37.5	37.5	0
南美	南美（合计）	44.4	47.0	2.2
西欧	西欧（合计）	126.3	138.0	4.6
中欧	中欧（合计）	10.5	10.5	0
东欧	俄罗斯	46.5	46.5	0
中东	中东（合计）	838.0	897.3	3.1
南亚	印度	127.4	261.9	17.4
东北亚	中国	745.8	1550.2	18.8
东北亚	日本	77.5	81.5	1.9
东北亚	韩国	131.9	142.7	2.1
东北亚	中国台湾	214.0	226.0	2.4
东南亚	东南亚（合计）	191.6	272.9	6.2
其他	其他（合计）	1.8	1.8	0

二、全球乙二醇的生产分布状况怎样？

从乙二醇生产区域分布来看，全球近80%的产能集中在东北亚以及中东地区。2020年，东北亚和中东地区产能分别为2394.9万吨和1220.1万吨；未来，中东地区还将新建乙烯装置，配套生产乙二醇，该地区供应持续增长。乙二醇产能的第二大区域是北美地区。近5年，依靠加拿大Alberta & Orient、ME Global及Shell Canada公司的产能扩张，北美地区总产能增至632.5万吨，占全球总产能的14%。乙二醇产能的第三大区域是欧洲地区，产能为271.1万吨，约占全球总产能的6%；然后南美地区，产能为56.9万吨，占全球总产能的1.2%。

受原料供应、成本及需求的影响，未来乙二醇生产将集中在中东、东北亚及北美地区，其中，东北亚的产能增长最为明显，原因是：一方面，受东北亚地区新工艺及相关技术应用的促进，不同原料路线的乙二醇产能明显增加；另一方面，受东北亚地区乙烯工业发展的带动，乙二醇作为其主要的下游相关配套产品，巨大的供应缺口将支撑新产能的建设与投放。

全球主要乙二醇生产厂家情况见表3-2。

表3-2　　　　　　全球主要乙二醇生产厂家汇总

排名	企业名称	产能（万吨）	占比（%）	装置主要分布区域
1	沙特基础工业公司（SABIC）	694	15.2	沙特阿拉伯
2	陶氏化学（DOW）	525.1	11.5	加拿大、美国、科威特
3	中石化集团	474.8	10.4	中国境内
4	台塑集团	287.6	6.3	中国台湾、美国
5	壳牌石油公司（Shell）	260.2	5.7	美国、荷兰及新加坡

从生产企业来看，全球乙二醇行业集中度高，目前，全球前五大乙二醇生产企业的产能合计占全球总产能的近一半。沙特基础工业公司（SABIC）

是全球第一大乙二醇供应商，年产能达694万吨，占全球的15.2%，陶氏化学（DOW）、我国的中石化集团、中国台湾的台塑集团和壳牌石油公司为全球第二至第五大供应商，占全球产能的比例分别为11.5%、10.4%、6.3%和5.7%。

预计未来5年，海外乙二醇产能仍将维持温和增长态势，主要增量将集中在以美国为主的北美地区、中东传统能源输出地区以及南亚以印度为代表的新兴消费市场（见表3-3）。

表3-3　　　　近3年海外乙二醇主要新增产能计划

公司名称	所属地区	设计产能（万吨）	投产时间
MEGlobal	美国	75	2020年第四季度
Westlack&Lotte	美国	68	2020年
Petronas Chemical	马来西亚	75	2020年第二季度
Sabic Jubail United	沙特	70	2021年
PTT Global chemical	美国	50	2022年
FGLA LLC	美国	80	2022年
Indian Oil Corp	印度	38	2020—2021年
NanYa Plastics	美国	55	2020年

三、全球乙二醇的需求分布状况如何？

当前，全球乙二醇需求主要集中在亚洲地区，其中中国境内作为最大单一市场，占比高达56.94%；其次是印度，占比9.7%，中国台湾、韩国及泰国分别占4.2%、3.4%和1.8%，分别位列第三、第四、第五。

除亚洲以外，北美、南美和欧洲地区的需求分别占全球总需求量的6.3%、5.4%和1.2%（见图3-1）。另外，中东地区乙二醇的需求量很小，常年保持在100万~150万吨。通过对比全球供应及需求分布，我们不难发现，亚洲与中东地区供需分配存在明显的不平衡性。亚洲地区乙二醇总产能占全球总量的50%，需求占比则达到80%以上；中东地区总产能占全球总量的 30% 左右，需求占比仅为 4%。因此。目前，东亚地区是全球乙二醇进口需求最大的地区，而中东为最大的出口地区。

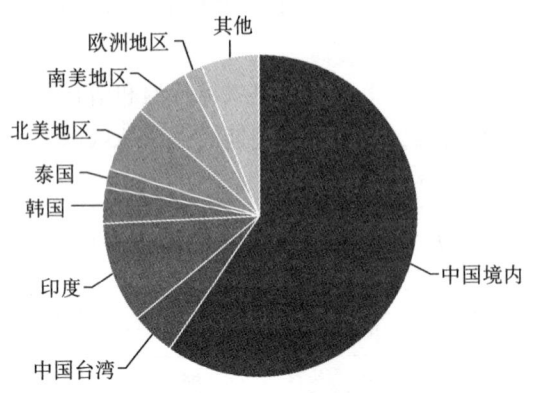

图 3-1　全球主要区域乙二醇需求分布情况

近几年，中国市场受益于煤化工行业技术的长足进步，乙二醇行业呈现快速发展状态。2020 年，中国乙二醇总产能提升至 1550.2 万吨，近 5 年年均复合增速 18.84%。2020 年，中国乙二醇新增产能主要集中在恒力石化、浙石化、中化泉州、中科炼化等炼化一体化配套装置以及兖矿荣信、山西沃能、新疆天业（四期）等合成气制乙二醇装置的投产，中国乙二醇自给能力将得到明显提升，大幅度满足了自身原料端的需求。

四、全球乙二醇的消费结构如何？

乙二醇下游用途广泛，可用于聚酯纤维、防冻液、黏合剂、不饱和树脂、聚氨酯、乙二醛等诸多领域。从全球相关应用领域来看，用于服装领域的聚酯纤维消费占总量的 65%，而用于包装领域的聚酯薄膜和聚酯瓶片消费占到总量的 29%；其他类则占比 6%（见图 3-2）。由此可见，聚酯类消费成为乙二醇的最主要下游渠道，对乙二醇消费起着决定性作用。

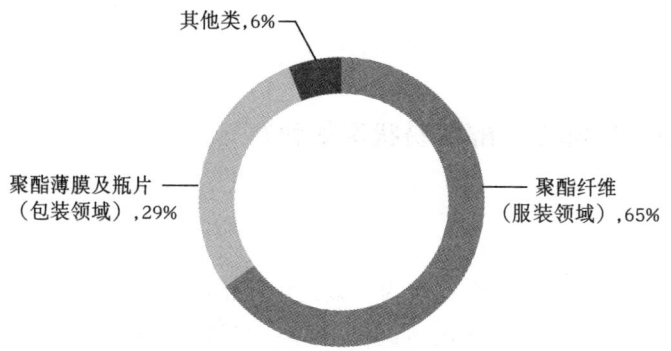

图3-2 全球乙二醇主要消费下游占比

聚酯,即聚对苯二甲酸乙二醇酯,简称PET,是由乙二醇与精对苯二甲酸(PTA)直接酯化得到的高聚物,占乙二醇消费的95%以上。它主要用于生产涤纶,包括涤纶长丝和涤纶短纤,最终应用到纺织企业;还用于生产聚酯瓶片,主要用于快消品包装;另有一小部分用于生产聚酯薄膜。聚酯是当前全球乙二醇市场最大下游消费群体。从聚酯产品内部分类情况来看,长丝消费占比最大,达到45%,短纤和瓶片分别占比21%和28%,薄膜占比6%。根据相关权威机构统计,2019年全球聚酯产量已达到1亿吨左右,而2010—2020年其年均增长速度为6%左右,虽然未来增长速度将有所放缓,预计2021—2025年,聚酯年均增速将降至4%左右,但聚酯对应乙二醇的需求仍将呈现稳定上涨态势(见图3-3)。

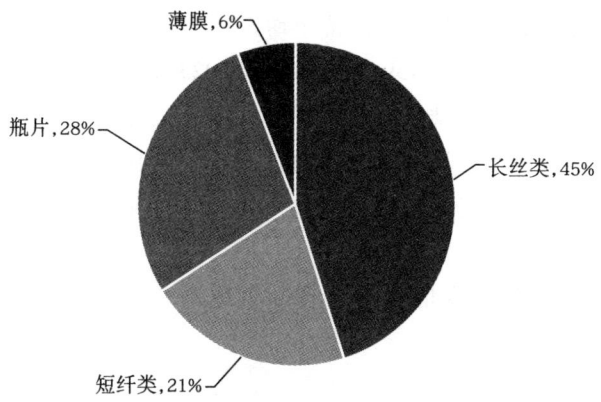

图3-3 全球下游聚酯类消费占比情况

五、国际乙二醇贸易状况如何？

由于全球乙二醇市场存在较为明显的供需错配，这一现状推动了乙二醇海运贸易的快速发展。东北亚地区乙二醇总产能占全球总量的近50%，需求占比则达到80%以上；中东地区总产能占全球总量的29%左右，需求占比却仅为4%。因此，目前，东北亚是全球乙二醇进口需求最大的地区，而中东为最大出口地区。根据目前增速情况测算，预计2022年全球乙二醇的贸易量将增长至1730万吨。其中，主要受到中国需求拉动刺激，东北亚乙二醇净进口量将达到1020万吨；中东的乙二醇净出口量860万吨；北美作为第二大净出口地区，数量在200万吨。北美环氧乙烷增长主要来自具有页岩气优势的美国，新增环氧乙烷产能主要转化成为乙二醇。未来几年，北美环氧乙烷新增供给来源于美国，预计2023年，美国新增的175万吨环氧乙烷中至少有70%转化为乙二醇，这直接带来170多万吨的乙二醇增量。反观北美的乙二醇消费，作为最主要下游行业的聚酯行业则增长相当缓慢，供需压力将持续加大。

值得注意的是，据统计，东北亚的乙二醇供给将从2014年的812万吨增加到2023年的1240万吨，将保持年均5%的高增长，但其乙二醇的需求增速更大，将从2014年的1459万吨增加到2023年的2290万吨，这主要是中国境内强劲需求拉动的结果。除中国外，东北亚其他地区的乙二醇都存在供大于求的局面，因而区域内部也会出口乙二醇到中国，但区域内部的乙二醇无法满足中国境内市场庞大的供需缺口，中国境内仍需从中东及北美地区进口大量乙二醇。

2020年，新冠肺炎疫情席卷全球，全球乙二醇贸易流向又呈现出新趋势。

(一) 中国方面:维持全球最大进口国地位,进口依赖度攀升至接近六成

2020年,我国乙二醇进口量首次超过1000万吨,达到1055万吨,同比增加60万吨。沙特阿拉伯、中国台湾、加拿大维持前三大进口来源地地位,中国台湾和加拿大进口量与往年同期基本持平。作为中国的第一大乙二醇进口来源地,沙特阿拉伯出口到中国的乙二醇占中国进口乙二醇的比例长期在四成以上。2020年中国自沙特阿拉伯进口的乙二醇数量同比下降近50万吨,不过近几年的进口贸易量平均保持在400万吨,因此,即便2020年进口量的下降幅度达到11%,实际进口量仍然有405万吨。

(二) 沙特阿拉伯方面:主要出口目的地均出现不同程度的下降

2020年,作为全球最大的乙二醇出口来源地,沙特阿拉伯除了对中国出口大幅缩减之外,对其他地区的出口也全面收缩,因此,其主要目的地出口量同比下降80万吨左右。欧盟作为沙特阿拉伯第二大出口目的地,其自沙特阿拉伯年均进口量50万吨,但是2020年1月份至9月份主要国家进口量仅27.5万吨,同比大减13.5万吨。所以,尽管欧盟自美国进口同比增加6万吨,但其总体进口量仍然是下降的。2020年末,欧盟决定对来自美国、沙特阿拉伯的乙二醇展开反倾销调查,越发加剧当地货源紧张氛围。

印度也是全球重要的乙二醇进口国,其货源主要来自科威特、沙特阿拉伯和美国。2020年印度受新冠肺炎疫情蔓延的影响,5月份至7月份乙二醇进口量同比大降。不过,印度自科威特和美国的进口量跟往年基本持平,只是自沙特阿拉伯的进口量仅为10万吨,环比大幅下降14.4万吨。

(三) 美国方面:产能释放,全球影响力增加

在2018年之前,美国仍然是乙二醇净进口国,主要货源来自加拿大和沙特阿拉伯。2019年,随着乐天、Sasol和MEGlobal三套共计173万吨装置相继投产之后,美国一跃成为仅次于沙特阿拉伯的全球第二大乙二醇出口国,当年净出口量达到58.6万吨。2020年净出口量继续增至170万吨。2020年,美国出口对象依然是传统的墨西哥、欧盟等市场,出口增量相对分散。2020年,美国乙二醇出口总量219万吨,同比增加85万吨,其中,

出口至土耳其的乙二醇增量明显，达 33.9 万吨，同比增加 21.8 万吨。

（四）其他区域：土耳其的乙二醇进口量和韩国的出口量变化较大

近几年，土耳其的乙二醇进口量都保持在 30 万吨左右，但是 2019 年的表现不同寻常，进口总量达到了 55.6 万吨，增幅明显。土耳其的进口增量主要来自美国，另外一部分来自沙特阿拉伯。韩国历来是乙二醇净出口国，年均净出口量达 23 万吨，进口货源主要来自沙特阿拉伯和美国，出口基本都到了中国。2020 年 3 月初，韩国乐天大山工厂发生爆炸，配套的两套 70 吨产能的乙二醇装置中的一套至今尚未重启，另一套直到 11 月份才重启。2019 年韩国乙二醇出口量 30.9 万吨，同比大幅减少 26 万吨，从净出口转为净进口 10 万吨左右，并且直接减少了对中国的出口。

展望后续乙二醇全球贸易，2021 年全球乙二醇两个主要出口国——沙特阿拉伯和美国的预期供应量将进一步增加。一方面，美国、南亚和沙特阿拉伯 JUPC 3#装置计划 2020 年投产，新增产能 150 万吨；另一方面，沙特阿拉伯在 2020 年出口全面收缩，韩国乐天大山的两套装置的运行出现问题，两国现存装置均存在出口恢复空间。

自测题

一、单项选择题

1. 从全球来看，当前乙二醇主要消费下游领域是（　　）。

   A. 乙二醛类　　　　　　　　B. 聚酯类

   C. 树脂类　　　　　　　　　D. 其他

2. 当前全球乙二醇最大单一需求市场来自（　　）。

   A. 中国　　　B. 美国　　　C. 沙特阿拉伯　　　D. 印度

3. 当前，以下（　　）地区的乙二醇产量最大。

   A. 中东　　　B. 北美　　　C. 东北亚　　　D. 西欧

二、多项选择题

1. 以下（　　）国家为乙二醇净出口国。
A. 日本　　　　B. 美国　　　　C. 沙特阿拉伯　　　D. 韩国

三、判断题

1. 乙二醇下游用途广泛，可用于聚酯纤维、防冻液、黏合剂、不饱和树脂、聚氨酯、乙二醛等众多领域。（　　）
2. 预计未来5年，全球乙二醇的需求将趋于饱和状态。（　　）
3. 当前，除中国外，东北亚其他地区的乙二醇都存在供大于求的局面。（　　）

参考答案

一、单项选择题

1. B　　2. A　　3. C

二、多项选择题

1. ABCD

三、判断题

1. √　　2. ×　　3. √

第四章

国内乙二醇的供需情况

> **本章要点**
>
> 本章通过对当前我国乙二醇供需格局的分析与梳理，重点从国内乙二醇生产分布状况、国内乙二醇整体消费状况、我国乙二醇行业生产集中度变化情况、全国乙二醇贸易流向及其整体市场供需平衡，以及未来国内乙二醇市场整体发展趋势与新变化等多角度，全面剖析我国乙二醇市场供需基本面概况，使读者更为深刻系统地了解当前我国乙二醇市场的发展现状及未来趋势。

近几年，中国乙二醇市场整体供应能力和供应量均呈现稳步提升的状态，但因为近年来下游聚酯迅速扩张，中国乙二醇供应缺口仍维持较高水平，所以中国乙二醇进口依存度一直居高难下，近5年的平均进口依存度维持在58.62%。从市场平衡来看，自2015年后，乙二醇市场经历了长周期的库存去化，2019年的短期累库在下半年被快速去化，但进入2020年后再度大幅度累库。受供需结构影响，年内高库存未能有效消化。考虑到社会合理库存因素之后,2020年乙二醇市场平衡差仍处于小幅度过剩状态(见表4-1)。

表4-1 2016—2020年我国乙二醇供需平衡表　　　　单位:万吨

指标	2016年	2017年	2018年	2019年	2020年
期初库存	219.81	117.96	74.40	100.44	56.84
国内产量	503.31	571.71	668.89	746.76	889.16
进口量	757.00	875.11	978.96	994.85	1120.80
总供应量	1480.12	1564.78	1722.25	1842.04	2066.80
出口量	1.95	1.80	0.42	1.16	1.25
下游消费量	1360.21	1488.58	1621.39	1784.04	1870.11
总需求量	1362.16	1490.38	1621.81	1785.20	1871.36
期末库存	117.96	74.40	100.44	56.84	195.44
合理库存	119.56	128.84	142.05	153.74	160.00
平衡差	-1.61	-54.44	-41.61	-96	35.44

 一、我国乙二醇产能变化及分布状况如何?

近年来,作为全球第一大乙二醇生产国,我国乙二醇产能持续保持较高增速,2020年国内乙二醇产能出现较大幅度攀升,截至2020年末,全国总产能提升至1550.2万吨,近5年年均复合增速达18.84%。目前,我国乙二醇主流生产工艺有三种:一体化(石脑油/乙烯法)、MTO和煤制乙二醇。三者占比分别为56.72%、5.93%和27.35%。按区域来看,当前,华东地区总产能600.08万吨,占全国总产能的38.7%;华北地区总产能250.20万吨,占比为16.14%,东北地区总产能235.00万吨。另外,新疆、内蒙古和山西等地通过相关配套煤化工项目,也有一些乙二醇装置分布。分省份看,产能排名靠前的依次是浙江、内蒙古、江苏、新疆、河南、广东、山东、山西、上海(见图4-1)。

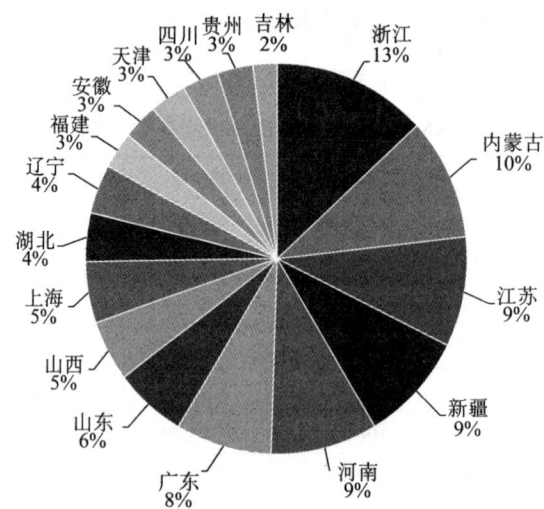

图 4-1 我国乙二醇现有产能省份分布情况

表 4-2 列举了中国乙二醇在产产能中单套产能排名前十的装置。我们可以发现，相关区域基本分布在东北、华东、华南等地，且从工艺来看，以一体化及 MTO 法工艺路线为主，华鲁恒升 50 万吨装置为目前中国单套规模最大的合成气工艺乙二醇装置。

表 4-2　　　　　我国乙二醇装置产能前十

所在地区	企业性质	工厂名称	城市	投产时间	产能（万吨）
东北	民营	恒力石化一期	大连	2020 年 2 月	90
东北	民营	恒力石化二期	大连	2020 年 2 月	90
华东	民营	浙石化	舟山	2020 年 2 月	74
华东	中石化	镇海炼化	宁波	2010 年 6 月	65
华东	民营	宁波富德	宁波	2012 年 12 月	50
华东	国企	华鲁恒升	德州	2018 年 10 月	50
华东	国企	中化泉州	泉州	2020 年 9 月	50
华南	合资	惠州炼化	惠州	2018 年 8 月	48
华东	外资	远东联石化	扬州	2015 年 7 月	45
华南	合资	福建联合	泉州	2015 年 4 月	40

> **小贴士**
>
> 根据生产原料的不同,乙二醇生产工艺又可归纳为油头、气头和煤头。目前,全球绝大多数乙二醇生产装置都采用石油路线生产,约2/3的乙二醇产能以石脑油为原料生产。天然气制乙二醇技术产能大约占27%,该方法通常是指利用石油伴生气乙烷制乙烯,乙烯制乙二醇的方法。结合天然气资源的分布,该技术主要集中在中东、加拿大及美国等地区。煤制乙二醇,是我国独有的生产工艺,通常以煤为原料,通过气化、变换、净化及分离提纯后分别得到 CO 和 H_2,其中,CO 通过催化偶联合成及精制生产出草酸酯,再经与 H_2 进行加氢反应,并通过精制后获得聚酯及乙二醇,该工艺流程短、成本低。但煤制工艺生产的乙二醇含有1,2-丁二醇和碳酸乙烯酯等杂质,下游接受程度还有待提高。目前,聚酯工厂通常采用煤制乙二醇和乙烯制乙二醇掺混的乙二醇。
>
> 在下游需求方面,不同聚酯品类对乙二醇品质要求有所不同,其中,聚酯瓶片和聚酯薄膜对乙二醇品质要求最高,长丝和短纤对乙二醇要求有所降低。

二、我国乙二醇新增产能分布状况如何?

截至2020年末,我国乙二醇新增产能474万吨,其中包括2019年底试车的兖矿荣信、恒力石化和2020年初试车的浙石化一期项目以及2020年下半年试车的新疆天业四期、山西沃能、中化泉州和中科炼化等装置(见表4-3)。

表 4-3　　　　　　　2020 年中国乙二醇新增产能汇总

企业名称	地区	产能（万吨）	开工时间	工艺路线
兖矿荣信	华北	40	2019 年 12 月	合成气
恒力石化一期	华东	90	2019 年 12 月	一体化
浙石化一期	华东	74	2020 年 2 月	一体化
恒力石化二期	华东	90	2020 年 2 月	一体化
新疆天业四期	西北	60	2020 年 8 月	合成气
山西沃能	华北	30	2020 年 8 月	合成气
中化泉州	华东	50	2020 年 9 月	一体化
中科炼化	华南	40	2020 年 10 月	一体化

三、为何煤制乙二醇后续将成为我国增产新趋势？

传统的石脑油路线生产乙二醇以乙烯为原料，主要分为两步：第一步是乙烯氧化制环氧乙烷，第二步是环氧乙烷水合生成乙二醇。目前，该路线的主要技术被美国科学设计公司（SD）、英荷壳牌公司（Shell）和美国联碳公司（UCC，后被美国 Dow 公司收购）所垄断。工业生产乙烯的原料主要包括石脑油、乙烷、丙烷、LPG 和柴油等，目前，美国和中东的乙烯生产主要以天然气中的乙烷、丙烷等轻质原料为主，中国的乙烯工业主要以液态石脑油等重质原料为主，从乙烯来源的经济性考虑，轻质原料的乙烯收益率更高。石脑油乙烯制环氧乙烷再制乙二醇路线工业化应用最广，该法工艺流程长、水耗高，乙烯氧化制环氧乙烷的选择性较低，环氧乙烷水合副产物较多，分离精制工艺复杂，能耗大，该工艺路线完全依赖于石油，竞争性随原油价格涨跌而波动。相比之下，乙烷乙烯制环氧乙烷再制乙二醇路线的成本竞争力较强，该工艺先采用乙烷裂解生产乙烯，再通过环氧乙烷水合生产乙二醇，这是北美及中东地区生产乙二醇的主要方法。依赖廉价的原料乙烷，该路线具有较强的成本竞争力,产品主要面向中国等亚洲市场。综合来看,以石脑油生产乙二醇路线技术最为成熟,应用最广,但缺点也十分明显,非常依赖石油资源,并不符合我国"缺油少气多煤"的整体资源结构。

再来看煤制乙二醇,其主要是以煤炭为原料,通过气化生成合成气后再制得乙二醇,对应的主要工艺技术路线有三种:第一种是一步合成路线,以煤气化制取合成气(CO、H_2),再由合成气一步直接合成乙二醇,此技术的关键是催化剂的选择。目前,美国联碳和日本住友等公司在对此技术进行研发,但在相当长的时间内难以实现工业化。第二种是煤制甲醇路线,以煤制取合成气后,然后合成制得甲醇,经甲醇制烯烃(MTO)得到乙烯,再由传统的石油路线从乙烯生产乙二醇。如宁波富德能源公司外购180万吨/年甲醇制烯烃项目中,30万吨乙烯可生产50万吨乙二醇,该项目已于2013年成功投产。第三种是草酸酯路线,以煤为原料得到合成气以后,再分离提纯得到CO和H_2,其中,CO通过催化偶联合成草酸酯,再与H_2进行加氢反应制得乙二醇,同时该法还可以得到其他具有经济价值的草酸、草酰胺、碳酸二甲酯等副产物。该工艺流程短、中间环节少、成本低,是国内关注度最高的煤制乙二醇技术。目前,国内宣布掌握该项技术的有福建物构所、丹化集团、河南煤业集合体、天津大学、惠生工程、华本能源集合,华东理工大学、上海浦景、淮化集团集合体、华谊集团、上海戊正,日本高化学代理的宇部兴产、东华工程集合体等。

四、制取乙二醇各路线成本如何测算?

根据原料不同,乙二醇的生产工艺分为石油路线和煤基路线两种。目前,工业化的石油路线,大都是通过乙烯合成环氧乙烷再水合生产乙二醇。有竞争力的路线主要有:中东石油伴生气的乙烷制乙烯、北美页岩气的乙烷制乙烯、东北亚地区石脑油裂解制乙烯。煤基路线则以廉价的褐煤为原料开辟出一条全新的乙二醇生产工艺,以下就各工艺路线进行成本测算。

（一）石油制乙二醇路线成本

所有石脑油路线制乙二醇一般都会经过中间乙烯阶段，再由乙烯制得环氧乙烷，直接加压水合生产乙二醇，平均每生产1吨乙二醇需要0.65吨乙烯，乙二醇的成本差异主要源自乙烯的来源不同。综合来看，该路线具有投资低、公用工程消耗少等优点，以年产40万吨的乙二醇装置为例，总投资约20亿元。该路线中乙二醇生产成本最高的是我国的石脑油路线，其次是北美页岩气路线，中东油田伴生气路线的成本目前最低。我国乙二醇生产路线主要以石脑油裂解制乙烯为主，石脑油是炼油的主要产品之一，因此石脑油的价格与原油价格密切相关，石脑油、乙烯制乙二醇的成本主要决定于原油价格。根据测算，当WTI油价在55美元/桶左右时，我国东部地区以进口石脑油裂解生产乙烯的成本约为5500元/吨，综合考虑公用工程消耗和折旧等，乙二醇的生产成本约为5600元/吨。当WTI油价在40美元/桶时，乙烯的生产成本约为4800元/吨，对应我国东部地区乙二醇的生产成本约为5200元/吨。

（二）天然气制乙二醇路线成本

我国进口乙二醇主要来源于中东和北美，这两个地区70%的乙烯产量都以天然气作为原料。中东地区凭借廉价的油田伴生气中的乙烷、丙烷为原料生产乙烯，在国际市场上拥有极大的成本优势。但是，近年来中东廉价乙烷等轻质原料日益短缺，中东各国新增乙烷配额又相当有限，因此，乙烷的价格已经涨至2美元/百万英热（约99美元/吨），乙烯的生产成本约为2400元/吨。即使如此，中东地区的乙二醇生产成本也是全球最低的，包含折旧仅为3600元/吨左右。但是，中东地区乙二醇终端产品运输到我国华东地区需要承担不菲的运费和关税，合计约900元/吨，所以中东乙二醇的成本约为4500元/吨。北美地区页岩气储量丰富，近年来受益于页岩气革命，天然气产量得到大幅提升，目前北美天然气的价格在3.3美元/百万英热左右，对应乙烯的生产成本为3300元/吨，测算下游乙二醇的生产成本约为4200元/吨，算上运到华东地区的运费、关税（合计约600元/吨）等，北美乙二醇的综合成本约为4800元/吨，仅次于中东地区。

（三）煤制乙二醇路线成本

由于我国特殊的贫油、少气、富煤的资源禀赋，使我国油制乙烯法制乙二醇产能增幅有限，所以极大地促进了我国开发煤制乙二醇技术与项目的积极性。目前，以煤为原料制合成气再生产乙二醇主要有两条工艺路线，一是以合成气制甲醇再制乙烯，通过乙烯法路线生产乙二醇；二是通过合成气分离提纯，将CO催化偶联合成草酸酯，再通过草酸酯加氢制得乙二醇。目前这两条工艺路线均已实现工业化生产。从投资门槛上看，国家发改委已明令禁止建设50万吨/年以下煤经甲醇制烯烃项目，而50万吨/年以上项目投资额巨大，典型的180万吨煤制甲醇制烯烃总投资额在200亿元左右。如果以外购甲醇为原料，投资门槛可以降低很多，若以外购甲醇2300元/吨测算，每3吨甲醇生产1吨乙烯，再通过乙烯法生产乙二醇，此工艺路线的乙二醇生产成本约为7400元/吨，高于其他乙二醇生产路线。相比煤经甲醇制乙二醇，草酸酯路线的生产成本要低很多。一般年产30万吨的乙二醇项目投资额在50亿元左右，该路线每生产1吨乙二醇大概需要6.7吨煤（5~8吨，视煤质而定），还可使用廉价的褐煤或长焰煤。

我国乙二醇项目大部分集中在煤炭资源富集的西部地区，其中，内蒙古、新疆、陕西合计占总产能的53%，而我国乙二醇的主要消费市场集中在华东、华南等地。综合考虑我国东、中、西部褐煤到厂价格和终端产品运送到华东地区的运费等因素，我们测算，西部地区乙二醇的生产成本最低，平均水平为5100元/吨（包含到华东地区运费），其次是中部地区的生产成本，约为5200元/吨，成本较高的东部地区的乙二醇成本约为5400元/吨。

综上所述，煤制乙二醇成本处于中等水平，相比国内石脑油和甲醇制乙二醇具有成本优势。我们测算，国内西部煤制乙二醇的生产成本约为5100元/吨，要高于中东乙烷和北美页岩气路线，但煤制乙二醇在我国仍有广阔的发展空间，其原因在于我国国产乙二醇中以石脑油和甲醇为原料的路线长期占比在80%以上，煤制乙二醇相比石脑油和甲醇制乙二醇仍具有明显的成本优势。此外，5100元/吨只是平均水平，配套煤炭资源、规模扩大、开车提升情况下的煤制乙二醇成本仍有较大下降空间，如新疆天业集团以电石炉尾气为原料生产乙二醇，不需要昂贵的煤气化和空分装置，其乙二醇的生产成本较平均水平还能再降低 20% 左右。

五、我国乙二醇产量及开工变化趋势如何？

近5年，中国乙二醇总产能保持高速增长，产量也稳健提升，但受新增产能投放速度以及利润和技术因素的影响，近5年中国乙二醇行业开工一直维持在七成偏下水平，2020年行业开工更是出现明显下滑。

回顾 2016—2020 年，我国乙二醇产能保持高速增长，5 年平均产能增速 18.84%，截至 2020 年，乙二醇行业产能 1550.2 万吨。2010 年前后，在乙二醇产能高速增长的同时，由于受煤制装置生产稳定性较差的影响，且当时行业环境景气度较差，全国乙二醇开工负荷率整体偏低，维持在 60% 左右的水平。2015 年以后，伴随行业景气度逐步恢复以及生产工艺的改进，行业开工率开始逐步提升。2018 年由于第三、第四季度新装置集中投产，使新增装置在年内未能完全释放有效产能，开工出现一定下滑。2019 年，受利润下滑影响，全国很多装置进行了转产、降负荷或增加了检修时间，年内开工负荷率维持在 70% 以下。进入 2020 年，由于受新冠肺炎疫情以及原油价格重挫带来的连锁反应的影响，乙二醇行业利润出现大幅压缩，部分高成本装置进入长停状态，部分装置进行了环氧乙烷/乙二醇产出比例的调整。同时，部分新装置直至年末才开始投产，在年内未能释放有效供应量，导致 2020 年乙二醇行业开工出现明显回落，全年产量为 889.16 万吨，行业整体开工率为 57.36%。

在剔除下半年新增产能并入计算导致开工负荷下滑的因素之后，实际年度开工率在 59% 上下。从细分月度来看，2020 年乙二醇年内开工率变化明显，年初整体维持高开工状态，在恒力等新装置投产后，3 月份产量创历史新高，达 85.60 万吨，月均开工率达 67.17%。随后，受利润因素及定期检修影响，煤制乙二醇装置开始集中停车检修，同时，部分油制装置调整了产出比例，行业整体开工快速滑落。进入 8 月之后，部分装置检修结束，带动行业开工负荷逐步回升至60%。进入第四季度，多套新装置试车投产，带动行业产能再度提升，单月产出亦开始缓慢增加。

 六、我国乙二醇消费结构是怎样的？

我国乙二醇消费结构始终维持多元化与专一化并行的局面。从多元化来看，乙二醇作为溶剂，应用领域较为宽泛，从纺织、树脂到汽车等领域均有应用；但从体量占比来看，聚酯领域的占比具有绝对的数量优势，占据全国乙二醇消费量的95%以上。其他方面，树脂、聚氨酯、防冻液等领域仅占据其消费量的5%。

从行业角度看，中国乙二醇市场消费领域主要有聚酯、防冻液、不饱和树脂、聚氨酯等。其中，聚酯需求占到乙二醇总消费量的95%，具体来看，聚酯行业又包含涤纶长丝、涤纶短纤、聚酯切片、聚酯瓶片等细分领域，其次是不饱和树脂消费占到1.70%，防冻液需求占到1.60%，聚氨酯及其他消费占到1.70%。过去一段时间，汽车行业迅猛发展，消费者对防冻液的需求量有所提升，乙二醇作为防冻液的主要原料，保持着稳定的可持续增长。但近几年，汽车消费市场出现停滞，其相关产品发展速度明显放缓。不饱和树脂等领域面临环保及需求放缓等压力，年内产量出现萎缩。2019年以来，乙二醇最主要的消费领域集中在聚酯行业，2020年聚酯新增产能集中投放，聚酯在乙二醇市场需求中的占比持续小幅提升，整体来看，乙二醇行业整体消费格局变动不大（见表4-4）。

表4-4　　　　　　　　2020年中国主要聚酯企业

所在省份	名称	产能（万吨/年）	长丝	短纤	切片	瓶片	薄膜
浙江	桐昆	370	√		√		
浙江	恒逸	350	√	√	√		
江苏	三房巷	320	√	√	√	√	√
浙江	新凤鸣	280			√		

续表

所在省份	名称	产能（万吨/年）	长丝	短纤	切片	瓶片	薄膜
江苏	仪化	228		√	√	√	
江苏	盛宏	190	√		√		√
江苏	华润	170			√		√
江苏	逸盛	168			√	√	
海南	荣盛	140	√		√		
浙江	万凯	130			√	√	
浙江	天盛	126	√		√		
浙江	古纤道	122	√	√	√		
浙江福建	百宏	105	√		√		√
浙江	双兔	100	√		√		

从消费区域看，各地区的消费结构变化不大，以浙江、江苏为主的华东地区仍然是乙二醇的主要消费区域。近三年，乙二醇下游聚酯消费增长同样以浙江、江苏为主。2018年浙江乙二醇下游聚酯消费量750万吨，2020年增长至1088万吨，增幅为45.07%；2018年，江苏乙二醇下游聚酯消费量677万吨，2020年增长至835万吨，增幅为23.34%。故近年来聚酯市场增量呈现向浙江地区集中的趋势（见图4-2）。

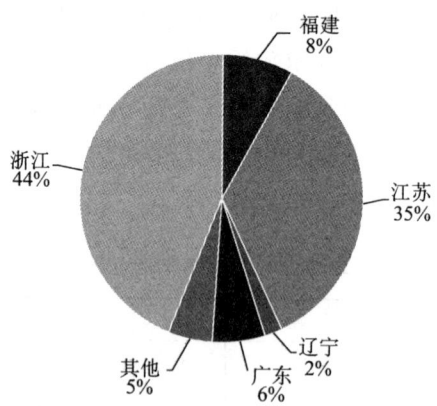

图4-2 全国乙二醇消费各省市占比统计

七、我国乙二醇下游消费构成情况如何？

近几年，中国聚酯行业发展迅猛，截至 2020 年底，聚酯产能达到 6440.5 万吨，年内新增产能共 475.5 万吨（含修正产能）。回顾过去 10 年，我国从 2010 年聚酯产能 2800 万吨增长至 2020 年的 6440.5 万吨，10 年间复合增长率达到 9.70%。

从具体分类来看，2018 年中国涤纶长丝类企业数量 70 家，到 2020 年增长至 86 家。涤纶短纤类企业从 2018 年的 30 家增至 2020 年的 38 家；聚酯瓶片类企业从 2018 年的 15 家增至 2020 年的 18 家。聚酯切片类企业从 2018 年的 74 家增至 2020 年的 88 家。通过近三年企业变化的增量，我们不难发现乙二醇消费主要集中在涤纶长丝和聚酯切片行业。涤纶长丝作为聚酯行业的乙二醇主要消费产品，起到了行业带动作用，而聚酯切片单套装置规模较小，增长集中于大型聚酯企业的扩产项目。

从聚酯消费占比来看，截至 2020 年，涤纶长丝占到聚酯行业总量的 51%，聚酯瓶片占比 18%，涤纶短纤占比 14%，聚酯切片占比 15%，其他主要应用于聚酯薄膜等领域。涤纶长丝占比提升，得益于纺织行业景气度的提升，聚酯工厂对长丝领域的扩能积极性大幅提高，新增产能单套规模加大，整体产能扩张速度较快。

 八、我国乙二醇下游消费增长情况如何？

当前，我国乙二醇市场依然以聚酯需求为主，从产能基数来看，聚酯行业在消费占比中处于绝对优势。从开工率来看，进入 2020 年后，受新冠肺炎疫情影响，聚酯产量出现明显减少，年内整体开工下滑明显。2021年仍然受疫情以及全球经济进入恢复期影响，聚酯开工率仍难以出现大幅度提升。2021年聚酯行业仍有众多新装置投产计划，且在2020年聚酯产出增速低基数的基础上，2021年聚酯产量预计出现明显增长。2021年中国聚酯行业产能可达7051万吨，聚酯行业产量可达5840万吨，有力地支撑了作为上游原料乙二醇的消费需求（见表4-5）。

表4-5　　　　　近年国内聚酯新增产能汇总　　　　（单位：万吨）

产品分类	企业项目	产能	所在地	投产时间
聚酯切片	浙江三维	25	浙江	2020年
涤纶工业丝	江苏恒力	20	江苏	2019年
涤纶工业丝	浙江三维	20	浙江	2020年
聚酯瓶片	大连逸盛	60	辽宁	2019年
聚酯瓶片	海南逸盛	50	海南	2020年
涤纶短纤	华西化纤	10	江苏	2019年
涤纶短纤	仪征化纤	20	江苏	2019—2020年
涤纶短纤	福建棉兴	6	福建	2021年
涤纶短纤	绿宇环保	20	湖北	2020年
涤纶短纤	恒逸宿迁	25	江苏	2020年
涤纶长丝	恒逸逸鹏	50	浙江	2019年
涤纶长丝	立新化纤	10	江苏	2020年
涤纶长丝	天龙新材料	25	辽宁	2019年
涤纶长丝	桐昆恒优	60	浙江	2020年
涤纶长丝	嘉兴石化二期	30	浙江	2019年
涤纶长丝	新凤鸣	100	浙江	2019年
涤纶长丝	恒邦四期	30	浙江	2019年
涤纶长丝	恒腾四期	60	浙江	2019年

九、影响我国乙二醇下游消费的因素有哪些?

作为我国乙二醇主要消费下游,国内聚酯类产品主要分为涤纶长丝、涤纶短纤、聚酯瓶片、聚酯切片等。聚酯生产企业一般都采购国产乙烯法制备的乙二醇或进口乙二醇,煤制乙二醇使用量占比相对较少。在品质上,煤制乙二醇与其他工艺乙二醇稍有差异,2018 年化工行业对乙二醇的工业等级标准(GB/T4649-2018)进行了重新界定,根据氯离子、"1,4-丁二醇"等检测指标的不同定义了煤制乙二醇的工业级品质,同时,伴随煤制乙二醇生产工艺的升级优化,煤制乙二醇在聚酯领域的适用性得到提升,煤制乙二醇需求占比有缓慢提升的趋势。

另外,相对而言,聚酯生产企业的采购周期较为固定,基本以长期合约采购为主,其中包括年度合约、季度合约和月度合约。部分聚酯生产企业依据自身需求,通过工厂、港口贸易市场实行现货采购,作为原料的补充。从结算方式来看,相关企业一般采用自然月周期和当月 26 号至次月的 25 号两种周期方式开展月度结算,参考价格标准为国内港口现货市场月度平均价。

 十、我国乙二醇消费是否呈现明显的季节性特征?

由于我国乙二醇消费主要受下游聚酯行业影响,故两者消费淡旺季属性基本一致。2016—2020 年,聚酯行业表现出明显的淡旺季区分,第一季度的需求一般处于每年的最低水平,第一季度 5 年平均需求量为 337.64 万吨,低于其他季度的平均水平,为传统淡季。因为春节假期停工,所以第一季度聚酯产量及终端行业需求出现大幅降低,2020 年第一季度叠加新冠肺炎疫情影响,第一季度聚酯开工率更是大幅下滑,带动乙二醇需求降幅明显。

2016—2020年第二季度平均需求量为386.54万吨,第三季度平均需求量396.78万吨,第四季度平均需求量为399.21万吨。相比这三个数据,整体并未出现明显的淡旺季区分。细分来看,涤纶长丝、涤纶短纤通常在上半年的4月前后和下半年9月前后进入生产旺季,这主要受纺织行业在第一季度淡季之后的周期性补货和第三季度的年末需求高峰影响,而聚酯瓶片受夏季需求高峰影响,年中整体处于生产旺季,基本上年初和年末阶段为生产淡季。

十一、我国乙二醇生产集中度情况怎样?

长期以来,我国乙二醇生产装置集中在中石化和中石油两大集团。近年来,随着我国煤制乙二醇技术的推广,民营企业产能占比不断增加,截至2020年底,乙二醇产能占比最大的中国石化产能为339万吨,占全国总量的28.4%,中国石油和中国海油的乙二醇产能分别为77万吨和84万吨,占比为6.6%和7.22%;其他地方国企、私营企业及合资企业总计产能为672万吨,约占总量的57.8%。国内主要乙二醇生产企业产能见表4-6。

表4-6　　　　国内主要乙二醇生产企业汇总

集团	生产企业	产能(万吨)	生产工艺
中国石化	扬子石化	26	乙烯法
	扬子巴斯夫	32	乙烯法
	上海石化	61	乙烯法
	镇海炼化	65	乙烯法
	武汉石化	28	乙烯法
	福建联合	40	乙烯法
	茂名石化	12	乙烯法
	中沙天津	36	乙烯法
	湖北化肥	20	煤制法

续表

集团	生产企业	产能（万吨）	生产工艺
中国石油	吉林石化	11	乙烯法
	辽阳石化	20	乙烯法
	四川石化	36	乙烯法
其他（乙烯法）	中海壳牌	84	乙烯法
	富德能源	50	乙烯法
	三江化工	38	乙烯法
	远东联合	45	乙烯法
其他（煤制法）	河南煤业	100	煤制法
	通辽金煤	30	煤制法
	华鲁恒升	55	煤制法
	新疆天业	85	煤制法
	新杭能源	30	煤制法
	阳煤集团	62	煤制法
	荣信化工	40	煤制法
	安徽红四方	30	煤制法

十二、我国乙二醇贸易状况如何？

近年来，由于乙二醇主要下游聚酯行业产能稳步扩张，乙二醇需求维持稳定增长的状态，在这个背景下，我国乙二醇供应能力虽有提升，但受制于相关技术和利润等因素，实际产出提升速度相对缓慢，目前无法完全满足国内庞大的下游需求。现阶段，我国乙二醇市场仍需进口大量国外货源弥补供应缺口。近5年我国乙二醇进口量整体稳步增长，5年来进口量年均复合增速达10.31%。

（一）货源来源分析

2016—2020年，乙二醇主要下游聚酯行业产能稳步扩张，乙二醇需求维持稳定增长的状态，在这个背景下，中国乙二醇供应能力虽有所提升，但由于技术、利润等因素，实际产出提升速度相对缓慢，目前仍无法完全满足国内庞大的下游需求。2020年乙二醇年度进口总量1055万吨，当年进口均价为473.53美元/吨。详细来看，2016年进口总量从2015年的877万吨回落至757万吨，主要受当年海关对转口贸易政策调整的影响，换货转口交易受限使融资贸易基本退出，年内进口数量有明显的回落。而后市场交易格局重新平衡，市场进口总量恢复至875万吨以上。2018年乙二醇市场进口总量再度激增，主要是受下游聚酯刚需提振带动的影响。2019年，其进口量虽仍维持增长状态，但增长幅度较小，一方面受2018年底合约商谈不畅影响，另一方面2019年乙二醇的利润下滑明显，部分外商选择下调乙二醇产出比例，转产环氧乙烷或直接外销乙烯原料进行盈利调节，因此年内进口量增速出现明显放缓。进入2020年，在国内投产规模扩大的背景下，进口量再度出现大幅度提升，一方面下游需求增长支撑，海外受新冠肺炎疫情影响又明显缩量，海外市场产出向亚洲地区转移；另一方面由于2020年乙二醇利润下滑，导致国内部分装置减产，国内供应增量不足，使进口货源价格相对偏高，内外盘维持倒挂状态。

目前，我国乙二醇主要依靠进口在支撑需求，进口依存度在60%左右。按照进口来源地分析，主要进口来源地仍是中东地区，其中，沙特阿拉伯作为主要的进口来源国，占据了46%的进口供应。其次是亚洲地区，中国台湾、新加坡、韩国、日本对中国乙二醇的进口量均位居前十位。其中，中国台湾占据了12.67%的进口供应，韩国占比4.70%，日本占比2.84%。再次是北美地区尤其是加拿大，占据了我国进口总量的10.48%。近两年，加拿大进口份额出现快速提升的原因主要是受2018年中美贸易摩擦加剧后中国对美国关税大幅上调的影响。此后，来自美国的乙二醇货源多经加拿大换货转口之后再进入中国市场，具体情况见图4-3。

第四章　国内乙二醇的供需情况　113

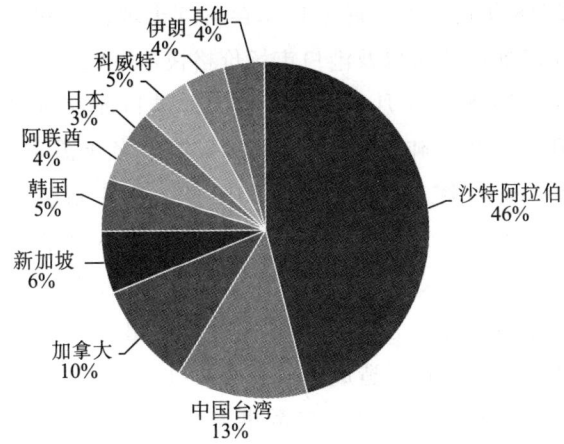

图 4-3　2020 年我国乙二醇进口量来源情况

(二) 收货区域分析

由于我国乙二醇产销区域相对集中，国内货源贸易流向也较为简单、清晰。尽管江浙地区自身产能最大，接近全国的 30%，但与其占比 80% 的消费量相比，仍有很大的需求缺口需要外部货源补充。当前，江浙两地乙二醇年进口量 731 万吨，占全国总进口量的 73%。从 2020 年我国乙二醇进口量收货地区来看，江苏省是主要的收货地区，占进口货源的 39.29%；其次是浙江省，占进口货源的 32.03%，排名第三位的是上海市，占比 7.18%。

从全国乙二醇进口收货区域分布来看，拥有张家港、太仓、宁波、江阴等液体化工港口的江苏和浙江地区仍然是乙二醇主要进口地区。福建、广东等地由于本地产能相对自身需求略有不足，故有 86 万吨的进口量作为补充。西北、华北、西南、华北等地区的乙二醇产量、进口量及消费量均较少，由于当地下游消费能力不足，故以上地区多为净流出地区，其富余的货源主要流向华东与华南地区，供当地聚酯工厂使用。

此外，近五年我国乙二醇港口库存变动幅度同样值得关注。众所周知，中国乙二醇进口主要集中在华东区域，以张家港、太仓、宁波、南通、上海为主要的靠港区域。因此，华东地区港口库存的统计对市场有主要的参考。2016—2017 年，乙二醇港口库存维持在 40 万 ~75 万吨的水平，库存变动相对平稳。但在 2018 年初，乙二醇港口库存再度出现快速累积现象，主要是受国产货源供应增加的冲击以及港口市场价格快速下跌引发需求端备货出现抵触情绪的影响。2018 年 3 月至 5 月，乙二醇港口库存阶段性累库，高峰期港口库存达到 98.40 万吨。随后，在 2018 年下半年需求旺季到来之际，需求好转带动港口库存逐步开始去化。2019 年，由于新装置放量导致的第一季度的阶段性累库和第二季度之后国产装置负荷下滑带来的持续去库周期，2019 年 4 月港口库存攀升至 127.70 万吨，随后 2019 年 12 月去库至 30.60 万吨。进入 2020 年，乙二醇港口库存再度出现大幅度累库，主要原因是春节后聚酯企业复工推迟造成需求额外缺口，以及恒力、浙石化等大型炼化一体化配套装置投产造成的乙二醇供需失衡。2020 年 7 月，乙二醇港口库存达 138.70 万吨，随后在第三至第四季度出现小幅度的去库存状态。

十三、我国乙二醇仓储物流模式有哪些？

当前，中国乙二醇市场仓储分为工厂自有仓储与进口货源的港口仓储。物流方面基本是以外包形式为主，工厂自有物流占比小。运费方式多元化，表现为铁路运输、公路与船运多种方式的结合。

乙二醇是无色黏稠液体，沸点高，化学性质稳定，易燃，所以，只要在低温、密闭（缺氧）环境下，一般采用专用乙二醇运输车运输，汽运、铁路运输和船运都有，一般情况下，汽运、铁路运输是按照普通化学品运输标准要求的，但船运标准要按照危化品等级要求运输。船运费用最低，内陆运输一般以汽运为主、铁路运输为辅。乙二醇运输中船运费用最低，主要用于远距离运输，百公里运输成本在 3.75 元/吨。汽运主要用于国产货源运输以及港口到下游工厂的运输，百公里运输成本在 33~50 元/吨。铁路运输主要以内陆工厂专线运输为主，末端配合短途汽运，百公里运输成本在 27 元/吨。

另外，由于乙二醇具有一定毒性，在操作区域内，其允许浓度不得超过 $5mg/m^3$；洒在地上或设备上的乙二醇应用大量水冲洗。乙二醇可用铁路槽车及镀锌铁桶或聚乙烯塑料桶装运。包装容器应严格密封，容器在使用前必须清洗干净，并进行干燥处理。乙二醇应贮存在干燥通风的仓库中，避免阳光直射并隔绝热源和火种。中国乙二醇的仓库分为生产仓库（包含乙二醇生产工厂及下游产品生产工厂）和贸易仓库；一般生产商在工厂设有工厂库，另外，部分工厂也会在中转港口设库；贸易仓库一般设在消费集中地的中转港口，如宁波、江阴、太仓、南通、张家港、珠海等地。运输方式上，近年来，在乙二醇质量保障、损耗、运输安全、运输成本、环保因素以及投资等各方面的综合考虑选择之下，ISO-TANK 类集装罐的使用逐步增加，而前期低成本的液袋运输因为容易被污染，已经被逐步淘汰。目前，部分乙二醇生产工厂运输环节中 ISO-TANK 类集装罐使用率已经提升至 52%以上。

十四、乙二醇市场的发展趋势如何？

总体来看，乙二醇市场主要驱动因素由自身基本面决定，而由于其自身产品又兼具一定金融属性，其发展走势受多方面因素共同作用影响。

（一）宏观环境

从国际看，全球主要经济体在新冠肺炎疫情多轮反复冲击下，经济在一度出现负增长后短期难以迅速提振，尽管多国先后实行宽松的货币政策以刺激经济，但完全恢复正轨尚需时日。

从国内角度来看，由于政府通过严格有效的管控政策，使经济生产得以大幅领先于全球，恢复正常秩序。为统筹推进新冠肺炎疫情防控和经济社会发展工作协同开展，中央政府通过积极有为的财政政策和更为灵活适度的货币政策，大力解决在疫情影响之下中小型企业生存以及居民消费领域问题，在为经济增长注入新动力的同时，也为未来发展打下了坚实基础。

由于煤制乙二醇将作为我国乙二醇未来发展的主要增量，煤化工行业整体的发展环境对乙二醇市场的发展也起到了重要的指导作用。现代煤化工是提高煤炭清洁高效利用水平,实现煤炭由单一燃料向燃料和原料并重转变的有效途径,对保障国家能源安全稳定供应具有重要的战略意义。总体来看,现代煤化工产业技术有待提升和优化,资源综合利用水平低和产品同质化问题突出;低阶煤分质利用技术亟待突破,相关规范标准缺失;产业发展面临资源、环境等方面的刚性约束持续加强。"十四五"时期,是现代煤化工高质量发展的关键阶段。以智能化、绿色化、低碳化为代表的新一轮技术革命与产业发展深度融合,国际能源市场不确定性、不稳定性依然存在,生态环保约束更加强化,新能源和可再生能源替代能力显著增强,现代煤化工产业必须走清洁高效绿色低碳发展之路。

为确保这一目标有效达成,国家在宏观层面提供了各种保障措施:首先,完善顶层设计,制定切实可行的现代煤化工产业政策;尽快制定符合现代煤化工发展实际的产业政策和相关标准体系,对产业发展进行科学指导。其次,建立国家煤化工产能战略储备机制;研究建立国家煤化工产能战略储备机制,维持一定规模的现代煤化工产能平稳运行,扭转和缓解我国燃油受制于国际市场和地缘政治的被动局面。与此同时,建立多元投资新模式,提升融资能力,防范投资风险。严格控制煤化工项目主体的财务杠杆、企业负债和财务成本,降低产品成本。充分利用资源优势和资本优势,促进共同稳定发展。再次,逐步树立绿色发展理念,统筹布局现代煤化工产业园区化发展。统筹布局,按照上下游配套建设"三同时"的发展模式,秉承绿色发展和循环发展的理念,与其他相关产业统筹多联产发展,充分利用互联网、人工智能、大数据等现代信息技术,构建现代煤化工产业园区。最后,推动行业融合,加强行业技术指导和信息交流服务,发挥行业协会的优势,建立协调机制,凝聚行业内外优势资源,引导协作与交流,协调解决相关重大问题;加强调查研究,积极反映企业诉求,及时研究提出具有针对性、可操作性的政策建议;推广新技术、新工艺、新材料和新装备,加强行业自律,协助政府管理部门,做好服务工作。

(二)行业政策

2009年,乙二醇被列入国务院发布的《石化行业调整和振兴规划》;

2011年，国家发改委发布《产业结构调整指导目录（2011年本）》，年产20万吨及以上规模煤制乙二醇项目被列入政策鼓励类。时隔10年，我国乙二醇行业已经发生了很大变化，为此，中国石油和化学工业联合会发布《2019年度重点化工产品产能预警报告》，对包括乙二醇在内的有关产品发出了产能预警。2018年4月8日，国家发改委发布《产业结构调整指导目录（2019年本，征求意见稿）》，建议取消对20万吨及以上合成气制乙二醇生产装置的鼓励政策。因此，新上乙二醇项目一定要慎重，一定要高起点，新建装置要充分考虑原料、环境容量、规模、技术、市场半径等因素。

"十三五"以来，我国石化行业得以实现5.8%的平均高增速，远高于其他国家和地区的平均增速，中国需求对促进全球化工行业的发展贡献巨大。"十四五"期间，化工行业要完成从追求发展数量到追求发展质量的逐步转变，发展思路在于以去产能、补短板为重点，以调结构、促升级为主线，推进供给侧结构性改革进入新阶段。当前，我国石化行业需求增速逐步趋缓，但自身结构性短缺依然存在，因此应着力推动结构调整和转型升级，发展深加工，挖掘新需求，推动新技术从"实验室"走向"生产车间"，有序淘汰落后产能，严格控制炼油、甲醇及下游产品等传统产能规模，规避乙烯及下游产品、芳烃及下游产品等基础行业产能同质化和重复建设，注重发展差异化、高附加价值化工的产品。

与此同时，大中小型炼厂应根据自身发展规模和特点开展转型优化。大型炼厂由于资源量相对充足且具备较好的一体化优化条件，可以采取降油增化、一体化发展模式，优先考虑做大乙烯规模，结合所处区域条件优化下游产业链，实现高端化、差异化发展。中型炼厂应控油增化、合理转型，也可以考虑"特色炼油+特色化工"的精细一体化模式，立足现有原油加工能力，挖掘和延伸发展化工产业链的潜力。小型炼厂则应淘汰整合，特色发展，延伸带动中下游石化产业体系规模发展，在形成良好"造血"功能后，进一步推进上游企业的整合置换。对于烯烃和芳烃产业，要优化资源配置，提升综合竞争力和抗风险能力。对于下游产业，要提升产业质量，实现高端化转变，打破技术垄断，完成绿色工艺的替代。乙二醇作为乙烯下游主要的配套产品之一，炼化一体化装置的集中投建叠加煤化工行业扩张带来了庞大的供应增量，如何消化这些新增产能是乙二醇行业发展需要继续解答的重要命题。

近年来乙二醇行业采用的《工业用乙二醇》（GB/T4649-2008）是2008年制定的标准，该标准只适用于乙烯法工业用乙二醇。2018年5月，《工业用乙二醇》（GB/T4649-2018）正式发布，并于2018年12月1日起实施。新标准主要增加了二乙二醇、1,4-丁二醇、1,2-丁二醇、1,2-己二醇、碳酸乙烯酯等煤化工工艺产品杂质指标，使煤基乙二醇进入聚酯行业有了标准可依。

（三）生产工艺发展

目前，中国乙二醇生产工艺较为多元化，主流的生产工艺有三种：石脑油一体化、MTO及合成气制乙二醇。2020年由于原油价格重挫，带动乙二醇价格大幅下行，各条工艺路线利润情况出现明显分化，第一季度由于油价跌幅远大于乙二醇价格跌幅，受此影响，一体化工艺盈利不跌反涨，利润出现明显扩张；MTO法工艺维持亏损状态，第一季度由于乙二醇和甲醇基本同步下跌，其亏损幅度变化较小。下半年由于甲醇反弹幅度远高于乙二醇，使MTO法制乙二醇成本明显抬升，亏损幅度呈现较为明显的扩大。煤制工艺在2020年出现大幅亏损，由于2020年煤炭价格短期下探后再度回升至高位，煤制乙二醇在成本增加和价格下跌双重因素影响下，生产盈利状况由2019年的稳定盈利转为全面亏损。受此影响，2020年部分高成本煤制乙二醇装置开始进行长停状态，导致年内乙二醇行业开工率明显下滑。

预计，受经济性考量与我国能源结构影响，未来乙二醇新增产能中各工艺路线发展走势将呈现显著差异。从产能情况看，2021—2025年新增产能将以炼化一体及合成气路线为主，其中，炼化一体化路线占比38.78%，合成气路线占比53.79%，MTO路线受到工艺利润经济性不足影响，暂无新增产能计划。另外，卫星石化计划建设160万吨乙烷裂解制烯烃工艺乙二醇装置，占比7.43%，相应原料将以进口乙烷为主。

针对新工艺的发展，相应的质量控制指标也应运而生。紫外透光率（简称UV值）、乙二醇纯度、醛含量是评价煤制乙二醇产品质量的几个关键指标。UV值是乙二醇产品的一个最重要的指标，直接关系到产品能否在聚酯领域得到应用。关于UV值，与旧标准相比，新标准增加了需要提供波长250纳米实测数据的要求。与石油乙烯法相比，由于原料和工艺方面的差异，煤制乙二醇产品不可避免地会含有一些杂质，苏凤仙等通过建立适用于煤基乙二醇中有机杂质分析的方法，得出煤基乙二醇中的杂质主要有乙醛、乙醇、1，2-丙二醇、1，2-丁二醇、1，2-己二醇、乙醇酸甲酯、碳酸乙烯酯等。胡景辉分析了加氢副反应及各种其他反应引起杂质形成的原因，提出防止杂质生成的若干措施。乙二醇中微量的甲醛会对220纳米、275纳米处的UV值产生很大影响，醛中的双键及引起的支链反应会使聚酯产品的热稳定性变差，黄色指数上升。在工业化装置中，通常的做法是在乙二醇精制的下游增加脱醛处理，可有效降低产品中醛含量。

（四）供需平衡状况

2021—2025年我国乙二醇行业产能将维持高速增长状态。从2021—2025年中国乙二醇新增装置的生产企业结构来看，以煤炭、煤化工生产企业的转型升级向下游延伸以及大型石化企业的炼化一体化项目为主，其中包含部分大型聚酯企业向上游延伸发展而形成的炼化一体化项目。

未来，中国乙二醇自给率将得到明显提高，与此同时，中国产量的大幅度提升，将对进口货源逐步形成挤出效应。而产能的增加也将为乙二醇供应端带来更加激烈的竞争。需求方面，预计仍将维持稳定的增长趋势，但伴随终端服装家纺领域进入瓶颈期，且全球经济疲弱趋势尚未结束，乙二醇需求增速将呈现逐步放缓状态（见表4-7）。

表4-7　　　　未来三年我国乙二醇供需平衡预测表　　　　（单位：万吨）

指标	2023年预测	2024年预测	2025年预测
期初库存	311.06	362.32	352.77
产量	1400.00	1500.00	1550.00
进口量	1000.00	989.00	950.00
总供应量	2711.06	2842.32	2852.77
出口量	2.00	2.00	2.00
下游消耗	2345.74	2487.55	2636.80
总需求量	2348.74	2489.55	2638.80
期末库存	362.32	352.77	213.96
平衡差	177.32	162.77	13.96

十五、我国乙二醇竞争形势如何?

随着我国乙二醇新增产能进入市场周期,乙二醇行业竞争形势日趋激烈。

从行业角度来看,阶段性的供应过剩将导致乙二醇供应商的议价能力被削弱,随之而来的是价格及利润的下降。细分来看,生产企业的工艺路线不同,其面临的情况也各有差别。从未来5年乙二醇行业计划新增产能看,主要以炼化一体化和合成气路线为主,其中,炼化一体化路线生产企业因生产链条长、涉及能化产品众多和更低的均摊成本,所以其抗风险能力较强。同时,部分炼化一体化企业为下游聚酯生产企业的向上延伸,作为同时兼具乙二醇供需双重角色,乙二醇产能扩张会提高其在聚酯原料采购环节即乙二醇市场定价中的议价能力。而合成气路线生产企业多数为煤炭、煤化工企业的向下延伸,该部分企业在乙二醇生产环节拥有较好的成本优势,但因煤制乙二醇在聚酯等领域的应用有一定限制,且合成气路线装置转产能力较弱,其在销售环节的议价能力表现一般,伴随炼化一体化企业的竞争,煤制乙二醇工厂面临的压力会逐步增加。

从项目投建的确定性来看,炼化一体化配套装置投产确定性更高,合成气路线装置因利润、资金等问题出现推迟或暂缓的可能性更大。从替代品环节来看,目前,我国乙二醇主力下游以聚酯为主,而这个领域中,乙二醇作为原料暂时没有替代品竞争的威胁。从防冻液领域来看,乙二醇占据原料端的比重达50%,且其他产品暂时不可替代,因此对乙二醇来说,以上两个领域的需求相对稳定,无威胁。但对于下游不饱和树脂环节,由于原料端存在丙二醇产品可替代乙二醇,因此不同产品在不饱和树脂领域的竞争较为明显,对于乙二醇的需求存在潜在不确定性。

当前的新形势对我国乙二醇行业发展提出了新要求:首先,研发单位应通过研究非贵金属催化剂、更大规模反应器、中高压工艺、更先进的产品分离技术、工艺系统优化以及能量综合利用等，进一步提高产品质量，提高单系列装置能力，降低产品成本，提高综合竞争力。其次，对于新建装置及布局，单套 40 万~50 万吨年产量的装置是发展方向；配备甲醇生产线，联产草酸、碳酸二甲酯、乙醇等产品，做到"一头多尾"，可以提升装置抵御风险、适应市场变化的能力；充分考虑运输成本对新建项目竞争力的影响，打造高度集成的乙二醇—对苯二甲酸—聚酯—化纤一体化产业基地。此外，对于乙二醇产业的风险与前景仍然需要理性看待。未来，煤制乙二醇可能面临的产能过剩、低价进口产品竞争、被聚酯行业完全接受，还得经历一个过程，中美贸易摩擦可能造成聚酯产品出口受到严重影响。但也应看到，在我国，煤制乙二醇的经济性相比石油乙烯法制乙二醇的经济性还是有一定竞争力的，以荒煤气、电石炉尾气、焦炉煤气、弛放气为原料的乙二醇项目的经济性更好；化纤服装是人类生活必需的消费品，全球许多国家已对中国的聚酯产品形成依赖。2018 年 5 月，欧盟议会通过禁止使用一次性塑料制品提案，许多国家随后也发布了"禁塑令"，也许会给聚酯行业打开另一个可以想象的消费市场；汽车工业还将持续发展，消费结构单一的局面会得到不断改善。因此，对煤制乙二醇的前景应理性看待，过度的乐观并不可取，同样也不能太过悲观。

近年，我国乙二醇行业发展良好，例如，2020 年 1 月，浙江省人民政府宣布浙石化 4000 万吨/年炼化一体化一期项目——2000 万吨/年炼油、400 万吨/年对二甲苯、140 万吨/年乙烯及下游化工品装置全面完成投料试车，并且成功产出包括对二甲苯（PX）、乙烯、丙烯、石脑油在内的 15 余种品质合格的炼化产品，并投入正常生产。浙江石油化工有限公司由荣盛石化（51%）、巨化集团（20%）、桐昆集团（20%）及舟山海洋（9%）合资成立。浙江石化一期环氧乙烷/乙二醇装置总设计产能 80 万吨/年，其中，乙二醇产能 74 万吨/年。该项目的投产，一方面有助于构建"原油—芳烃（对二甲苯）、烯烃—PTA、MEG—聚酯—纺丝—加弹"一体化产业链，实现高质高效的规模化生产，降低产品成本，增强盈利能力；另一方面强化了乙二醇生产结构中民营企业的占比，对行业发展起到了正向的促进作用。

2020 年 8 月 12 日，盛虹炼化一体化项目投入总额高达 415 亿元的银团贷款正式签约，为这一世界级炼化一体化项目的顺利建成提供了稳定的资金来源。盛虹炼化一体化项目是国家正在推进的四大民营炼化项目之一，集炼油、芳烃、化工为一体。项目建成后，预计年产值将超过 900 亿元，实现原油加工产能 1600 万吨/年，芳烃联合装置规模 400 万吨/年，乙烯裂解装置规模 110 万吨/年以及其他配套产能，乙二醇装置规模为两套 100 万吨/年。该项目的投产运营也将成为业内的标杆，以"炼油—芳烃—聚酯"一体化的发展模式，是国家核准的继恒力、浙江石化之后，又一重点民营炼化一体化项目，也是国家七大石化产业基地中重点建设的世界级石化产业项目，对整个乙二醇市场格局起到关键性作用。

2020 年 10 月 12 日，在郑州商品交易所成立 30 周年之际，我国期货市场第 86 个期货、期权品种——短纤期货在郑商所正式挂牌交易。郑商所相关人员表示，将重点继续维持聚酯产业链的健康发展，后面将大力推进瓶片、对二甲苯等产业链品种的研发上市工作，打造聚酯产业链期货品种板块，助力聚酯产业稳健运行，打造其成为化工商品市场中最为完善的产业链条，协助丰富行业间套期保值、跨产品保值等操作模式。

"十四五"规划总思路为推进石化化工行业高质量发展，以"去产能、补短板"为核心，以"调结构、促升级"为主线，推进供给侧结构性改革进入新阶段。大力实施创新驱动和绿色可持续发展战略，积极培育战略性新兴产业，推动产业结构、产品结构、组织结构、布局结构不断优化。按照"重质轻量"的原则，着力提升产业的国际竞争力和可持续发展能力，推动我国向石化化工产业强国迈进。在"十四五"规划实施中，明确炼厂降油增化转型，合理平衡油品、烯烃、芳烃三者之间的关系布局，大力发展化工新材料和高端化学品，向下游全产业链延伸。未来几年时间，下游聚酯工厂将成为乙二醇行业发展的先行军，从而形成"原料—成品—下游"一体化的生产链结构。因此，在"十四五"规划的蓝图下，我国乙二醇行业结构仍将向民营企业倾斜。

2020 年，新冠肺炎疫情席卷全球，重挫世界经济，使全球原油需求疲软的问题更加凸显，导致原油价格一路走低，同时也使各个行业终端复工延迟，需求恢复缓慢，物流运输停滞，产业链成品累库程度加深。乙二醇价格跌至 2003 年以来的历史低位。同时，由于阶段性的供需失衡，乙二醇库存大幅度攀升，年内华东港口库存达到历史新高的 138.70 万吨，对维持乙二醇供需平衡提出新的考验。

2020年,欧盟与越南政府签署了一项具有里程碑意义的双边自由贸易协定,该协议被欧盟官员称为"与发展中国家达成的最雄心勃勃的自由贸易协定"。协议于2020年8月1日起生效,世界银行称这个协定在2030年会为越南经济带来2.4%的GDP增速。根据这个"越欧自由贸易协定",欧盟和越南将取消99%的关税,并且大多数关税将在该协定生效后立即取消。此外,该协定将削减欧盟面临的非关税壁垒,同时还将向欧盟企业开放越南的服务和公共采购市场。越南等东南亚国家的纺织服装行业高度依赖原料的进口,尤其是进口自中国的聚酯化纤产品。单一的自由贸易协定可能并不会使越南纺织服装业长期持续一个稳定而高涨的增长势头,但在伴随其本土劳动生产率提升、原料供应以及本土自主企业品牌发展逐步得以完善下,越南等东南亚一众国家或许将逐渐靠拢并接班中国,成为全球又一大新兴纺织服装产业基地。

十六、我国乙二醇产业链上下游情况如何?

从乙二醇上下游产业链的整体来看,2020年乙二醇价格呈现大幅下移趋势,使整个化工品市场价格中枢发生被动下滑。

从消费下游聚酯产业链细分来看,2020年各品种市场出现差异化走势:年内价格表现最佳的为乙二醇,年均价格跌幅19.88%,相比跌幅最小。这主要基于2019年乙二醇跌幅过大所带来的低基数效应。除乙二醇之外,表现较好的为涤纶短纤和聚酯瓶片,二者2020年市场供需表现相对较好,在第一季度价格回落后呈现较大幅度的反弹。相比之下,表现最差的是PTA,其年均价格跌幅达92.71%。从利润方面来看,表现较好的同样为涤纶短纤和聚酯瓶片,二者平均利润实现正增长,其他产品年内利润表现均较差,均出现明显下滑。

出现上述差异化的原因主要在于2020年我国炼化一体化项目进入投产

高峰期，二甲苯、PTA、乙二醇新增产能大幅释放，而下游聚酯环节，年内新增产能主要集中于涤纶长丝领域，聚酯短纤、聚酯瓶片等新增较少。2020年初新冠肺炎疫情暴发，使防护材料需求大幅增长，涤纶短纤环节供需格局显著利好。相比之下，聚酯原料环节库存大幅度增加，供需格局趋弱。

十七、乙二醇与相关产品价格联动情况如何？

　　任何产品的价格走势都不是作为独立个体存在的，而乙二醇这一特点表现得更为明显，其价格走势与相关产品联动紧密。众所周知，乙二醇上游原料端主要为原油、页岩气、煤炭等能源类商品，因此能源价格的涨跌对乙二醇价格变化的影响很大。其中，原油价格走势影响相对最为明显：原油价格上涨，通过生产成本等途径传导至乙二醇市场，使其价格上行；油价下跌，将影响乙二醇商家及下游厂家的价格预期，可能会出现销货困难，或出现采购意愿下滑，使价格整体趋弱。此外，乙二醇与其生产端的副产品如二乙二醇、与同为液体化工品的苯乙烯以及同为聚酯原料的PTA等产品的价格关联性亦尤为明显。2018年12月，乙二醇期货成功上市，之后其金融属性进一步扩大，相应地，乙二醇期货对乙二醇市场的价格发现、套期保值、投机博弈等方面产生了重大影响。

一、单项选择题

1. 以下省份按乙二醇产能由多到少排名正确的是（　　）。
　　A. 广东、福建、浙江、江苏　　B. 江苏、浙江、广东、福建
　　C. 浙江、江苏、广东、福建　　D. 浙江、江苏、福建、广东

2. 作为下游主要消费，聚酯领域占我国乙二醇消费量的（　　）以上。

A. 80%　　　　　　　　　　B. 85%

C. 90%　　　　　　　　　　D. 95%

3. 作为乙二醇最主要的下游消费领域，聚酯行业的传统消费淡季是（　　）。

A. 第一季度　　　　　　　　B. 第二季度

C. 第三季度　　　　　　　　D. 第四季度

二、多项选择题

1. 目前国内乙二醇主要生产工艺路线有（　　）。

A. 一体化（石脑油/乙烯法）　B. MTO 法

C. 蒸馏法　　　　　　　　　D. 煤制法

2. 未来我国乙二醇市场发展主要受到（　　）因素影响。

A. 宏观环境　　　　　　　　B. 行业政策

C. 生产工艺发展趋势　　　　D. 相关产品价格联动性

三、判断题

1. 近五年，随着产能的增加，我国乙二醇行业的开工率一直维持在七成以上水平。（　　）

2. 当前，我国乙二醇消费主要受下游聚酯行业影响，两者消费淡旺季属性完全一致。（　　）

3. 近年来，随着我国煤制乙二醇技术的推广，民营企业乙二醇产能占比不断增加。（　　）

4. 国内来看，福建、广东等地由于下游消费能力不足，其富余的货源主要流向江浙地区，以供当地聚酯工厂使用。（　　）

5. 从我国新增装置生产企业结构来看，多以煤炭、煤化工生产企业的转型升级向下游延伸以及大型石化企业的炼化一体化项目为主。（　　）

参考答案

一、单项选择题

1. C   2. D   3. A

二、多项选择题

1. ABD   2. ABCD

三、判断题

1. ×   2. ×   3. √   4. ×   5. √

第五章

乙二醇期货的价格影响因素

> **本章要点**
>
> 本章介绍了影响乙二醇价格的主要因素。供应端方面，国内产业政策影响产能投放周期，产业链利润影响短期开工率，作为对外依赖度较高的品种，乙二醇进口量的变化对供应端也有重要影响。需求端，重点分析了影响下游聚酯需求以及终端纺织服装消费的不同因素。除供需因素外，宏观经济周期、季节性、突发事件、预期与心理因素等都会影响乙二醇价格。对这些因素进行分析，有助于我们掌握乙二醇价格波动的规律，预测乙二醇价格变动趋势。

一、乙二醇价格历史走势情况如何？

（一）2009年1月—2011年9月：次贷危机后全球经济复苏推动商品价格上涨

自2001年中国加入WTO以来，中国纺织服装出口额大幅增长，带动了聚酯需求景气度，导致聚酯原料——乙二醇需求也明显增加。这一时期，WTI原油价格从30美元/桶附近上涨至2008年7月的140美元/桶左右。需求增长与成本上升共同推涨了乙二醇的价格，华东乙二醇价格在2007年12月至2008年2月这一时期涨至历史高点，价格始终落在14000~15000元/吨。2008年随着美国陷入次贷危机，居民部门资产负债表受到严重冲击，纺织服装消费迅速下滑，国内出口恶化，乙二醇价格从高点猛烈下坠，并在2008年12月触及这一周期的最低点4600元/吨。

2009年3月，美联储实施了第一轮量化宽松（QE）政策，同时中国推出40000亿元基建刺激政策，全球经济共振复苏，WTI原油价格从38美元/桶涨至2010年第一季度的70美元/桶左右，乙二醇也从底部涨至8700元/吨附近。但由于第二季度欧债危机及美国当季GDP不及预期，商品在这一时期小幅走熊，乙二醇也在2010年7月向下触及7600元/吨。随着市场对经济刺激政策失效有所担忧，美联储在2010年10月开始了第二轮量化宽松政策。大宗商品迅速上涨，并一直持续到2011年第二、第三季度，华东乙二醇现货价格最高涨至10500元/吨左右。整体来看，从美国次贷危机后，美联储开始实施量化宽松政策之后，在流动性宽松和经济复苏的推动下，全球经济表现较好，带动了大宗商品持续走高。

（二）2011年10月—2015年12月：波动剧烈的4年熊市

从2011年9月下旬开始至2015年底，乙二醇开始了一轮长达4年多的熊市周期。虽然中间波动较大，但乙二醇整体价格趋势是震荡向下。从小趋势来看，2012年欧债危机持续深化拖累全球经济，外需疲弱，中国纺织服装行业出口面临严峻挑战，聚酯库存较高，企业开工下降，乙二醇受下游需求影响，价格疲弱，价格最低跌至2012年6月的6400元/吨左右。进入2012下半年，随着下游聚酯新产能大规模投产，乙二醇供需迅速好转，同时受2012年年底中东地区装置大规模检修影响，乙二醇现货价格在2013年1月迅速冲高至9000元/吨上方，随后价格开始下滑。2013年3月—2014年8月，华东乙二醇现货价格在6400~8500元/吨区间波动。2014年9月，受美国页岩油产量放量等因素影响，油价重挫，乙二醇价格跟随下跌至2015年1月的5400元/吨左右。2015年第一季度，受下游聚酯新装置投产、下游需求较好、油价反弹等多因素影响，乙二醇价格快速反弹。2015年4月下旬，受某乙二醇装置爆炸停车影响，乙二醇价格冲高至8000元/吨上方。受检修装置回归、下游降负运行打压高原料价格、油价继续探底等因素的影响，乙二醇在2015年年底跌至4400元/吨。

（三）2016年1月—2018年9月：全球货币宽松，大宗商品整体上涨

2016年全球整体货币环境较为宽松，中国开启供给侧结构性改革，大宗商品价格整体上涨。2016年春节后，乙二醇外盘装置检修集中，下游开工恢复，补库带动价格回升，同时，油价也从低位反弹，所以，第一季度末乙二醇价格从前期的低点涨至5700元/吨左右。之后，乙二醇外盘检修装置重启，价格回落并进入盘整期。进入2016年下半年，在下游聚酯行业企业的开工率有所提高、去库存持续化，以及进口偏少等因素的影响下，乙二醇价格持续走高。2016年11月，乙二醇期货立项申请获批，受投机资金疯狂囤货、国外供应商减少发货等因素影响，乙二醇价格被推升至2017年2月初的8300元/吨。随着炒作退潮，乙二醇价格快速回调，一路跌回5700元/吨。2017年下半年全球经济明显复苏，大宗商品价格加速上涨，WTI原油价格从47美元/桶左右涨至2018年9月至10月的70美元/桶上方，华东乙二醇价格也涨至8400元/吨附近。

（四）2018年10月至今：各类意外事件导致乙二醇价格波动幅度增大

金融环境方面，2018年美联储连续加息，2018年9月欧洲央行决定缩减购债规模，信用条件收紧；实体经济增速放缓，油价从高位下跌，乙二醇也备受拖累，价格跌至2019年初的5000元/吨。但产能投放周期来临，下游聚酯行业难以消化过剩产能，导致港口库存累积严重，乙二醇价格持续下行至2019年5月份的4200元/吨。同时，中美贸易摩擦又导致市场对终端纺织服装出口极度悲观，乙二醇价格被持续压制。持续低价导致生产企业陷入亏损，部分厂家停工检修，乙二醇得以消化高位的库存，价格也开始反弹。2019年9月，沙特阿拉伯油田遇袭，乙二醇价格受此影响冲高至5500元/吨，但随着9月末沙特阿拉伯产能复产的消息传出，乙二醇价格应声下跌。2019年底至2020年春节前，受美伊冲突影响，国际油价走高，同时港口库存较低，乙二醇价格重新冲高至5000元/吨。2020年春节后，新冠肺炎疫情蔓延，乙二醇需求端下游企业开工推迟，订单缩减，同时供应端几套大装置集中投产，产业链上原油价格大幅下跌，各种利空导致乙二醇价格一度跌至3200元/吨。随着新冠肺炎疫情逐步得到控制，全球货币、财政政策齐发力，大宗商品价格走出底部，2021年2月美国受极端天气影响，炼厂停工，乙二醇价格冲高至6500元/吨附近。随后，在国内新装置投产预期影响下，乙二醇价格有所走弱（见图5-1）。

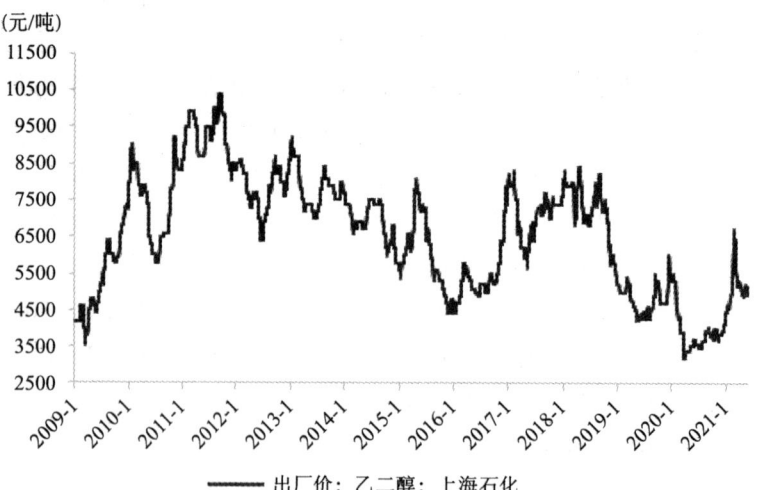

图5-1　上海石化乙二醇出厂价格

数据来源：同花顺、东吴期货研究所。

二、影响乙二醇价格变化的主要因素有哪些？

通常来说，影响商品价格的因素有很多，但核心逻辑还是落在某一商品自身的供需上。宏观环境对商品价格的重大影响，也是通过改变商品供需进而影响价格的。因此，从价格影响传导机制来说，商品的供需直接影响价格，其他因素对商品供需产生间接影响。基于以上逻辑，我们根据影响某种商品价格的各类因子传导的直接程度进行分类，影响因素有基本供需情况、产业链利润分配、原料价格、库存情况、季节性、投机等。

首先是需求端，终端居民对纺织服装的消费是影响乙二醇价格的核心要素，乙二醇的直接下游聚酯端的产能扩张，以及开工情况对其价格也有重要影响。需求季节性方面，由于受中国春节长假的影响，下游聚酯行业及终端织造开工在春节假期期间明显下降，导致乙二醇需求的季节性特征较为明显。供应端方面，乙二醇产能增长以及开工情况、进口量变化是供应端的主轴。开工方面，成本端对开工有重大影响，在煤炭价格大幅上涨的情况下，煤制乙二醇路线可能陷入亏损，导致其开工率不高。另外，从乙烯端来讲，乙二醇与乙烯端其他品种的比价也会影响乙二醇的供应，如果乙二醇生产利润不佳，工厂可能会选择转产其他乙烯端化工品。

商品市场有句流行语：农产品看供给，工业品看需求。一般来说，农产品需求较为稳定，而天气等原因可能会导致供应端受到较强扰动，进而影响农产品价格。而工业品的供应端相对稳定，虽然极端的天气也会对工业品的供应造成较大干扰，但整体来看，工业品的供应相对其需求来说，测算的准确性是较高的，尤其是在短期产能和开工都较为确定的情况下。多数工业品的终端下游需求极为分散，且价格弹性较强，较难预测。因此，对工业品的研究，需要先啃下"需求端"这块硬骨头。

三、分析乙二醇下游需求时应关注哪些因素？

前文我们提到,乙二醇下游需求主要集中在聚酯方面,其他需求主要是防冻液及不饱和树脂等。从全球来看,聚酯需求占乙二醇下游需求的近90%。中国的聚酯需求占乙二醇下游需求总量的近95%。横向比较来看,我们发现乙二醇下游需求较为单一,核心需求对乙二醇价格的影响极大。以乙二醇的上游液体化工品种——甲醇为例,虽然甲醇的核心下游产品——聚烯烃占其需求超过一半,但其他下游产品需求(如甲醛、醋酸等)对甲醇价格也有一定影响力。从这一角度来说,乙二醇需求端需要跟踪的目标很清晰,即专注聚酯需求对乙二醇的影响。按行业一般情况,0.855吨的PTA与0.335吨的乙二醇聚合得到1吨聚酯(PET),细分品种包括涤纶长丝、聚酯切片、涤纶短纤、聚酯瓶片、聚酯薄膜。

从产业发展的角度来看,中国聚酯产能的迅速扩张与整体石油化工产业的蓬勃发展是分不开的。聚酯产能方面,2008年中国聚酯产能仅为2490万吨,至2020年,中国聚酯产能已经增长到6440.5万吨(见图5-2)。聚酯产能的扩张也带动了乙二醇需求的增长。2008年,中国乙二醇产能仅为220万吨,2020年中国乙二醇产能已经增长至1583.5万吨。整体来说,聚酯需求的景气带动了乙二醇需求,但是在实际研究中,我们需要更进一步,即研究乙二醇供应与聚酯需求错配的情况。在某些年份,聚酯需求大规模扩张,而乙二醇产能投产较少,导致乙二醇价格上涨。还有一种情况,是乙二醇产能增速超过了聚酯需求增速。以2020年为例,市场对乙二醇尤为悲观,为什么会这样?以恒力石化、卫星石化为代表的炼化巨头大规模投放乙二醇产能,远远超出当年需求承接能力,导致其价格大幅下挫。因此,研究乙二醇需求,最重要的还是要看需求增速与供应增速的匹配或错位,这两者之间的错位往往会导致价格的剧烈波动。事实上,从历史角度来看,乙二醇与聚酯的供需错位是常态。

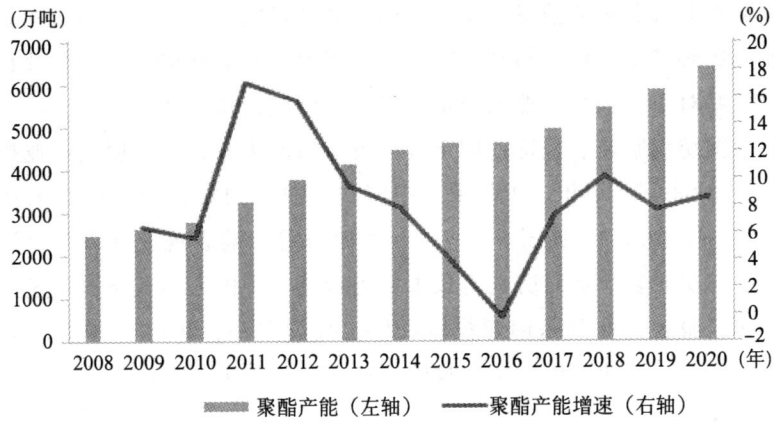

图 5-2 聚酯产能变化情况

数据来源：Wind、卓创、东吴期货研究所。

从产业链角度来看，乙二醇的直接下游品种聚酯产能的增长情况在大方向上决定了乙二醇的需求。另外，聚酯产业链利润和开工情况也影响了聚酯需求波动。在终端织造需求走弱同时伴随成本压力较大的时候，聚酯生产企业往往会陷入亏损，为缓解聚酯供应过剩压力，部分企业往往会通过停车检修的方式减少产量，聚酯开工率下降也意味着乙二醇需求的减少。因此，在聚酯产业这一环节，需要关注其不同下游企业的生产利润、库存及产销压力等方面，通过观察这些下游企业的景气程度来判断聚酯的需求状态。终端需求的好坏反映了聚酯的利润和开工情况，聚酯的供需又作用到乙二醇这一品种上。

观察 PTA—乙二醇产业链全貌，我们发现，无论是 PTA 还是乙二醇，其需求都是紧紧围绕纺织服装这一核心终端下游来展开的。因此，除了研究乙二醇的直接下游品种聚酯端的基本面变化，对终端的纺织服装产业的把握也是研究乙二醇基本面的重中之重。

从行业发展的逻辑来看，当某一产业未来前景向好、企业对行业盈利状况乐观时，最先的反应是这一产业固定资产投资的持续增长。一般来说，固定资产投资涉及金额较大，对企业财务负担影响较大，因此，企业在进行固定资产投资时尤为谨慎，只有在对投资回报周期内的行业需求较为乐观的情况下，企业才会进行固定资产投资。从这个角度来说，固定资产投资额反映了产业资本对行业未来前景的态度。固定资产投资落地后，会形成实质的终端产能，势必带动上游原料端的需求。基于此，我们在研究纺织服装长期需求时，需要对纺织服装产业的固定资产投资情况保持关注。

从中国纺织服装、服饰业固定资产投资情况来看，纺织服装产业投资高峰集中于2008—2011年。近年来，中国纺织服装固定投资完成额累计同比增速逐步"下台阶"（见图5-3），一方面与需求端表现疲软有关，另一方面，由于纺织服装产业对劳动力成本较为敏感，中国人力成本的快速上涨导致大量纺织服装企业到东南亚投资设厂。我们看到，2018年中美贸易摩擦以来，纺织服装产业的固定资产投资加速向以越南为代表的东南亚国家转移（见图5-4）。

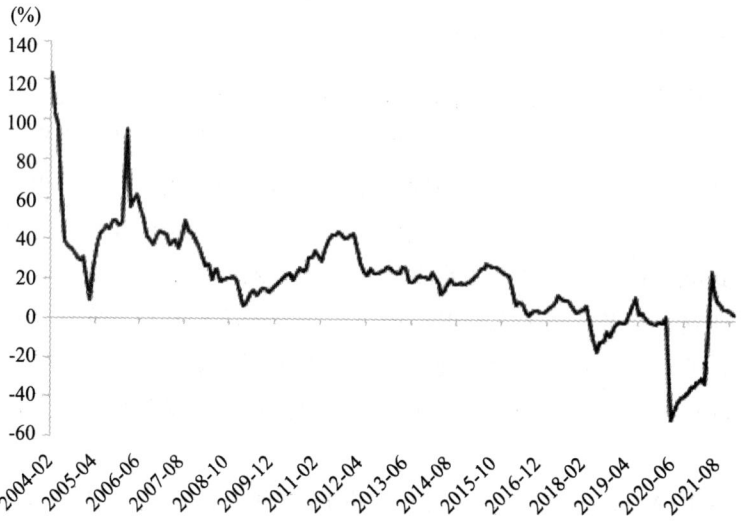

图5-3　中国纺织服装、服饰业固定资产投资完成额累计同比情况

数据来源：Wind、国家统计局、东吴期货研究所。

上游产业的布、纱及化学纤维等最终转化为衣服、家纺等制成品，终端的产量情况是对上游产业需求的直观反应（见图5-5）。同时，服装鞋帽、针纺织品的销售情况代表了终端下游产业的去库存化情况（见图5-6）。当销售较好时，我们可以较为明显地看到下游产业库存较少，此时，终端纺织服装行业才有动力进行补库，进一步带动上游产业原料需求。而当销售不

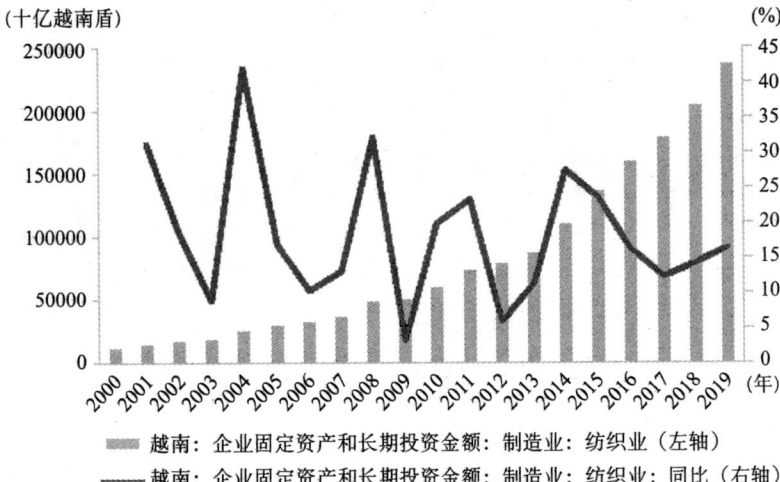

图 5-4 越南纺织业固定资产投资情况

数据来源：Wind、越南统计局、东吴期货研究所。

畅，纺织服装企业被动累库，库存压力导致企业只能放慢生产节奏，这时相应的上游产业需求也会放缓，其库存变化情况见图 5-7。

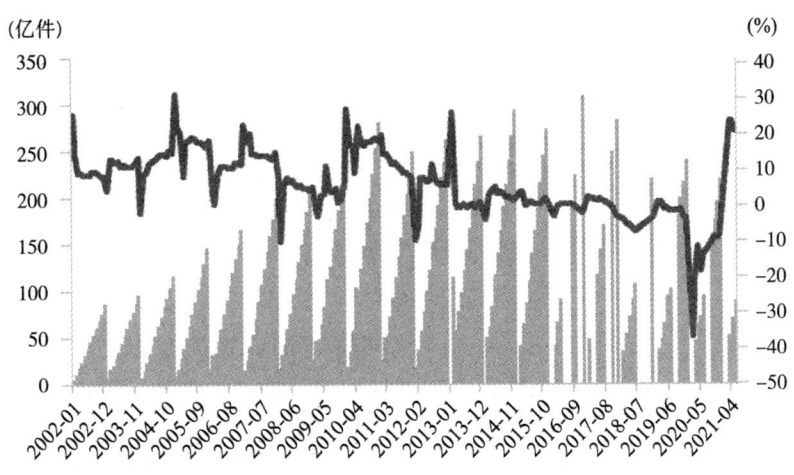

图 5-5 中国服装产量情况

数据来源：Wind、国家统计局、东吴期货研究所。

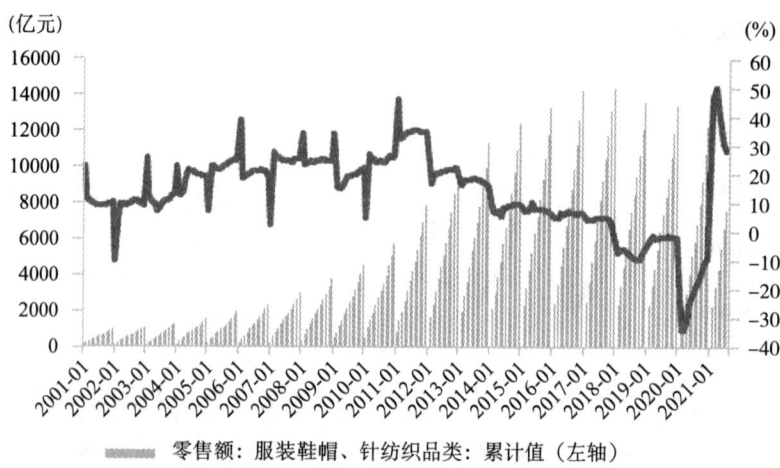

零售额：服装鞋帽、针纺织品类：累计值（左轴）
零售额：服装鞋帽、针纺织品类：累计值：同比（右轴）

图 5-6 服装鞋帽、针纺织品销售情况

数据来源：Wind、国家统计局、东吴期货研究所。

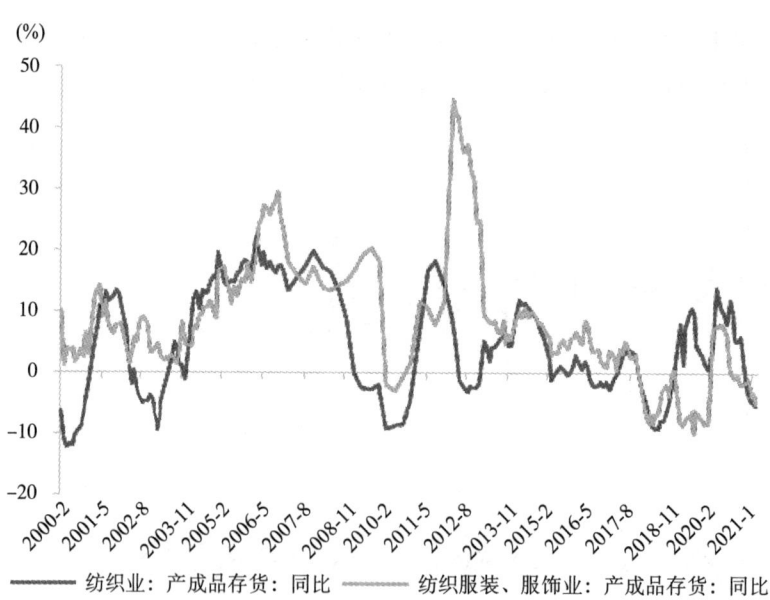

纺织业：产成品存货：同比　　纺织服装、服饰业：产成品存货：同比

图 5-7 纺织服装业库存变化情况

数据来源：Wind、国家统计局、东吴期货研究所。

如果将原料制成产成品，最后到终端消费视作一个完整的产业闭环，那么乙二醇、PTA等将作为原料处在最上游；纺织服装产业在中间；最后的居民及外贸消费才是终端。因为居民消费与居民收入等因素息息相关，所以本书将居民消费放至宏观经济这部分来分析。

 四、宏观经济对乙二醇价格有何影响？

宏观经济包含的范围尤为广泛，其内部的各类因子对商品价格都有一定影响，以下主要分析经济周期、居民消费以及外贸出口对乙二醇价格的影响。

（一）宏观经济周期与商品价格

事实上，宏观经济周期对大宗商品价格有显著影响。21世纪以来，大宗商品经历了2001—2008年、2009—2011年、2016—2018年三轮明显的上涨周期以及上涨周期后的熊市周期。以2001—2008年这一轮牛市周期为例，一方面，美国互联网泡沫破灭以后，为挽救经济，美联储持续实施货币宽松政策，美国房地产开始了一轮景气周期。同时，我们看到，新兴经济体尤其是中国工业化进程快速发展，大宗商品开始了较长周期的上涨。随后的2008年，美国次贷危机引发了全球大宗商品熊市。但在中国"四万亿元"政策刺激以及全球央行同步实施的货币宽松政策的推动下，大宗商品开始了一轮短期牛市。在天量刺激下，通货膨胀快速上行，新兴市场国家普遍采取加息等多方面政策以应对通货膨胀和资产泡沫风险，大宗商品价格在2011年4月见顶后开始一路下行。2015年，中国央行陆续推动了5次降准和5次降息，美国、欧洲、日本央行货币政策也逐渐转向宽松，大宗商品价格开始上涨。回顾21世纪以来的三轮大宗商品周期，可以较为明显地发现，是经济周期产生了大宗商品的牛熊市。将经合组织（OECD）经济增速与大宗商品价格指数结合起来看，我们发现，经济周期与大宗商品周期高度重叠。

通过前文对乙二醇历史价格的回顾,我们可以清晰地看到,乙二醇的价格与大宗商品价格周期是相嵌的(见图5-8)。因此,在分析乙二醇价格行情时,也需要高度关注宏观经济周期的影响。

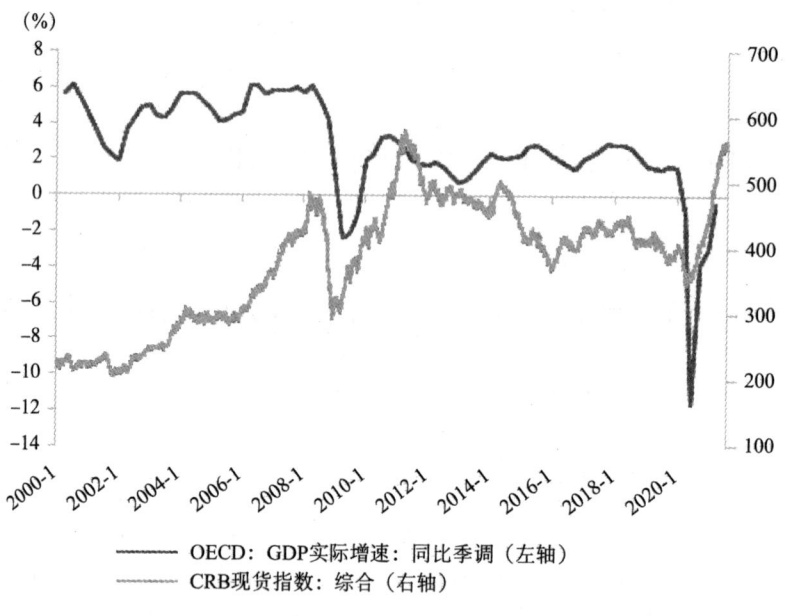

图5-8 全球经济增长情况与大宗商品价格指数

数据来源：Wind、东吴期货研究所。

(二) 居民消费对乙二醇价格的影响

乙二醇最终端的成品是纺织服装,而纺织服装的最终消费部门主要是居民。因此,分析居民消费情况对乙二醇的影响也尤为重要:一方面,需要认识到终端居民消费直接决定了上游行业的景气程度;另一方面,也要注意到居民消费对乙二醇的影响是层层传导的,影响路径和传导时间有一定时滞。

改革开放以来,政府投资一直是拉动经济增长的重要引擎,但近年来,家庭部门消费成为支撑经济发展的核心动力。另外,国内居民消费也经历了重要转型,从耐用消费品消费逐步过渡到娱乐休闲服务消费。归根结底,要分析居民消费,其核心还在于寻找影响居民消费的核心因素。影响家庭消费支出的因素主要包含消费能力和消费意愿，居民收入水平是消费能力的基础，容易统计分析，而消费意愿较难量化分析。一般来说，经济萧条、失业率增加，不稳定的社会环境肯定会抑制居民消费意愿；相反，当居民对未来经济及收入前景乐观时，大概率会增加家庭消费。

收入方面，2012 年，城镇居民家庭人均可支配收入中位数为 2.2 万元，2020 年增长至 4.04 万元。增速上，1997—2002 年，城镇居民家庭人均可支配收入增速持续上行，2002—2007 年人均可支配收入增速维持在 7% ~ 17%，收入增长较快。2008 年后，人均可支配收入从 8% ~ 9% 一路下滑至 2018 年、2019 年的 5% 左右。2020 年，新冠肺炎疫情的蔓延导致居民收入增速快速下降。具体情况见图 5 - 9。

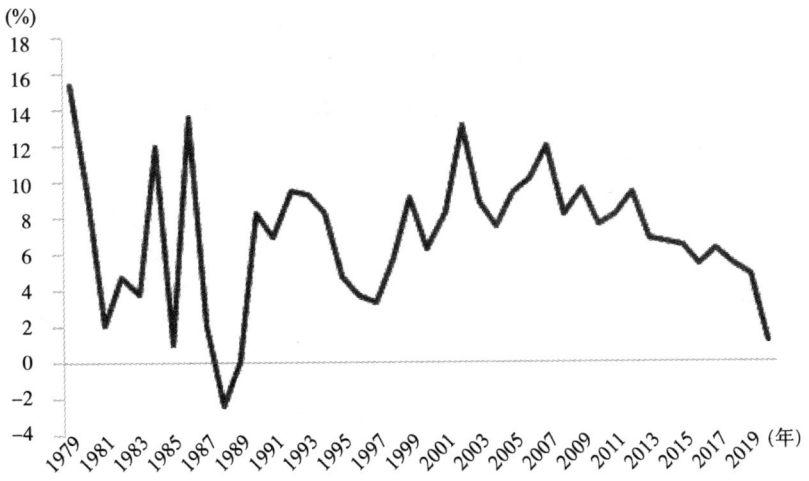

图 5 - 9　中国城镇居民家庭人均可支配收入增长情况（实际同比）

数据来源：Wind、东吴期货研究所。

消费方面，2020 年城镇居民人均消费支出为 2.7 万元左右，农村居民人均消费支出为 1.37 万元。从支出增速趋势来看，近年来，全国城镇、农村居民人均消费支出增速处在缓慢下行的状态，但农村居民人均消费支出增速高于城镇居民（见图 5 - 10）。具体到衣着方面，城镇居民衣着消费支出表现较差，部分年份甚至出现负增长情况（见图 5 - 11）。相对来说，2017—2019 年，农村居民衣着消费支出增速较快。

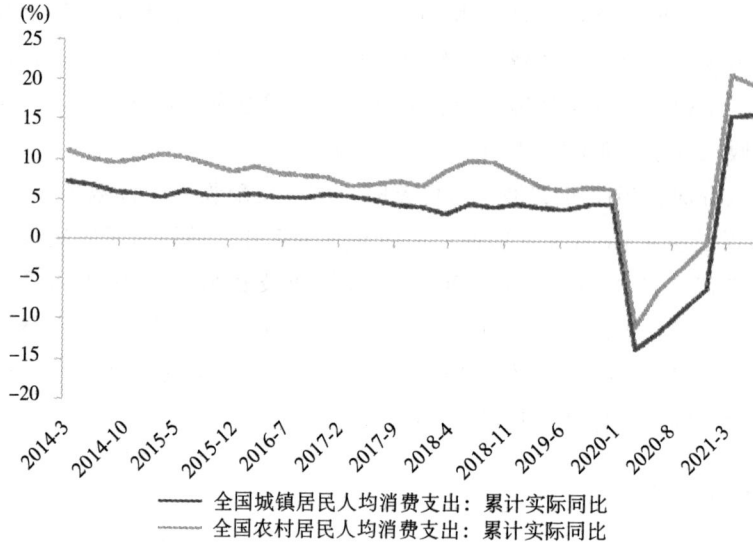

图 5-10　中国城镇及农村居民消费情况

数据来源：Wind、东吴期货研究所。

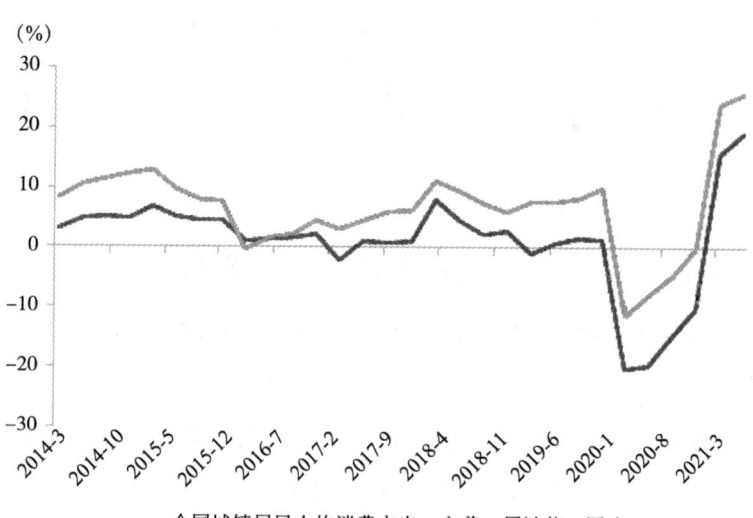

图 5-11　中国城镇及农村居民衣着消费情况

数据来源：Wind、东吴期货研究所。

前文主要分析居民收入、消费，尤其是衣着服装消费情况。事实上，除服装纺织品外，家用纺织品也是纺织业的重要组成部分。家用纺织品主要有窗帘、床品、地毯、浴巾、被子、毛毯等，对各类纤维的需求有举足轻重的影响。从行业特点来看，家纺行业实际上是一个后房地产端的产业，地产销售带来的家纺需求是影响其产业周期的重要因素。

（三）外贸需求对乙二醇价格的影响

中国纺织、服装产业经过多年发展，已具备完整的产业链，规模优势较为明显，是全球重要的纺织服装生产和出口大国。海外市场需求情况对中国纺织服装产业有着重要影响。因此，在分析乙二醇终端需求情况时，不仅要关注国内消费需求，还要关注海外需求，即中国的出口情况。2020年，在海外新冠肺炎疫情较为严重的情况下，国外正常生产受到干扰，中国疫情控制良好，生产迅速恢复，出口强劲。可以较为明显地看到，2020年中国纺织纱线、织物及制品出口大幅增长，2020年下半年出口增速在25%~33%（见图5-12）。在高基数效应下，2021年纺织纱线等原料端出口有所萎缩。相对来说，服装及衣着附件出口在2020年表现较差，2021年1月至7月，

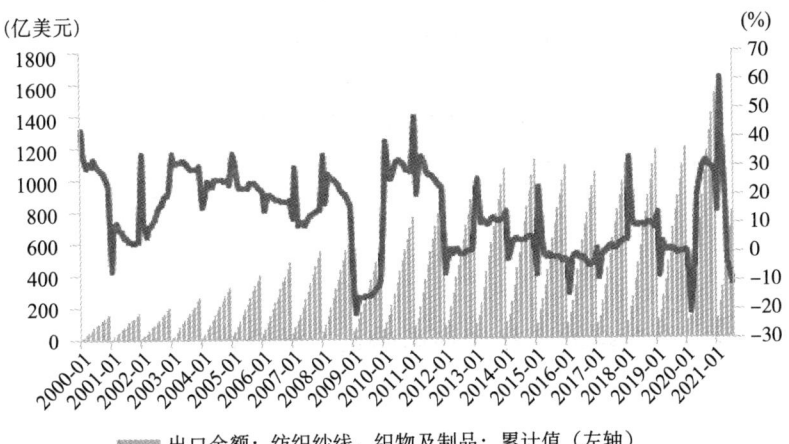

图5-12　纺织纱线、织物及制品出口情况

数据来源：Wind、东吴期货研究所。

出口金额累计值为881亿美元左右，同比2020年大幅增长，较2019年也有一定幅度增加（见图5-13）。整体来看，海外市场的需求情况是影响中国纺织服装产业链景气程度的重要因素。在新冠肺炎疫情导致居民失业的情况下，美国财政通过大规模补贴的形式不仅弥补了居民消费的缺失，反而使美国居民消费大幅增长，由此推动了2020—2021年的商品需求，纺织服装产业也明显收益。因此，在分析终端需求情况时，需要注意海外居民消费对中国出口的影响。

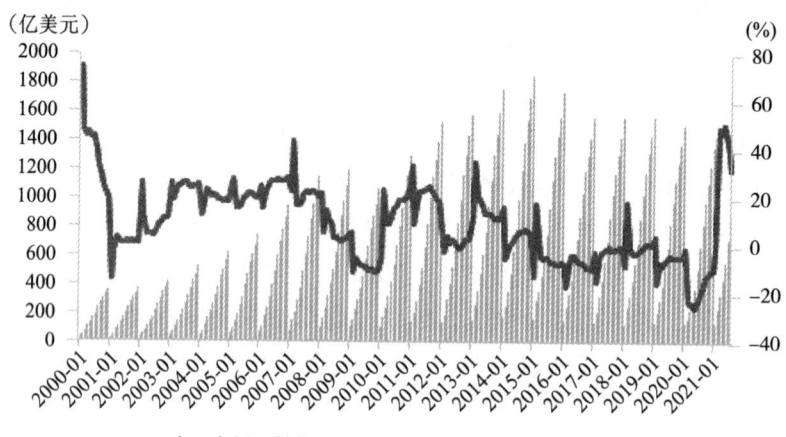

图5-13 服装及衣着附件出口情况

数据来源：Wind、东吴期货研究所。

五、供应端的变化如何影响乙二醇价格？

前文主要聚焦需求端对乙二醇价格的影响，下面主要剖析供应端各类因素对乙二醇价格的影响。供应端主要包括国产和进口两部分，事实上，乙二醇进口依赖程度较高，因此，进口端情况的变化对乙二醇价格的影响更大。

基于此,下一个问题重点分析进口端的情况。

国产方面,从产能的角度来看,2008 年,国内乙二醇产能仅为 220 万吨,至 2020 年,产能已经增长至 1583.5 万吨,产能年均复合增长率为 17.86%,产能增长较快,尤其是 2020 年,绝对规模大幅增长。产量方面,国内乙二醇产量也从 2008 年的 170.9 万吨增长至 2020 年的 890 万吨左右,产量年均复合增速为 14.74%。整体来看,乙二醇产量增速不及产能增速。毫无疑问,伴随着下游聚酯产能的扩张,乙二醇的供应量也日渐增多,所以近十年乙二醇处在产能扩张的大周期。

在产能投放的大周期外,其他供应端的变化也对乙二醇产量有明显的影响,这些因素主要包括检修及产业链利润情况。一般来说,从检修季节性角度来看,每年第二季度是乙二醇检修的高峰期,产量季节性减少。产业链利润方面,利润对开工有显著影响。产业链利润往往与制备工艺和生产成本有显著关系,从全世界范围来看,乙二醇的生产工艺主要分为乙烯法和草酸酯法两大类,其中乙烯法按原料不同可分为石脑油乙烯法、乙烯法和 MTO 法,MTO 法生产乙二醇的主要流程是煤—甲醇—烯烃—环氧乙烷—乙二醇,草酸酯法是煤制乙二醇路线,是中国工业化生产乙二醇的重要方式。一般来说,油制路线利润相对较大,煤制路线次之,甲醇制乙二醇利润较小。甲醇作为液体化工品,其价格波动也较大,甲醇价格大幅上涨通常对 MTO 路线的下游利润伤害较大。从开工情况来看,由于利润情况不佳,近年来煤制路线、MTO 路线的开工率相对较低,导致产量释放有限。

整体来说,油制乙二醇路线利润较大,且开工相对稳定,煤制路线往往被作为供应端的边际产能来看待。当煤制乙二醇利润情况较好时,煤制路线开工往往会回升,导致产量在某一时间内边际增加;利润情况较差时,煤制乙二醇路线企业往往会停工检修。总之,在分析国内乙二醇供应端的情况时,主要关注产能投放周期、检修情况以及利润对企业开工的影响。

六、进口情况对乙二醇价格有何影响？

首先，从绝对量来看，2008 年中国乙二醇进口规模为 521.63 万吨，2020 年乙二醇进口规模在 1054.8 万吨左右，12 年间年均复合进口增速在 6.04% 左右，进口持续稳定增长。其次，从进口依存度来看，一般来说，大部分化工品的对外依存度在 10%~20%，超过 30% 就属于偏高水平。然而，2020 年中国乙二醇对外依存度高达 54% 左右，通过与其他大宗化工品的横向比较，可以说，乙二醇的对外依存度极高。这就决定了外盘乙二醇供应端的变化对中国乙二醇价格有巨大影响。最后，从进口来源来看，中国乙二醇进口来源主要以沙特阿拉伯、中国台湾、北美、新加坡、韩国、日本等区域为主。其中，沙特阿拉伯占中国进口量的近 40%，中国台湾和北美地区对中国乙二醇进口也有重要影响。

分析影响进口的因素，首先需要关注海外装置产能投放以及开工情况，外盘装置产能投放会影响全球供应，季节性开工的变化会影响对中国的月度发货量。其次，国内外乙二醇价格的联动，即进口利润的变化对进口量也有明显影响。在内盘价格较高、外盘价格较低时，进口利润往往不错，贸易商、生产商往往会倾向于多进口；当内外盘价格倒挂时，进口会明显减少。在极端情况下，如果外盘价格过高，甚至可能会出现国内货源外流的情况，即中国对外出口。在这种情况下，国内的供需平衡表将受海外需求影响而出现显著改变。对于进口利润，汇率变化对其有较大影响，当人民币针对美元出现大幅贬值时，进口成本会明显增加。当人民币出现趋势性升值时，国内企业进口成本明显降低。因此，在分析乙二醇进口成本时，需要密切关注汇率端的波动。

另外，由于乙二醇对外依存度高，海外装置的意外情况对供应端造成的干扰也会使国内乙二醇价格大幅波动。下面以 2019 年的乙二醇行情为例进行分析。2019 年 9 月 14 日，沙特阿拉伯阿美石油公司位于 Abqaiq 的全球最大的原油综合处理中心和沙特阿拉伯第二大油田 Khurais 遭到来自也门的胡塞武装的空袭。出于安全性考虑，沙特阿拉伯随后预防性地关闭了部分炼油产能。袭击事件之后，我国乙二醇市场反应强烈，9 月 16 日，乙二醇 2001 合约牢牢封死在 4993 元/吨的涨停板，创乙二醇期货上市以来的首个涨停板。9 月 17 日，乙二醇 2001 合约最高涨至 5365 元/吨（见图 5-14）。2021 年年初，美国极端寒潮袭击得克萨斯这一化工重镇，炼油、化工装置被迫停车，乙烯产能中断，对乙二醇供应造成重大影响。2021 年 2 月下旬至 3 月初，我国乙二醇价格迅速上涨（见图 5-15）。从中长期来看，乙二醇价格由其自身供需基本面决定，但"黑天鹅"事件往往会造成供应端短期的剧烈变化，进而影响某一时期乙二醇价格的波动。

图 5-14　乙二醇 2001 合约走势

数据来源：Wind、东吴期货研究所。

另外，关税政策对乙二醇的进出口也有一定影响。2018 年 4 月 3 日，美国政府发布了加征关税的商品清单，对我国出口美国的 1333 项 500 亿美元的商品加征 25% 的关税。为捍卫自身合法权益、维护多边贸易体制的正义行为，2018 年 8 月 8 日，我国商务部正式明确对原产于美国的商品征收 160 亿美元的进口商品关税，乙二醇位列其中。2020 年，国务院关税税则委员会办公室通知，从 2020 年 3 月 2 日起，国务院关税税则委员会接受相关

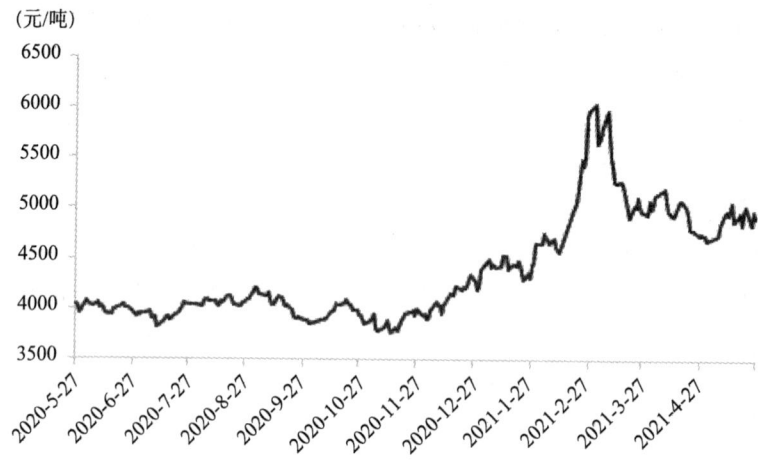

图 5-15　乙二醇 2105 合约走势

数据来源：Wind、东吴期货研究所。

中国境内企业申请，在对有关申请逐一进行审核的基础上，对符合条件的，按市场化和商业化原则自美国采购的进口商品，在一定期限内不再加征我国对美国 301 措施反制关税，支持企业基于商业考虑从美国进口商品，乙二醇也在可申请排除商品清单上。从整体上来看，贸易政策尤其是关税政策也会对乙二醇进口产生一定影响，乙二醇进口量较大的来源国关税的增加或降低对进口利润有着显著影响。相对来说，中美贸易摩擦对乙二醇价格影响相对较小，主要是中国从美国进口的乙二醇规模在总体进口规模中占比较小。

七、国家政策对乙二醇产业有何影响？

从长周期角度来看，产业政策对行业发展有重大影响。在特定历史时期，部分产业会受到政策鼓励，产能审批会相对宽松，随着情势变迁，某些产业政策可能有所收紧，产能审批较为严格，受此影响，未来供应增速会较小。2020 年，国内石脑油/乙烯法制乙二醇产能占比在 56% 左右，煤制乙二醇产能占比在 37% 附近。下面以煤化工产业政策变迁为例分析国家政策对乙二醇产业的影响。

2005 年开始至 2008 年 6 月，国际原油价格持续上涨，给中国相关产业链造成了巨大的成本压力，立足国内"多煤、少气、贫油"的资源现状，2005 年 6 月，为促进煤炭工业持续、稳定、健康发展，保障国民经济发展需要，国务院发布了《国务院关于促进煤炭工业健康发展的若干意见》，指出完善政策，并给予一定的资金支持，组织建设示范工程，推动洁净煤技术和产业化发展，于是各类煤化工项目大量上马。随着国际油价在 2008 年下半年大幅下跌，同时为遏制煤制油项目的发展态势，防止一哄而上，2008 年 8 月 4 日，国家发改委办公厅发布了《关于加强煤制油项目管理有关问题的通知》，除部分项目外，一律停止实施其他煤制油项目。

2009 年 9 月 26 日，国家发改委、工业和信息化部等部门联合下发了《关于抑制部分行业产能过剩和重复建设引导产业健康发展的若干意见》，提出要严格执行煤化工产业政策，遏制传统煤化工盲目发展。2011 年 3 月 23 日，国家发改委发布了《国家发展改革委关于规范煤化工产业有序发展的通知》，该通知认为，盲目开展煤化工项目引发了一些不良后果，部分产业装置大量闲置，开工不足。该通知对乙二醇产业准入标准进行了严格限制，禁止建设年产 20 万吨及以下煤制乙二醇项目。2017 年 3 月 22 日，国家发展和改革委员会、工业和信息化部联合发布了《现代煤化工产业创新发展布局方案》。该方案认为我国乙二醇对外依存度较高，采用创新技术适度发展现代煤化工产业，对于保障石化产业安全、促进石化原料多元化具有重要作用。对于乙二醇项目，要求煤制乙二醇装置年生产能力在 20 万吨及以上，单位乙二醇产品综合能耗低于 2.4 吨标煤，耗新鲜水小于 10 吨。

近年来，随着气候问题的日渐严峻，基于共同体责任，中国政府承诺 2030 年前，二氧化碳的排放不再增长，达到峰值之后逐步降低。为配合中国"碳达峰"的总目标，作为煤化工产业基地，2021 年 2 月 25 日，内蒙古自治区发展和改革委员会发布《关于确保完成"十四五"能耗双控目标任务若干保障措施（征求意见稿）》。该征求意见稿提出，从 2021 年起，不再审批焦炭（兰炭）、电石、聚氯乙烯（PVC）、合成氨（尿素）、甲醇、乙二醇等新增产能项目，确有必要建设的，须在区内实施产能和能耗减量置换。从历史阶段来看，"碳达峰"作为长期政策目标，将对乙二醇产业产生重大影响，未来，新增产能将受到严格限制。从长期来看，这也有助于乙二醇装置利用率的提升。

延伸阅读

生态环境部关于统筹和加强应对气候变化与生态环境保护相关工作的指导意见

（生态环境部　环综〔2021〕4号）

各省、自治区、直辖市生态环境厅（局），新疆生产建设兵团生态环境局：

气候变化是当今人类面临的重大全球性挑战。积极应对气候变化是我国实现可持续发展的内在要求，是加强生态文明建设、实现美丽中国目标的重要抓手，是我国履行负责任大国责任、推动构建人类命运共同体的重大历史担当。习近平总书记在第七十五届联合国大会一般性辩论上宣布我国力争于2030年前二氧化碳排放达到峰值的目标与努力争取于2060年前实现碳中和的愿景，并在气候雄心峰会上进一步宣布国家自主贡献最新举措。为坚决贯彻落实习近平总书记重大宣示，坚定不移实施积极应对气候变化国家战略，更好履行应对气候变化牵头部门职责，加快补齐认知水平、政策工具、手段措施、基础能力等方面短板，促进应对气候变化与环境治理、生态保护修复等协同增效，现就统筹和加强应对气候变化与生态环境保护相关工作提出如下意见。

一、总体要求

（一）指导思想

以习近平新时代中国特色社会主义思想为指导，全面贯彻党的十九大和十九届二中、三中、四中、五中全会精神，深入贯彻习近平生态文明思想，坚定不移贯彻新发展理念，以推动高质量发展为主题，以二氧化碳排放达峰目标与碳中和愿景为牵引,以协同增效为着力点,坚持系统观念,全面加强应对气候变化与生态环境保护相关工作统筹融合,增强应对气候变化整体合力,推进生态环境治理体系和治理能力现代化,推动生态文明建设实现新进步,为建设美丽中国、共建美丽世界作出积极贡献。

(二) 基本原则

坚持目标导向。围绕落实二氧化碳排放达峰目标与碳中和愿景,统筹推进应对气候变化与生态环境保护相关工作,加强顶层设计,着力解决与新形势新任务新要求不相适应的问题,协同推动经济高质量发展和生态环境高水平保护。

强化统筹协调。应对气候变化与生态环境保护相关工作统一谋划、统一布置、统一实施、统一检查,建立健全统筹融合的战略、规划、政策和行动体系。

突出协同增效。把降碳作为源头治理的"牛鼻子",协同控制温室气体与污染物排放,协同推进适应气候变化与生态保护修复等工作,支撑深入打好污染防治攻坚战和二氧化碳排放达峰行动。

(三) 主要目标

"十四五"期间,应对气候变化与生态环境保护相关工作统筹融合的格局总体形成,协同优化高效的工作体系基本建立,在统一政策规划标准制定、统一监测评估、统一监督执法、统一督察问责等方面取得关键进展,气候治理能力明显提升。

到2030年前,应对气候变化与生态环境保护相关工作整体合力充分发挥,生态环境治理体系和治理能力稳步提升,为实现二氧化碳排放达峰目标与碳中和愿景提供支撑,助力美丽中国建设。

二、注重系统谋划,推动战略规划统筹融合

(四) 加强宏观战略统筹。将应对气候变化作为美丽中国建设重要组成部分,作为环保参与宏观经济治理的重要抓手。充分衔接能源生产和消费革命等重大战略和规划，统筹做好《建设美丽中国长期规划》和《国家适应气候变化战略2035》编制等相关工作，系统谋划中长期生态环境保护重大战略。

（五）加强规划有机衔接。科学编制应对气候变化专项规划，将应对气候变化目标任务全面融入生态环境保护规划，统筹谋划有利于推动经济、能源、产业等绿色低碳转型发展的政策举措和重大工程，在有关省份实施二氧化碳排放强度和总量"双控"。污染防治、生态保护、核安全等专项规划要体现绿色发展和气候友好理念，协同推进结构调整和布局优化、温室气体排放控制以及适应气候变化能力提升等相关目标任务。推动将应对气候变化要求融入国民经济和社会发展规划，以及能源、产业、基础设施等重点领域规划。

（六）全力推进达峰行动。抓紧制订2030年前二氧化碳排放达峰行动方案，综合运用相关政策工具和手段措施，持续推动实施。各地要结合实际提出积极明确的达峰目标，制订达峰实施方案和配套措施。鼓励能源、工业、交通、建筑等重点领域制订达峰专项方案。推动钢铁、建材、有色、化工、石化、电力、煤炭等重点行业提出明确的达峰目标并制订达峰行动方案。加快全国碳排放权交易市场制度建设、系统建设和基础能力建设，以发电行业为突破口率先在全国上线交易，逐步扩大市场覆盖范围，推动区域碳排放权交易试点向全国碳市场过渡，充分利用市场机制控制和减少温室气体排放。

三、突出协同增效，推动政策法规统筹融合

（七）协调推动有关法律法规制修订。把应对气候变化作为生态环境保护法治建设的重点领域，加快推动应对气候变化相关立法，推动碳排放权交易管理条例出台与实施。在生态环境保护、资源能源利用、国土空间开发、城乡规划建设等领域法律法规制修订过程中，推动增加应对气候变化相关内容。鼓励有条件的地方在应对气候变化领域制定地方性法规。

(八)推动标准体系统筹融合。加强应对气候变化标准制修订,构建由碳减排量评估与绩效评价标准、低碳评价标准、排放核算报告与核查等管理技术规范,以及相关生态环境基础标准等组成的应对气候变化标准体系框架,完善和拓展生态环境标准体系。探索开展移动源大气污染物和温室气体排放协同控制相关标准研究。

(九)推动环境经济政策统筹融合。加快形成积极应对气候变化的环境经济政策框架体系,以应对气候变化效益为重要衡量指标,推动气候投融资与绿色金融政策协调配合,加快推进气候投融资发展,建设国家自主贡献重点项目库,开展气候投融资地方试点,引导和支持气候投融资地方实践。推动将全国碳排放权交易市场重点排放单位数据报送、配额清缴履约等实施情况作为企业环境信息依法披露内容,有关违法违规信息记入企业环保信用信息。

(十)推动实现减污降碳协同效应。优先选择化石能源替代、原料工艺优化、产业结构升级等源头治理措施,严格控制高耗能、高排放项目建设。加大交通运输结构优化调整力度,推动"公转铁""公转水"和多式联运,推广节能和新能源车辆。加强畜禽养殖废弃物污染治理和综合利用,强化污水、垃圾等集中处置设施环境管理,协同控制甲烷、氧化亚氮等温室气体。鼓励各地积极探索协同控制温室气体和污染物排放的创新举措和有效机制。

(十一)协同推动适应气候变化与生态保护修复。重视运用基于自然的解决方案减缓和适应气候变化,协同推进生物多样性保护、山水林田湖草系统治理等相关工作,增强适应气候变化能力,提升生态系统质量和稳定性。积极推进陆地生态系统、水资源、海洋及海岸带等生态保护修复与适应气候变化协同增效,协调推动农业、林业、水利等领域以及城市、沿海、生态脆弱地区开展气候变化影响风险评估,实施适应气候变化行动,提升重点领域和地区的气候韧性。

四、打牢基础支撑,推动制度体系统筹融合

(十二)推动统计调查统筹融合。在环境统计工作中协同开展温室气体排放相关调查，完善应对气候变化统计报表制度，加强消耗臭氧层物质与含氟气体生产、使用及进出口专项统计调查。健全国家及地方温室气体清单编制工作机制，完善国家、地方、企业、项目碳排放核算及核查体系。研究将应对气候变化有关管理指标作为生态环境管理统计调查内容。推动建立常态化的应对气候变化基础数据获取渠道和部门会商机制，加强与能源消费统计工作的协调，提高数据时效性。加强高耗能、高排放项目信息共享。生态环境状况公报进一步扩展应对气候变化内容，探索建立国家应对气候变化公报制度。

（十三）推动评价管理统筹融合。将应对气候变化要求纳入"三线一单"（生态保护红线、环境质量底线、资源利用上线和生态环境准入清单）生态环境分区管控体系，通过规划环评、项目环评推动区域、行业和企业落实煤炭消费削减替代、温室气体排放控制等政策要求，推动将气候变化影响纳入环境影响评价。组织开展重点行业温室气体排放与排污许可管理相关试点研究，加快全国排污许可证管理信息平台功能改造升级，推进企事业单位污染物和温室气体排放相关数据的统一采集、相互补充、交叉校核。

（十四）推动监测体系统筹融合。加强温室气体监测，逐步纳入生态环境监测体系统筹实施。在重点排放点源层面，试点开展石油天然气、煤炭开采等重点行业甲烷排放监测。在区域层面，探索大尺度区域甲烷、氢氟碳化物、六氟化硫、全氟化碳等非二氧化碳温室气体排放监测。在全国层面，探索通过卫星遥感等手段，监测土地利用类型、分布与变化情况和土地覆盖（植被）类型与分布，支撑国家温室气体清单编制工作。

（十五）推动监管执法统筹融合。加强全国碳排放权交易市场重点排放单位数据报送、核查和配额清缴履约等监督管理工作，依法依规统一组织实施生态环境监管执法。鼓励企业公开温室气体排放相关信息，支持部分地区率先探索企业碳排放信息公开制度。加强自然保护地、生态保护红线等重点区域生态保护监管，开展生态系统保护和修复成效监测评估，增强生态系统固碳功能和适应气候变化能力。

（十六）推动督察考核统筹融合。推动将应对气候变化相关工作存在的突出问题、碳达峰目标任务落实情况等纳入生态环境保护督察范畴，紧盯督察问题整改。强化控制温室气体排放目标责任制，作为生态环境相关考核体系的重要内容，加大应对气候变化工作考核力度。按规定对未完成目标任务的地方人民政府及其相关部门负责人进行约谈，压紧压实应对气候变化工作责任。

五、强化创新引领，推动试点示范统筹融合

（十七）积极推进现有试点示范融合创新。修订完善生态示范创建、低碳试点等有关建设规范、评估标准和配套政策，将协同控制温室气体排放和改善生态环境质量作为试点示范的重要内容。逐步推进生态示范创建、低碳试点、适应气候变化试点等生态环境领域试点示范工作的融合与整合，形成政策合力和集成效应。

（十八）积极推动部分地区和行业先行先试。支持有条件的地方和行业率先达到碳排放峰值，推动已经达峰的地方进一步降低碳排放，支持基础较好的地方探索开展近零碳排放与碳中和试点示范。选择典型城市和区域，开展空气质量达标与碳排放达峰"双达"试点示范。在钢铁、建材、有色等行业，开展大气污染物和温室气体协同控制试点示范。

（十九）积极推动重大科技创新和工程示范。将应对气候变化作为生态环境科技发展重点领域，积极协调国家重点研发计划加大支持力度。鼓励地方设立专项资金支持应对气候变化科技创新。积极推动应对气候变化领域国家重点实验室、国家重大科技基础设施以及省部级重点实验室、工程技术中心等科技创新平台建设。发布国家重点推广的低碳技术目录，利用国家生态环境科技成果转化综合服务平台等，积极推广先进适用技术。有序推动规模化、全链条二氧化碳捕集、利用和封存示范工程建设。鼓励开展温室气体与污染物协同减排相关技术研发、示范与推广。

六、担当大国责任，推动国际合作统筹融合

（二十）统筹开展国际合作与交流。积极参与和引领应对气候变化等生态环保国际合作，加快推进现有机制衔接、平台共建共享，形成工作合力。统筹推进与重点国家和地区之间的战略对话与务实合作。加强与联合国等多边机构合作，建立长期性、机制性的环境与气候合作伙伴关系。统筹推进"一带一路"、南南合作等区域环境与气候合作。继续实施"中国—东盟应对气候变化与空气质量改善协同行动"。

（二十一）统筹做好国际公约谈判与履约。统筹推进全球应对气候变化、生物多样性保护、臭氧层保护、海洋保护、核安全等方面的国际谈判工作，统筹实施《巴黎协定》《蒙特利尔议定书》《生物多样性公约》等相关公约国内履约工作。

七、保障措施

（二十二）加强组织领导。生态环境部建立统筹和加强应对气候变化与生态环境保护相关工作协调机制，定期调度落实进展，加强跟踪评估和督促检查，协调解决实施中遇到的重大问题。加强与国家应对气候变化及节能减排工作领导小组成员单位沟通协作，协同推进应对气候变化与节能减排重点工作。各地要高度重视、周密部署，健全统筹和加强应对气候变化与生态环境保护相关工作的机制，确保落地见效。

（二十三）加强能力建设。着力提升地方各级党政领导干部和生态环境系统积极应对气候变化的意识。加强应对气候变化人员队伍和技术支撑能力建设。加大对应对气候变化相关技术研发、统计核算、宣传培训、项目实施等方面的资金支持力度。各地将应对气候变化经费纳入同级政府财政预算，落实相关经费保障政策。协调推动设立应对气候变化有关专项资金。充分发挥国家生态环境保护专家委员会、国家气候变化专家委员会等专业智库的决策支持作用。

（二十四）加强宣传引导。持续开展"六五环境日""全国低碳日"主题宣传活动，充分利用例行新闻发布、政务新媒体矩阵等，统筹开展应对气候变化与生态环境保护宣传教育，组织形式多样的科普活动，弘扬绿色低碳、勤俭节约之风。鼓励和推动大型活动实施碳中和，对典型案例进行宣传推广。积极向国际社会宣介生态文明理念，大力宣传绿色低碳发展和应对气候变化工作成效，讲好生态文明建设"中国故事"。

八、国际能源价格如何影响乙二醇价格?

煤炭、石油、天然气是下游石化产品的重要原料。原料对下游品种的主要影响是其价格的上涨下跌带来的下游成本端变化。例如,原油价格对沥青的成本传导就尤为明显,甲醇作为重要的煤化工品种,其价格与中国煤价的相关性较强。但化工原料对下游化工品的影响仅仅是一个影响因素,核心还是商品自身的供需。

(一) 原油价格对乙二醇价格的影响

原油价格与乙二醇价格在大趋势方向上呈现一致性,并且时间周期越长,两者的相关性越大。但在部分时期,原油价格与乙二醇价格的走势有明显差异。下面以2019年行情为例进行说明。我国可以较为明显地发现,2019年上半年国际原油价格持续上涨,而乙二醇价格却持续下跌(见图5-16),主要是当时乙二醇行业正处在产能扩张周期,大量装置投放,导致这一时期严重供需错配,这一时期成本对价格的影响力度减小,供需矛盾成为主导市场走势的主要因素。

(二) 煤价对乙二醇价格的影响

成本端对价格的推动的确有一定作用,但部分情况下,心里预期会放大成本端的波动。前文提到,2020年国内煤制乙二醇产能在乙二醇总产能中的占比约为37%。一般来说,煤价上涨会推动乙二醇成本抬升,但从工厂实际成本来看,乙二醇原料煤的采购多按照长协统购,在现货价格大幅上涨时,长协价一般低于现货价,煤价的上涨对乙二醇成本端的实际影响没有市场预期得那么大。2021年上半年,国内煤炭进口量缩减,同时下游需求旺盛,以动力煤为代表的各类煤的价格大幅上涨。此时,乙二醇供需面相对健康,但利润处于低位,其价格受成本端上涨的驱动大幅攀升。从期货价格来

图 5-16　乙二醇与国际原油价格

数据来源：Wind、东吴期货研究所。

看，乙二醇盘面反映的涨幅超过了煤价造成的实际成本的影响。因此，我们不仅需要关注原料端的价格波动，而且要考虑预期对价格的影响。

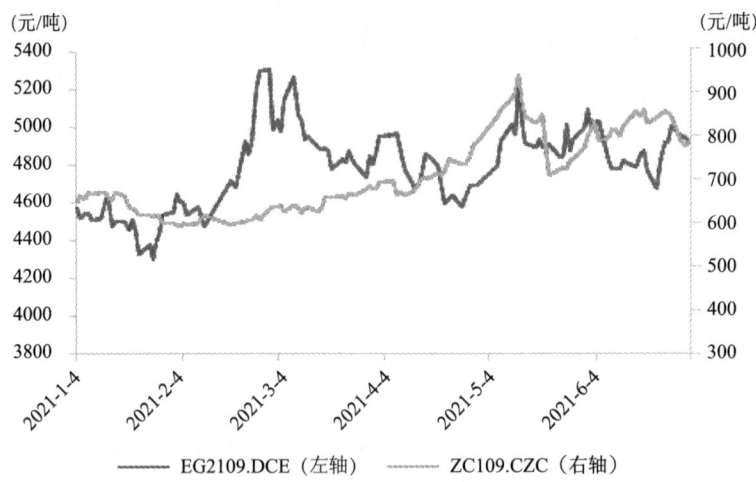

图 5-17　乙二醇 2109 合约与动力煤 2109 合约收盘价的情况

数据来源：Wind、东吴期货研究所。

九、乙二醇价格有何季节性规律？

从近年来乙二醇价格的季节性情况来看，在每年的3月份至5月份，乙二醇现货价格常常下跌，6月份至9月份，现货价格通常处在上涨趋势。乙二醇价格的季节性波动是与下游需求的变化分不开的。聚酯和织造环节有明显的季节性规律。1月份至2月份，受传统春节假期影响，江浙地区的织机开工率逐步下降，需求较差。3月份至4月份，下游需求开始回暖，织机开工率逐步提升至全年高点。5月份至8月份，传统淡季来袭，新增订单逐步走低，市场交投逐步冷清。9月份至11月，国内"双十一""双十二"和海外圣诞节订单增多，织机开工率再度回升。12月开始，新增订单减少，市场重回低迷。旺季需求对乙二醇价格往往有一定的提振作用，下游淡季对乙二醇价格会形成拖累。

需要注意的是，影响乙二醇价格的因素是多种多样的，对其价格进行分析时，应综合各类因素。另外，期货价格往往会有一定的预期逻辑，在很多情况下与现货价格走势不一定同步，因此投资者也需要密切关注市场对不同月份的期货合约主流预期情况。例如，在近月供应紧张、需求较好，但远月产能、产量预期大幅增加的情况下，虽然现货、近月合约价格处在高位或者持续上涨，但远月合约可能已经转跌。

自测题

一、不定项选择题

1. 影响乙二醇价格的主要因素包括（　　）。
A. 产能及开工　　B. 聚酯需求　　　C. 终端消费　　　D. 经济周期

2. 乙二醇的下游需求主要集中在（　　）。
   A. 聚酯　　　B. 防冻液　　　C. 聚氨酯　　　D. 不饱和树脂
3. 乙二醇的主要消费地区主要分布在（　　）。
   A. 江苏　　　B. 浙江　　　C. 广东　　　D. 福建
4. 乙二醇的主要进口来源地有（　　）。
   A. 沙特阿拉伯　B. 中国台湾　C. 加拿大　　　D. 美国
5. 乙二醇的主要生产工艺包括（　　）。
   A. 石脑油裂解制乙烯法　　　B. 乙烷裂解制乙烯法
   C. MTO 法　　　　　　　　　D. 合成气草酸酯法

二、判断题

1. 影响乙二醇价格的因素有很多，但都是直接或间接影响其供需进而影响价格的。（　　）
2. 原油等原料价格的上涨一定能带动乙二醇价格上涨。（　　）
3. 乙二醇的下游需求较为集中，因此下游聚酯及终端纺织服装产业的景气程度很大程度上能决定乙二醇的价格。（　　）
4. 乙二醇价格走势受下游季节性需求影响，旺季主要集中在"金九银十"阶段。（　　）
5. 国内乙二醇产业对外依存度较高，进口多少对国内乙二醇价格有很大影响。（　　）
6. 在原油价格相对较低的情况下，煤制乙二醇装置竞争力较弱。
（　　）
7. 乙二醇产业政策主要影响其产能投放周期。（　　）
8. 汇率变化对进口利润有较大影响，当人民币针对美元出现大幅贬值时，进口成本会明显增加。（　　）
9. 海外居民消费拉动的纺织服装出口对乙二醇价格有重要影响。
（　　）
10. 乙二醇利润长时间持续较低，往往会导致上游生产企业降低负荷或检修。（　　）

参考答案

一、不定项选择题

1. ABCD   2. A   3. AB   4. A   5. ABCD

二、判断题

1. √   2. ×   3. √   4. √   5. √   6. √   7. √
8. √   9. √   10. √

第六章

上游生产企业如何运用乙二醇期货工具

> **本章要点**
>
> 本章首先对套期保值的概念进行了介绍，然后探讨了乙二醇上游生产企业参与乙二醇期货市场的原因，以及如何通过套期保值达到规避风险、指导生产稳健经营的目的。其次，结合具体的例子说明上游生产企业参与乙二醇期货市场的操作方法和途径。最后就企业如何建设套期保值团队以及一些普遍的思维误区和风险应对进行探讨。

一、什么是套期保值？

套期保值（Hedge 或 Hedging），指的是企业通过买卖衍生工具将风险转移给其他交易者的一种风险转移方式，以减小价格风险或信用风险对企业经营活动的影响，达到稳健经营的目的。企业中常见的风险包括价格风险与信用风险，价格风险又分为商品价格风险、利率风险、外汇风险和股票价格风险。为了全部和部分对冲企业生产经营中面临的价格风险，企业通常使用期货、期权、远期和互换等衍生工具。

期货套期保值，是指企业通过在期货市场上卖出或买进与现货市场头寸相反的期货合约，以对冲现货市场上价格波动造成的风险的行为。在大多数情况下，受到同样供求关系的影响，期货价格和现货价格两者的变化趋势大致相同；加上无风险套利交易行为的存在，期货价格随着期货合约到期日的临近和现货价格趋于相同。由于操作上期货方向与现货方向相反，在价格波动时，期现价格的涨跌通常成对出现，盈亏能够相互冲抵。

套期保值操作需要满足以下几个原则。

（一）种类对应或相似

期货市场上的合约标的物应该与现货市场交易的商品或货物相同或者相似，这样它们的价格走势才会趋同。例如，某贸易商签订了 5 万吨确定价格的乙二醇进口合同，为了防止日后乙二醇价格下跌影响销售利润，在利用乙二醇期货做套期保值时，应当选择的是乙二醇期货合约，而不是甲醇期货合约或者其他期货合约，因为只有乙二醇期货合约才能与乙二醇现货受到同样供求关系的影响，而使它们的价格变动规律趋同。

如果不存在与需要套期保值的商品相同的期货合约，企业也可以选择相关的期货合约进行套期保值。比如，从严格意义上说，目前，非聚酯级的乙二醇不在乙二醇交割范围之内，但市场上不同品级的乙二醇价格有相当的关联性，因此依然可以使用乙二醇期货合约为各种不符合交割质量标准的乙二醇做套期保值。

（二）数量相当

为了保证期货和现货两个市场的价格变动大体一致，在期货价格与现货价格变动趋同的前提下，企业套期保值的期货合约头寸代表的商品数量应与实际现货数量相当，方能实现期现对冲。

例如，某贸易商签订了 5 万吨确定价格的乙二醇进口合同，为了防止日后乙二醇价格下跌影响销售利润，在利用乙二醇期货做套期保值时，理论上该贸易商需要购入的数量应当与现货数量相当。考虑到乙二醇期货合约单位为10吨/手，则对应参与的套期保值头寸应为5000手。

（三）头寸方向相反

期货头寸应与现货头寸相反。期货套期保值的头寸选择十分关键，在正确的选择下，两者头寸方向相反，波动方向趋同，才能够做到盈亏互相冲抵。若选择错误，两者头寸方向相同，由于波动方向也趋同，结果只能是放大盈利和亏损，不但起不到对冲风险的作用，反而加大了杠杆。

例如，某贸易商签订了5万吨确定价格的乙二醇进口合同，其相当于持有了5万吨乙二醇现货，在现货市场中属于多头，因此，该贸易商在期货套期保值中应当建立乙二醇空头合约。当价格上涨时，现货盈利对冲期货亏损；价格下跌时，现货亏损对冲期货盈利，以达到套期保值效果。

（四）时间段相对应

期货头寸持有时间段与现货承担风险的时间段应当对应，即现货头寸发生变化的同时应立即对期货头寸采取相应的措施，以保证现货头寸与期货头寸始终维持种类对应、数量相当、方向相反且同时在场或离场，否则，企业在缺乏不在场头寸对冲保护的情况下，将独自承受在场头寸因价格波动出现的风险，失去了套期保值的保护作用。

例如，某贸易商签订了5万吨确定价格的乙二醇进口合同后，应尽快在期货市场上建立5000手乙二醇空头合约，在销售这批进口货物的过程中，应保证同时减持相应数量的期货套保头寸，货物销售完毕时应当确保期货市场不再留有任何套保头寸。

由于期货合约有到期机制，建立套保头寸选择的期货合约应尽可能覆盖现货流转周期。在出现计划外延期，持有现货或者原本拟定持有现货周期很长，超过最后一行期货合约对应时间的情况下，应当通过期货展期等行为确保期货套保头寸始终持有。例如，在持有合约到期前平仓离场的同时，应立即在同品种、时间更晚的合约上回补同方向同等数量的期货头寸。

二、套期保值的种类有哪些？

根据期货头寸的方向，套期保值可以分为卖出套期保值和买入套期保值。

卖出套期保值又称空头套期保值，是指套期保值者为防范现货市场价格下跌的风险，通过在期货市场建立空头头寸来对冲现货多头或者未来要卖出的现货商品或资产的行为。卖出套期保值适用以下情形：持有某种商品或资产，已经按确定价格买入未来交收的商品或资产，预计未来要销售某种商品或资产且销售价格尚未确定，担心市场价格下跌，使其资产价值或者销售收益下降。

买入套期保值又称为多头套期保值，是指套期保值者为防范现货市场价格上涨的风险，通过在期货市场建立多头头寸对冲现货空头或者未来要买入的现货商品或资产的行为。买入套期保值适用以下情形：预计未来要购买的某种商品或资产且购买价格尚未确定的，或者目前尚未持有但已按确定价格将该商品或资产卖出的情形下，担心市场价格上涨，影响采购成本或销售收益。

 ## 三、什么是基差？基差变动对套期保值的效果有何影响？

基差（Basis），是指特定地点下某一种商品或资产的现货价格与其对应的某一个特定期货合约价格之间的价差，用公式可以简单表达为：

基差 = 现货价格 − 期货价格

此处，现货价格特指特定地点下的现货价格，因为不同地区现货价格可能不同，不同地区的企业参与套保的效果也会不同；期货价格特指指定合约的价格。比如，以 1 月合约价格作为基准代入公式后的计算结果称为 1 月基差，5 月合约价格作为基准代入公式后的计算结果称为 5 月基差。

套期保值的效果与基差变动有关。当基差不变时，期货价格与现货价格表现为同涨同跌，且涨跌幅一致，此时期货市场的波动可以完全对冲现货市场的波动，盈亏完全冲抵。在更多的情形下，基差发生变化，会对不同类型的套期保值效果产生不同的影响。

我们用"强"与"弱"来表达基差的变化，基差变大时，我们称之为基差走强，这意味着现货涨幅超过期货涨幅，或者现货跌幅不及期货跌幅，或者现货上涨期货下跌。当基差走强时，买入套保（持有期货多头和现货空头）效果变差，而卖出套保（持有期货空头和现货多头）效果变好。基差变小时，我们称之为基差走弱，这意味着现货涨幅不及期货涨幅，或者现货跌幅超过期货跌幅，或者现货下跌期货上涨。当基差走弱时，买入套保（持有期货多头和现货空头）效果变好，而卖出套保（持有期货空头和现货多头）效果变差。

案例 6-1　基差走强对卖出套期保值的影响

5 月初，某乙二醇贸易商与下游聚酯厂签订销售合同，约定将在 8 月初销售 5 万吨乙二醇，价格按交易时的市价计算。该贸易商现货持有多头头寸，基于同种类、同数量、反方向原则，其在乙二醇 9 月合约建立 5000 手空头头寸。此时，乙二醇现货价格 5500 元/吨，9 月合约期货价格 5800 元/吨，基差 = 现货 - 期货 = -300 元/吨。

时间来到 8 月初，贸易商按约定销售 5 万吨乙二醇给下游聚酯厂，同时了结其期货套保头寸。此时，乙二醇现货价格 5000 元/吨，9 月合约期货价格 5200 元/吨，基差 = 现货 - 期货 = -200 元/吨。其套期保值效果如表 6-1。

表 6-1　　　　　基差走强对卖出套期保值的影响

时间及盈亏	现货市场	期货市场	基差
5 月初	市场价格 5500 元/吨	卖出价格 5800 元/吨	-300 元/吨
8 月初	卖出价格 5000 元/吨	买入价格 5200 元/吨	-200 元/吨
盈亏	相当于亏损 500 元/吨	盈利 600 元/吨	走强 100 元/吨

在本案例中，该贸易商期货市场的盈利比现货市场的亏损多 100 元/吨，套期保值获得额外的效果，基差走强使卖出套期保值效果变好。

案例 6-2　基差走强对买入套期保值的影响

5 月初，某乙二醇贸易商与乙二醇生产厂家签订订购合同，约定将在 8 月初购买 5 万吨乙二醇，价格按交易时的市价计算。该贸易商相当于现货持有空头头寸，基于同种类、同数量、反方向原则，其在乙二醇 9 月合约建立 5000 手多头头寸。此时，乙二醇现货价格 5500 元/吨，9 月合约期货价格 5800 元/吨，基差 = 现货 - 期货 = -300 元/吨。

时间来到 8 月初，贸易商按约定向乙二醇生产厂家购买 5 万吨乙二醇，同时了结其期货套保头寸。此时，乙二醇现货价格 6000 元/吨，9 月合约期货价格 6200 元/吨，基差 = 现货 - 期货 = -200 元/吨。其套期保值效果如表 6-2。

表 6-2　　　　　　　基差走强对买入套期保值影响

时间及盈亏	现货市场	期货市场	基差
5 月初	市场价格 5500 元/吨	买入价格 5800 元/吨	-300 元/吨
8 月初	买入价格 6000 元/吨	卖出价格 6200 元/吨	-200 元/吨
盈亏	相当于亏损 500 元/吨	盈利 400 元/吨	走强 100 元/吨

在本案例中，该贸易商期货市场的亏损比现货市场的盈利多 100 元/吨，套期保值过程中遭受一定的损失，基差走强使买入套期保值效果变差。

通过以上两个案例，我们对基差变化和套期保值效果之间的关系有了更深刻的认识，我们将市场中各种不同情况下的套期保值效果进行概括（见表 6-3）。

表 6-3　　　　　　　基差变动与套期保值效果关系

套期保值种类	基差变化	套期保值效果
卖出套期保值	走强	有利
	不变	期现完全冲抵
	走弱	不利

续表

套期保值种类	基差变化	套期保值效果
买入套期保值	走强	不利
	不变	期现完全冲抵
	走弱	有利

四、基差的影响因素有哪些？

通过上述分析我们可以看到，基差的波动会给套期保值的效果带来不确定性，我们称之为基差风险。但若不进行套期保值，企业将直接承受现货价格波动的风险，该风险通常远大于基差风险。基差风险是企业在通过套期保值转移更大的现货价格风险的过程中，必须承受的套期保值行为本身存在的另一个风险。我们可以将套期保值理解为用较小的基差风险代替了企业经营中更大的现货价格波动风险。因此，如果能够了解基差运行的背后逻辑，对基差走势有一个大致判断，就能对套期保值行为准备得更加充分，从而优化套期保值的最终效果。

基差主要分为两个部分：一部分是持仓费（Carrying Charge），又称为持仓成本；另一部分是便利收益（Convenience Yield）。持仓费，是指为了拥有或保留某种商品或资产而支付的仓储费、保险费和利息费用的总和。其中，持仓费的高低与距离期货合约到期时间长短有关，期货合约距离交割日越近，其持仓费也越低。如果仅仅考虑持仓成本，即基差 = 现货 − 期货 = 现货 −（现货 + 持仓费）= − 持仓费，基差将保持为负，这种理想中的市场被称为正向市场（Contango）（见图6-1）。在正向市场排列中，现货价格最低，期货价格由近到远呈递增排列。但在实际情况中，基差并不一直为负，正基差比比皆是。现货价格最高，期货价格由近到远呈递减排列，这类市场被称为反向市场（Backwardation）（见图6-1）。在反向市场中，存在比持仓费更强的影响因素，使价格按时间序列呈现倒挂状态，这里就涉及便利收益的概念。

沥青2109	3024	动力煤2109	1016.0
沥青2110	3070	动力煤2110	962.6
沥青2111	3112	动力煤2111	914.8
沥青2112	3128	动力煤2112	896.0
沥青2201	3132	动力煤2201	874.8
沥青2202	3142	动力煤2202	827.4
沥青2203	3162	动力煤2203	791.0
沥青2204	—	动力煤2204	780.0
沥青2205	—	动力煤2205	761.6
沥青2206	3208	动力煤2206	758.8
沥青2207	—	动力煤2207	749.6
沥青2208	—	动力煤2208	748.0

图 6-1　期货正向市场（左）与反向市场（右）示例

便利收益，是指持有资产的非货币收入，对于大宗商品而言，即持有商品现货的可能收益，反映了市场对未来某商品可获得性的预期，其收益与商品的稀缺性直接相关。若某商品库存低，产量低，刚性需求大，出现短缺的可能性大，则其便利收益就大；若某商品库存高，产量高，刚性需求低，出现短缺的可能性小，则其便利收益也小。在商品供应出现明显紧缺的情况下，高昂的便利收益会盖过持仓费用，由此就出现了如图 6-1 中动力煤一样的反向排列。当一个商品的期货定价出现反向排列，意味着市场购买者因迫切的心理愿意完全承担持仓费甚至倒贴，以取得该货物的所有权，此时基差为正。

基差在一定程度上反映了市场上商品的供需环境。假定短期内持仓费变化不大，基差大幅走强意味着便利收益走强，远期供需矛盾较当前更趋宽松，或当下供需矛盾趋紧；而基差大幅走弱则意味着便利收益走弱，远期供需矛盾较当前更加趋紧，或当下供需矛盾更趋宽松。在不同的环境下进行不同方向的套期保值行为，会收到不同的效果。企业在进行套期保值过程中，需要对持仓费和供需矛盾进行充分的分析,同时比对历史上同期基差变化规律,以期达到更理想的套期保值效果。

五、什么是基差交易?

基差交易(Basis Trading),是随着点价交易的出现而出现的,是一种将点价交易与套期保值结合在一起的操作方式,能够较好地消除基差变动带来的不确定性。

点价交易(Pricing),是指以指定月份期货价格为计价基础,在期货价格上加上或者减去双方协定的升贴水来确定双方买卖现货商品价格的定价方式。比如,贸易商与下游聚酯厂签订明年3月1日的乙二醇销售协议,定价方式为当天乙二醇5月合约期货结算价的基础上升水20元/吨,若明年3月1日乙二醇5月合约期货结算价为3000元/吨,则售价为3020元/吨,若期货结算价为5000元/吨,则售价为5020元/吨。售价不是固定值,完全跟随期货价格波动而波动。

点价交易本质上是现货交易,其敲定的是现货远期交易中的成交价格,交易双方可以选择不参与期货交易的方式完成最终交易。但在这种情况下,如果交易双方希望通过套期保值锁定成本或者利润,无论是贸易商还是下游聚酯厂,都可以通过在乙二醇5月合约上进行套期保值操作,由于成交当天的基差已经确定为20元/吨,能够较好地避免基差波动风险。

点价交易在国际大宗商品贸易中已经得到了普遍应用,在国内有色金属等行业的认同度更高。当前,国内乙二醇现货贸易中,点价交易的比例并不是很高,但是在贸易双方均认可的前提下,建议乙二醇上中下游企业更多地进行点价交易。一方面,点价交易的定价较传统固定定价更加贴近市场变化,对贸易双方均有利;另一方面,点价交易可以更好地通过期货套期保值工具锁定现货贸易中的成本和利润。而这个带有套期保值头寸保护的点价交易,就是所谓的基差交易。接下来,我们通过案例说明基差交易避免基差变化的方法。

案例 6-3 通过点价交易锁定基差变化

5月初,某乙二醇贸易商与下游聚酯厂签订销售合同,约定8月初销售5万吨乙二醇,价格按交易当天的主力(9月)合约期货结算价贴水150元/吨计算。该贸易商现货持有多头头寸,基于同种类、同数量、反方向原则,其在乙二醇9月合约建立5000手空头头寸。此时,乙二醇现货价格5500元/吨,9月合约期货价格5800元/吨。

基差 = 现货 - 期货 = -300元/吨

时间来到8月初,贸易商按约定销售5万吨乙二醇给下游聚酯厂,同时了结其期货套保头寸,乙二醇9月合约期货实际平仓价为5190元/吨,当天最终结算价为5200元/吨,贸易商与聚酯厂的现货成交价格为贴水期货结算价150元/吨,即5200 - 150 = 5050元/吨。其套期保值效果见表6-4。

表6-4 基差走强对套期保值的影响

时间及盈亏	现货市场	期货市场	基差
5月初	市场价格5500元/吨	卖出价格5800元/吨	-300元/吨
8月初	卖出价格5050元/吨	买入价格5190元/吨	-140元/吨
盈亏	相当于亏损450元/吨	盈利620元/吨	走强160元/吨

事实上,5月初的基差是根据当时期现市场价格确定下来的-300元/吨,而8月初的理论基差是根据点价合同确定的-150元/吨,较5月初走强150元/吨。贸易商通过卖出套期保值对锁现货头寸,获得的理论套保效果应为走强的150元/吨。最终,该贸易商实际套保效果为基差走强160元/吨,其中的差异(10元/吨)在于该贸易商在平仓日的实际平仓价格(5190元/吨)与期货结算价(5200元/吨)的差值。在所有的影响要素中,其他项目都是当时的基差和事先合同规定的锁定内容,贸易商只需要承担实际平仓价格与当日期货合约结算价之间的差值构成的风险。通过点价交易与套期保值的组合,贸易商在规避了价格波动风险的前提下,进一步规避了基差波动风险。

这就是基差交易与一般套期保值操作的不同之处：通过点价交易和套期保值操作相结合，在套期保值头寸建仓之时，就已经知道了平仓时的基差，从而减少了基差变动的不确定性，降低了基差风险。

六、上游生产企业如何运用期货工具提前锁定乙二醇销售利润？

大连商品交易所的乙二醇期货自2018年12月上市以来，产业链上下游的企业参与者众多，期货价格越来越能反映市场对乙二醇价格的共识，逐渐成为全国范围内的权威参考，被广泛接受。

对于上游生产企业而言，作为乙二醇的生产方，他们是天然的现货多头，手里握着大量待售的乙二醇。根据方向相反原理，生产企业主要运用的是卖出套期保值，通过在期货市场建立空头套期保值头寸管理现货，以达到规避销售价格向下波动风险的目的；在特定情形下，还能规避下游违约风险。

案例6-4 上游生产企业运用期货工具锁定销售利润示例

5月初，由于市场供应紧缺，乙二醇现货价格大幅上涨至6000元/吨，期货价格也被带到5800元/吨的高度，期货价格对应某小型乙二醇生产企业的生产利润已经高达800元/吨，该生产企业认为可以接受这样的利润，对其所有没有签订销售合同的库存进行了卖出套期保值。之后，每当该生产企业签订了一份销售合同后，就了结对应数量的套期保值头寸，以达到锁定销售价格的效果。接下来，我们对乙二醇价格上涨和下跌两种市场假设分别举例，让读者更直观地理解套期保值的作用（见表6-5、表6-6）。

表 6-5   价格进一步走高的详细举例

时间及盈亏	现货市场	期货市场	基差	利润
5 月初	市场价格 6000 元/吨	卖出价格 5800 元/吨	200 元/吨	800 元/吨
7 月初	卖出价格 7000 元/吨	买入价格 6700 元/吨	300 元/吨	—
盈亏	相当于盈利 1000 元/吨	亏损 900 元/吨	走强 100 元/吨	相当于 900 元/吨

表 6-6   价格反向下跌的详细举例

时间及盈亏	现货市场	期货市场	基差	利润
5 月初	市场价格 6000 元/吨	卖出价格 5800 元/吨	200 元/吨	800 元/吨
7 月初	卖出价格 5000 元/吨	买入价格 4900 元/吨	100 元/吨	—
盈亏	相当于亏损 1000 元/吨	盈利 900 元/吨	走弱 100 元/吨	相当于 700 元/吨

可以看到,通过事先进行套期保值,该乙二醇生产企业将其销售利润大致锁定在 800 元/吨附近,规避了现货波动风险,达成了企业经营目标。在具体操作上,比如在表 6-6 列举的情况中,若该乙二醇生产企业在比较待签合同销售价格与当时期货价格后发现,其实际销售利润只有 700 元/吨,完全可以根据具体情况提高待签合同销售报价或者干脆放弃这笔现货交易,直接交割入库,锁定 800 元/吨的利润。

若下游企业出现违约风险时,该乙二醇生产企业可以通过期货交割入库进行风险规避,也可以在市场中寻找能够提供更多利润的现货买家,同样可以确保 800 元/吨附近的利润。

 七、上游生产企业如何运用期货工具拓展销售渠道?

当乙二醇价格下跌时,下游市场多持观望态度,容易造成生产企业产品滞销、企业库存增加等情况,而生产成本通常未能快速降低,这就会导致生产企业利润被压缩,甚至使企业亏损,影响企业持续经营发展。当乙二醇价格大幅上涨时，价格往往远高于合理价格区间，企业可以抓住时机在高位一次性销售乙二醇，甚至加大开工率，争取在利润高昂的时候扩大企业盈利。但现实基本面驱动往往没有那么强劲，当原料经过一定时间转化为乙二醇产品时，随着产业大量增产，现货市场因为供应增加而回落，此时反而容易造成库存积压，这样生产企业不但未能扩大盈利，反而面临盈利下降甚至亏损风险。通过期货套期保值操作，企业可以通过在远月合约上建立空头头寸进行高位预售，提前锁定售价，等待现货市场签订销售合同后对冲了结，或者直接通过期货交割释放库存完成销售。由于远期合约到期日距离当下一般有充足的时间，足够保证生产企业完成相应的生产内容，相比只参与现货市场交易，乙二醇生产企业可以通过期货市场进行套期保值，一方面增加销售渠道，另一方面规避价格风险、库存风险，提前锁定利润，从而达到持续稳健经营的目的。

接下来，我们将针对上游生产企业如何运用期货工具拓展销售渠道，提前锁定乙二醇销售利润分别举例说明。

案例6-5　上游生产企业运用期货工具拓展销售渠道示例

5月初，由于市场供应紧张，乙二醇现货价格大幅上涨至6000元/吨，某小型乙二醇生产企业的生产利润已经高达1000元/吨，但其销售渠道较为封闭，销售对象和数量都较为固定。通常，为了满足这些销售量的生产，该生产企业需要保持开工负荷在60%左右。

该乙二醇生产企业认为需要把握来之不易的大好局面，计划在未来一段时间内将开工负荷提高至90%左右，但一时又难以拓展销售渠道，因此在提高开工负荷的同时，在期货市场上建立与增产数量对应的乙二醇期货卖出套保头寸。此时期货市场价格为5800元/吨，该生产企业相当于为增加30%负荷生产出来的产品锁定了800元/吨的销售利润。

若在之后的这段时间，市场供应依然保持紧缺状况，乙二醇现货价格进一步走高，当该乙二醇生产企业因为市场缺货找到了新的销售下家，签订了销售合同时，可了结对应数量的期货空头持仓。当期货合约到期时，若仍有多余未能出售的产出，则通过期货交割的方式了结（见表6-7）。

表6-7 价格进一步走高的详细举例

时间及盈亏	现货市场	期货市场	基差	利润
5月初	市场价格6000元/吨	卖出价格5800元/吨	200元/吨	800元/吨
7月初	卖出价格7000元/吨	买入价格6700元/吨	300元/吨	—
盈亏	相当于盈利1000元/吨	亏损900元/吨	走强100元/吨	相当于900元/吨

若在之后的这段时间，市场供需关系发生改变，乙二醇现货价格出现回落，下家难觅，但由于该乙二醇生产企业事先做了套期保值，可以在期货合约到期后，直接交割入库，完成该阶段的生产任务（见表6-8）。

表6-8 价格反向下跌的详细举例

时间及盈亏	现货市场	期货市场	基差	利润
5月初	市场价格6000元/吨	卖出价格5800元/吨	200元/吨	800元/吨
7月初	卖出价格5000元/吨	买入价格4900元/吨	100元/吨	—
盈亏	相当于亏损1000元/吨	盈利900元/吨	走弱100元/吨	相当于700元/吨

可以看到，乙二醇生产企业积极增加开工负荷，在期货市场建立卖出套保头寸，把握住了市场来之不易的红利期，尽可能多地开工生产，并通过期货套期保值将利润锁定在800元/吨附近。与之前案例一样，该企业也可以通过比较当时的实际情况，只签订利润超过锁定利润的销售合同，将剩余的库存在期货合约到期后交割入库。

在本案例中，乙二醇生产企业风险主要有两个：首先该生产企业可能面临装置损坏或者环保安全检查、高温限电等影响开工的意外状况，从而导致实际增加产量无法匹配期货持仓，出现单边风险敞口，因此建议在规划增产计划时给自己留有余地，不要满打满算；其次，作为期货套保头寸，需要满足保证金制度和每日结算制度，在期货头寸面临不利局面时存在补足保证金的可能性，需要生产企业在套保方案设计初期，就对资金状况做一个完整的评估。

另外，还需注意，根据大连商品交易所乙二醇期货合约的规定，产品质量不符合大商所交割质量标准的乙二醇不能参与乙二醇期货交割。根据数据统计，这些乙二醇价格走势与符合交割质量标准的乙二醇相仿，因此非交割标准乙二醇生产企业同样可以运用乙二醇期货合约进行套期保值。但由于不能参与交割入库环节，相关生产企业需注意套保头寸不能以交割方式了结，而要在套保合约即将到期时主动展期。

这一点，不仅上游生产企业需要关注，中游贸易商在销售行为中也需要关注，下游企业则不需要过多关注，因为如果参与期货交割，下游企业只会拿到符合大商所交割质量标准的乙二醇仓单。

八、上游生产企业如何运用套期保值降低库存风险？

近年，我国乙二醇新增产能投放压力巨大，产能过剩，供大于求的格局逐渐形成。低生产效益下，煤化工行业出现部分装置长停或产能阶段性退出的情况，油制乙二醇多为炼化一体化装置，生产企业往往不会只考核单个环节的生产效益，更多的是从炼化一体化角度出发，因此，一体化油制乙二醇开工率难以大规模下降，多以局部转产和降负为主。我国乙二醇主要从中东等原油、天然气等原料生产地，比如沙特阿拉伯等国家进口。其生产的乙二醇与我国相比有天然的成本优势，进口价格会阶段性打压国内生产企业价格，导致国内生产企业销售不畅，使生产企业规避乙二醇库存风险变得很有必要。乙二醇生产企业可以通过期货套期保值，减少库存压力。下面我们通过具体案例说明企业如何运用套期保值降低库存风险。

案例 6-6　上游企业运用套期保值降低库存风险示例

2020 年春节前，受美伊冲突影响，国际油价走高，彼时乙二醇主港库存较低，现货紧张，乙二醇现货价格一度冲高至 5260 元/吨。春节过后，先是新冠肺炎疫情在国内大面积蔓延，国内下游聚酯工厂春节后的复工被一再推迟。随后，新冠肺炎疫情蔓延到世界其他国家，多国启动封锁政策，进出口贸易受到严重影响。国外终端纺织服装订单锐减，甚至有毁单情况的发生,导致国内整条聚酯产业链需求深受影响。与此同时,浙江石化180万吨/年和恒力石化75万吨/年的乙二醇新装置按计划投产运行,新增产能压力巨大,供应不断加码,下游需求反而萎缩,上下游出现严重倒挂,企业生产出的乙二醇无处可销,库存迅速累积。雪上加霜的是,2020年3月"OPEC+"减产联盟破裂,原油价格出现断崖式下跌,乙二醇成本崩塌导致现货价格大幅下滑,使生产企业的销售难上加难。

浙江某乙二醇生产企业累计净库存近3万吨,企业决定一方面降低开工率、转产,另一方面尽力消化库存,但一时之间即使降价促销,实际效果也不佳。最终,企业决定在期货市场上建立套期保值头寸,通过期货套期保值降低库存,进一步规避贬值风险。3月3日,乙二醇现货价格跌至4280元/吨,期货价格跌至4364元/吨,该企业对应库存建立3000手乙二醇期货卖出套保头寸。此后,乙二醇现货价格持续下跌,一直到3月31日跌至2950元/吨的底部后才逐渐开始反弹。2020年4月,国内疫情基本得到控制,贸易商和下游采购出现略微回暖迹象。此外,低油价拖累了乙二醇价格,煤制乙二醇生产企业亏损严重。4月份开始,煤制乙二醇装置停车明显增多,行业开工率一度跌至三成以下,煤制装置大面积停产在一定程度上缓和了国内乙二醇供应端的压力。该企业在此期间积极销售去库存,4月28日,该企业完成1万吨的乙二醇销售合同的签订,现货价格为3300元/吨;当日该企业将1000手乙二醇期货合约买入平仓,期货平仓价为3500元/吨。由于低油价环境带来的效应,当年四五月份我国乙二醇进口量明显高于往年,尽管下游需求基本恢复,库存依然不断走高,但乙二醇价格上涨幅度有限。6月5日,该企业将1.5万吨乙二醇库存以3630元/吨的现货价格卖给福建某聚酯生产企业,同时在期货市场上将1500手乙二醇期货合约以3738元/吨的价格买入平仓。6月下旬,乙二醇价格再次出现下行,下游观望情绪再度加重,乙二醇销售再度受阻。7月13日,乙二醇价格结束下行重新反弹;7月23日,该企业将剩余5000吨乙二醇库存在华东现货市场以3570元/吨的价格完成了销售,同时以3664元/吨的价格买入平仓最后500手乙二醇期货,期货平仓价为3664元/吨。至此,该企业完成了3万吨乙二醇库存的销售工作,在现货持续低迷的情况下,该企业通过期货套期保值操作,基本锁住了当时的现货销售价格,在随后乙二醇价格大跌时避免了损失。最终211万元的损失是基差变动带来的结果,折算后每吨乙二醇只亏损了70.33元,与乙二醇现货市场价格波动带来的风险相比,可以忽略不计。该企业通过积极参与期货套期保值,成功地降低了库存价值波动风险,其具体效果如表6-9所示。

表6-9　　　　　上游企业运用套期保值降低库存风险示例

时间及盈亏	现货市场	期货市场
2020年3月	3月3日,乙二醇现货价格4280元/吨	3月3日,以4364元/吨的价格卖出3000手EG合约,基差为-84元/吨
2020年4月	4月28日,以3300元/吨的价格卖出1万吨乙二醇	4月28日,以3500元/吨的价格买入1000手EG合约,基差为-200元/吨
2020年6月	6月5日,以3630元/吨的价格卖出1.5万吨乙二醇	6月5日,以3738元/吨的价格买入1500手EG合约,基差为-108元/吨
2020年7月	7月23日,以3570元/吨的价格卖出5000吨乙二醇	7月23日,以3664元/吨的价格买入500手EG合约,基差为-94元/吨
盈亏	现货市场亏损2310万元	期货市场平仓盈利2099万元
套保效果	以期货市场盈利抵消了现货市场的亏损,总亏损211万元,折算后为70.33元/吨,即相当于该企业最终以约4210元/吨的价格销售完所有库存	

九、参与乙二醇套保的企业应如何建设团队和制度?

下面我们将简单介绍企业套期保值团队建设以及套期保值过程中的风险管理,以供准备参与乙二醇期货套保的企业筹建期货套保团队参考。这里的内容不仅针对上游生产企业,中间贸易商和下游生产企业也可以参考。

期货套期保值不是玩"过家家",是企业正常生产经营管理中规避风险、控制成本的重要环节,以达到保证企业稳健长久发展的目的。企业应当树立正确的套期保值理念,企业管理层对期货市场以及期货套期保值的认识和定位至关重要。在西方市场经济发达的国家,期货、期权及场外衍生品等金融工具的运用和套期保值概念处于极为重要的地位,套期保值已经战略化、系统化、专业化、日常化地纳入企业经营计划之中。

企业需要对套期保值有正确认识。在刚刚接触套期保值的时候,企业往往单独将期货套期保值头寸交易结果作为套保效果考量,这是不正确的,套期保值的效果如何,是要将期货和现货端的交易结果作为总体考虑的。此外,与套期保值交易的结果相比,企业更需要关注套期保值的参与过程。企业的套期保值操作是否覆盖了所有的风险敞口?是否完全锁定了预期利润?套期保值过程中的风险规避情况如何?只有这些具体内容都做实了,套期保值才能取得如期的效果。排除个别案例中的侥幸情况,在企业漫长的生产经营过程中,真正决定套期保值效果的,是一次又一次套期保值参与过程的积累。为了保障套期保值的效果,企业一般需要建立稳定专业的职能部门,以及健全的部门考核机制,以便为企业的套期保值保驾护航。

一个套期保值管理小组,往往由公司总裁、副总经理、投资部经理、财务部经理、贸易部经理、风控部、生产部经理组成(见图6-2)。套期保值管理小组为期货业务的最高决策机构与资金管理机构,主要负责确认企业的套保需求和思路,审核投资部提出的具体套期保值方案、风险监控以及与期货相关的其他重大问题的处理、套期保值资金的计划和安排等。企业套保需求和方案一般以集体决策的形式做出。

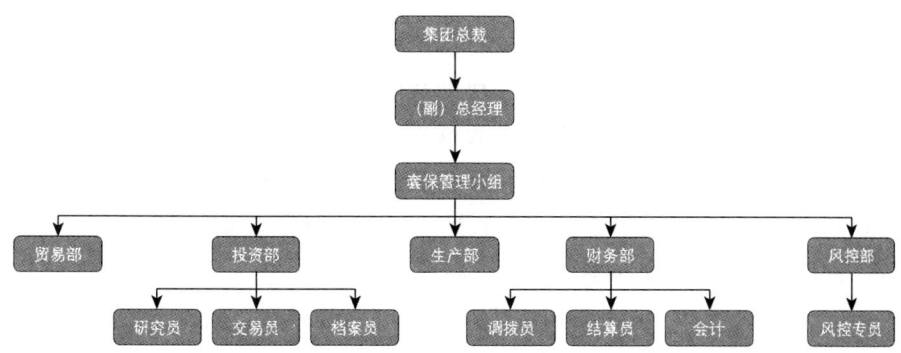

图6-2 某集团套期保值业务的组织结构

投资部和财务部是主要执行部门。投资部是套期保值业务的主要职能部门,需要广泛收集市场信息,分析、预测市场行情,提出套期保值建议方案并负责套期保值方案的具体执行,制定企业期货业务管理制度(见图6-3),对期货头寸风险进行风险预警与控制,保管期货交易档案及建立保密制度等。财务部则负责套期保值业务全过程的财务处理,包括账户处理和资金划转等,监测交易保证金账户的变化,确保正常运转进行资金划拨。

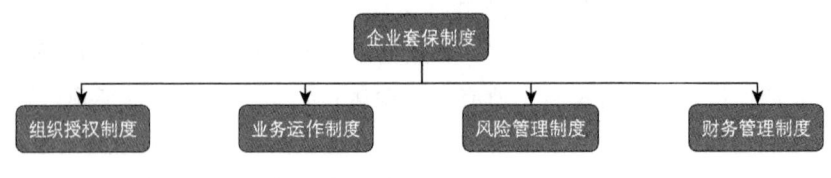

图6-3 某集团套期保值制度建设

贸易部和生产部根据自身的生产经营安排向投资部提出套期保值需求,风控部则应由公司副总经理以上领导直接负责,其职责包括:

(1)参与拟订与套期保值业务有关的风险管理办法及工作程序,对公司期货交易风险控制制度的设计与执行进行定期或专项审查,及时发现期货业务管理中存在的内控缺陷,提出改进意见并报告,定期向董事会报告。

(2)会同审核套期保值计划和交易方案,呈报套期保值管理小组审批;监督期货交易小组和期货结算小组执行风险管理政策和风险管理工作程序;定期审查期货交易相关业务记录,核查交易员的交易行为是否符合审批后的套保计划和交易方案。

(3)对期货头寸的风险状况进行监控和评估,保证期货业务正常进行。

(4)监控评估保值头寸风险,协助其他小组处置紧急情况。

(5)按照内部报告制度的要求履行相关义务等。

此外,企业还需要就套期保值管理小组建立专门的管理制度,通过组织授权制度,公司法人授权套期保值管理小组决定期货套期保值的具体工作进程,进行套期保值业务的管理工作。授权内容包括:

(1)签约授权。公司与期货代理机构订立的开户合同,按公司风险管理制度规定的程序审核后由套期保值管理小组批准,并由企业法定代表人或经法定代表人授权的人员签署。

(2)资金调拨授权。资金调拨人应在期货代理机构所签合同中明确规定:资金调拨需公司财务总监签字确认后由资金调拨人执行;资金调拨只能在指定账户间进行。

（3）交易授权。投资部具体负责公司期货套期保值交易行为。公司对投资部经理及交易员从事期货交易操作实行分级授权管理。交易授权书应列明有交易的人员名单、可从事交易的具体种类和交易限额；期货交易授权书由企业法定代表人或经法定代表人授权的人员签署。

被授权人员只有在取得书面授权后方可进行授权范围内的操作。

业务运作制度需要对套期保值业务的每一步都加以详细规范和制度约束，其中，具体的操作必须是集体决策后决定的，每一个步骤都需要经过风控部门把关，最后还需要做好事后评估以及档案整理（见图6-4）。

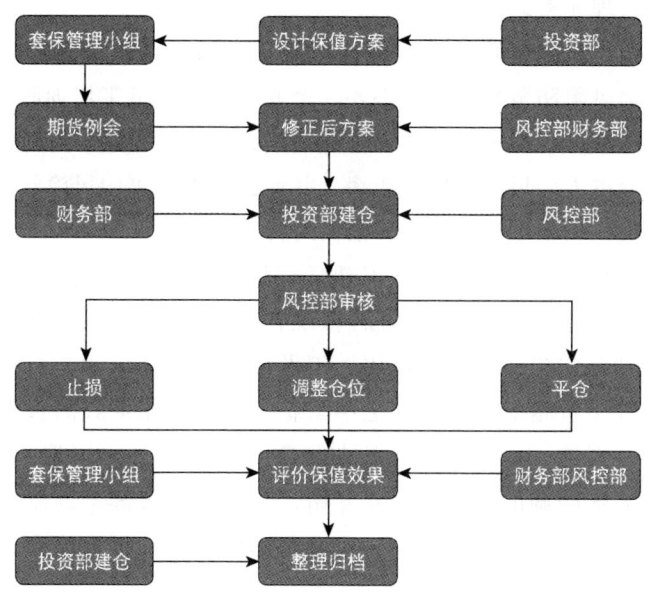

图6-4 某集团套期保值业务运作制度

风险管理制度是企业建设套期保值小组的重中之重，企业参与套期保值原本就是为了消除风险敞口，规避价格波动给企业经营带来的风险。如果企业在套期保值过程中操作不规范，甚至背离初衷，化套保为投机，这样的"套保"不但不会起到规避风险的作用，反而会加大企业运营风险。因此，在套期保值过程中，对风险的把控始终不容忽视。

简单而言，风险管理制度包括风险测算系统、风险处理程序、风险报告制度。风险测算系统对套期保值占用保证金进行监控测算，在出现有可能需要追加保证金的情形时，能够做到及时预警，并对追加保证金数量进行测算。除了资金以外，风险测算系统还应当对套期保值头寸进行监控，以确保头寸的数量和方向符合制订的套期保值计划。风险处理程序应当对常规风险作出相应处置规定，以便当风险发生时能够及时有效应对，公司（副）总经理可视情况召开会议分析并讨论当前的风险情况及处理对策。风险报告制度则包括对市场风险发生时的及时报告，以及整个套期保值流程的各个环节中出现的不符合公司规定要求的操作行为的报告。风险报告需要有完善的后续跟踪机制，并且定期整理归档，企业也可以根据自身条件在此基础上添加个性化风险管理元素。

此外，由于风险管理的重要性，企业不应当仅局限于建立风险管理制度，加强事前风险防范也非常有必要。企业可以建立员工培训制度以及套期保值计划设计制度，尽可能选择专业的期货公司保持定期、及时沟通，降低套期保值过程中人为风险的发生频率，并通过完善的事中风险管理制度积极应对各种风险，切不可讳疾忌医，消极对待。

对于企业而言，需要正确认识期货套期保值功能对自身的积极作用，在当前上下游产品价格剧烈波动的客观背景下，做期货套期保值不是投机，而是起到稳定生产效益的作用，不做期货套期保值才是投机，才是将企业的未来置于价格的剧烈波动之中。企图以自身赌徒式的直觉判断带领企业闯出一片天地，这对于企业长期稳定发展而言并不可取。而这一切，需要从一个清晰明确的价值观树立开始，从一个完善健全的制度做起，才能保证套期保值起到应有的作用，而不是讳疾忌医、纸上谈兵，甚至是张冠李戴、巧借名目。

十、企业在套期保值中常见的误区有哪些？

一些企业对套期保值往往存在认识理解上的误区，导致其不能正确评价

和使用套期保值工具,最终与套期保值擦肩而过,错失了现代企业稳健生产经营的重要环节。我们将其中比较显著的误区罗列如下:

(一) 期货亏损等于套保失败

对于进行了套期保值的企业来说,期货和现货是一个整体,期货盈亏要纳入企业的整体经营评价当中,同时我们还要看到,套期保值的目标是规避价格波动风险,确保最终结果在企业核心利润附近波动。在之前的举例中,我们也是将两个市场的盈亏合并在一起考量的。

核心利润是企业自身竞争力的体现,其来源可能是其加工设备的科技创新、获取廉价物品的渠道、自身品牌优势等,而不是套期保值。套期保值的作用是减少价格波动对其营收的影响,使企业的实际营收更加贴合其核心利润,套期保值并不是创造价值,因此,在评价套期保值结果时,不能将两者混为一谈。

从图 6-5 我们可以看到,期货套期保值的作用在于给企业烫平利润,避免企业因为价格波动频繁出现亏损,乃至出现更严重的后果。只有真正认识到套期保值的作用和意义,认清企业引入套期保值的目的,才不会对套期保值出现认知上的误判。

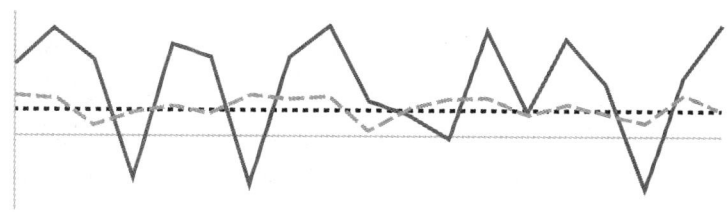

‥‥‥ 核心利润　——— 不保值的利润曲线　- - - 套期保值后的利润曲线

图 6-5 套期保值对企业稳定经营的作用

(二) 套期保值可以对冲所有风险

套保的原理是利用期现两个市场的盈亏互相冲抵,对于一次特定的套期保值操作而言,因为基差的存在,套期保值并不能完全消除风险。同时,在自身经营过程中,企业有时候也会因为资金不够充裕等因素无法做到完全套保,那么在这种情况下,企业还会面临原来传统经营情况下的现货风险敞口。当然,原则上我们建议对所有现货头寸都进行完全套期保值。

当然,随着企业套保比例的加大,现货风险敞口会不断减小,甚至能够在完全套保的情况下降至零。但基差风险始终存在,除非现货企业通过点价的方式做基差交易,详情可回看本章前述内容基差交易。

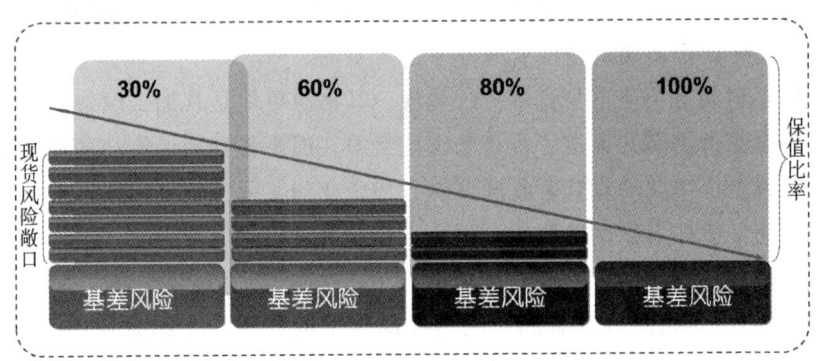

图 6-6 套期保值风险

(三) 担心套期保值的成本加大企业负担

诚然,进行套期保值会占用一部分资金,但若使用了套期保值这个工具,当行情下跌时只需卖出套保,相当于给现货买了保险,规避现货缩水风险。其稳定的经营利润必定优于"饥一顿,饱一顿"的经营现状。在行情出现剧烈震荡时,"饥一顿,饱一顿"的经营现状会使企业的资金链更容易出现问题。

实际上,买入套保可以节省大笔现货采购资金需求,通过建立虚拟库存可以大量释放现金,降低资金成本。关于这点,我们会在下文买入套保时详细叙述。企业管理层对期货市场以及期货套期保值的认识和定位至关重要,在西方市场经济发达的国家,期货市场已经被企业管理层放在了核心地位。

十一、企业如何进行套期保值风险管理？

企业为了规避价格波动大风险，可以采取套期保值的方式有效规避风险，将较大的价格波动风险转化为较小的基差风险。同时，这也意味着企业引入了新的运作模式，在这新的运作模式中，还会存在这样或那样的运作风险。企业应当正视这些风险，避免在规避风险的过程中产生新的风险状况。接下来，我们将介绍一些套期保值过程中除了基差风险以外的其他风险，并就如何管理这些风险进行探讨。

（一）套保过程中的最大风险——谨防套保变投机

在一系列国内企业进行套期保值发生巨亏的事件中，相关企业所持有的期货头寸往往远超过了现货产量或持有量，或者套保方向发生严重错位，这实际上是借套期保值之名行期货投机之实。

严格来说，这些风险本身已经不算是套期保值中的风险，但是这类行为往往打着套期保值的幌子进行的，一方面是对企业自身的不负责任，另一方面也抹黑了套保行为，让一些原本需要套期保值的企业望而却步。

延伸阅读

中航油事件回顾

中国航空油料集团公司当时的核心业务包括：负责全国100多个机场的供油设施的建设和加油设备的购置；为中外100多家航空公司的飞机提供加油服务，堪称国内航空界的航油巨无霸。

1997年，在亚洲金融危机之际，陈久霖被派接手管理中国航油（新加坡）股份有限公司。在陈久霖的管理下，作为中航油总公司唯一的海外"贸易手臂"——中国航油（新加坡）便开始捉住国内航空公司的航油命脉，在中国进口航油市场上的占有率急剧飙升：1997年的占有率不足3%；1999年则增至83%；2000年达到92%；2001年采购进口航油160万吨，市场占有率接近100%。

2001年中国航油（新加坡）在新加坡交易所主板挂牌上市，2004年被评为新加坡最具透明度的上市公司，但好景不长，同年12月1日，中航油就向新加坡高等法院申请破产保护，其过程引人深思。

最初，中航油（新加坡）公司，经中航油集团公司授权，开始进行油品的套期保值业务。2002年3月，中航油（新加坡）公司时任总裁陈久霖擅自扩大业务范围，从事石油衍生品期权交易。对期权交易毫无经验的中航油（新加坡）公司最初只从事背对背期权交易，即只扮演代理商的角色为买家卖家服务，从中赚取佣金，没有太大风险。

2003年开始，中航油开始进行风险更大的投机性期权交易，而此业务仅限于由公司的两位外籍交易员进行。在2003年第三季度前，由于中航油（新加坡）公司对国际石油市场价格判断与走势一致，中航油在一笔涉及200万桶原油的交易中尝到了甜头，于是一场更大的冒险行动就此掀开了序幕。

2003年第四季度，中航油预估油价有所下降，于是公司调整了期权交易策略，卖出了买权并买入了卖权。2004年第一季度，油价攀升导致公司浮亏580万美元，公司决定延期交割合同，期望油价能回跌，交易量也随之增加。2004年第二季度，随着油价持续升高，公司的账面亏损额增加到3000万美元左右。公司因而决定再延后到2005年和2006年交割，交易量再次增加。2004年10月，油价再创新高，公司此时的交易盘口已经累计5200万桶石油，账面亏损再度大增。

2004年10月10日，面临严重资金周转问题的中航油，首次向母公司呈报交易和账面亏损。为了补交期权头寸追加的保证金，公司已耗尽近2600万美元的营运资本、1.2亿美元的银团贷款和6800万元的应收账款资金，账面亏损高达1.8亿美元，另外已支付8000万美元的额外保证金。10月20日，母公司提前配售15%的股票，将所得的1.08亿美元资金贷款给中航油。10月26日和28日，公司因无法补交一些合同的保证金而遭到逼仓，蒙受1.32亿美元实际亏损。11月8日到25日，公司的衍生商品合同继续遭到逼仓，截至25日，实际亏损已经高达3.81亿美元。

12月1日，在亏损5.5亿美元后，中航油（新加坡）公司向新加坡高等法庭申请破产保护，总裁陈久霖因隐瞒公司巨额亏损且涉及内线交易等罪行被判刑四年零三个月。这个事件被称为中国的"巴林银行事件"。

原本，中航油（新加坡）公司引入套期保值，是全球通用的规避风险的手段，通过对冲锁定成本，避免价格剧烈波动给公司经营带来损害，但中航油（新加坡）公司在实际操作中，逐渐从套期保值交易转为做市商交易，之后更是直接转为投机交易，因为自身不熟悉衍生品市场，最终付出了惨重的代价。

20年来，我国企业套保失败案例不少，经过了解比对，我们发现，绝大多数的套保失败案例并不是套保中的操作失误所导致，而是套保变投机的结果。我们认为，为了避免这种情况的发生，公司高层领导自身定位和完善的企业套期保值团队建设尤为重要。中航油事件完全是由总裁带头投机一手造成的，当公司高层定位出现偏差，相当于火车头带领后续车厢跳出轨道，从熟悉的实体企业经营业务转投陌生的期货投机世界，其结果可想而知。而完善的企业套期保值团队建设中，风控部的作用不容忽视，企业不能因为风控部看似不给公司创收就忽略风控建设。只有在风控组的监控协调下，企业才能够确保套保的头寸及方向不至于脱轨，同时可以及时发现交易部门私自使用公司资金进行投机交易从而给企业带来的风险。

（二）保证金风险和流动性风险

企业在进行套期保值时，需要注意保证金风险和流动性风险。保证金风险主要体现在需要避免出现由于无法补交保证金导致期货套保头寸被强行平仓的发生。而流动性风险主要体现在需避免在不活跃合约中交易，导致现货端发生变化后期货端无法有效跟进的情况的发生。

在本书第十章与风险管理相关的内容中，我们将对保证金风险和流动性风险及应对措施详细阐述。

（三）操作风险

企业在期货套期保值过程中不可避免地会出现操作风险，操作风险主要包括对风险敞口及应对方法的判断错误，以及在具体操作流程中的失误等。这就需要企业的套期保值小组加强相关业务知识的学习，同时完善风险管理体制，在错误发生后能及时纠正，对错误保持不害怕、不忽视的态度，树立先解决问题、再追究责任的规矩，把失误带来的风险控制到最低限度。严格避免用投机的心态对待失误，很多风险都是从很小的地方慢慢积累变大的。

（四）移仓风险

移仓风险是在做远期套期保值过程中不可避免的一个问题。当前，我国绝大多数商品期货的合约期限为1年，也就是说，在期货市场中可以选择的最远可交割期货合约的交割日期距离当下不超过1年，当企业需要套期保值的时间超过1年时，现有的期货市场很可能无法找到直接对应的期货合约。

在这种情况下，只能先在当前最远的活跃合约上建立期货套期保值部位，然后随着时间推移，有新的活跃合约上市后，逐步向后移仓，直到在符合条件的期货合约建仓为止。但是在移仓的过程中，两个期货合约之间的价差就成为套期保值过程中的额外风险。同基差一样，这部分风险是不可控的，期货合约的价差结构排列完全与其基本面有关。当基本面强的时候，近月合约的价格大于远月合约；反之，则远月合约的价格大于近月价格。在移仓的过程中，企业只能被动承受两者之间价差带来的收益或者风险。

案例 6-7　移仓风险

假设当下为2021年6月1日，某乙二醇生产企业现有1800吨库存，与某下游聚酯厂签定了为期1年半、每个月月底向对方供货100吨的点价供货协议。为了规避价格在后期出现下跌，影响库存销售利润，该乙二醇生产企业需要在期货市场进行卖出套保。考虑到乙二醇期货合约的流动性主要集中在1月、5月、9月合约上，该生产企业在乙二醇2109合约上建仓30手空单，对应6月、7月、8月这3个月的供货量300吨，在乙二醇2201合约上建仓40手空单，对应接下来4个月的供货量400吨，在乙二醇2205合约上建仓110手空单，以对应剩下11个月的供货量1100吨。到了2022年4月，该生产企业已经交付了10个月共1000吨的乙二醇，尚有剩余8个月共800吨乙二醇待交付，以及对应的80手乙二醇2205合约空头持仓，其中有10手将在4月底现货交付时对冲了结。该企业将剩余70手空单平仓，同时在乙二醇2209合约上开仓40手，在乙二醇2301合约上开仓30手，本质上是对这70手空单展期，并在随后的日子中一边交付现货一边进行期货平仓，完成这笔订单。

在本案例中，企业不得不承担70手空单展期过程中的移仓风险：当远月价格高于近月价格时，该企业通过展期获得额外的收益；当远月价格低于近月价格时，该企业在展期过程中将蒙受相应的亏损。具体表现见表6-10。

表6-10　　　　　　　　案例6-7的具体操作

时间	操作	持有
2021年6月1日	卖出套保建仓	30手2109合约，40手2201合约，110手2205合约
2021年6月底	现货交付期货平仓	20手2109合约，40手2201合约，110手2205合约
2021年7月底	现货交付期货平仓	10手2109合约，40手2201合约，70手2205合约
2021年8月底	现货交付期货平仓	40手2201合约，110手2205合约
2021年9月底	现货交付期货平仓	30手2201合约，110手2205合约
2021年10月底	现货交付期货平仓	20手2201合约，110手2205合约
2021年11月底	现货交付期货平仓	10手2201合约，110手2205合约
2021年12月底	现货交付期货平仓	110手2205合约
2022年1月底	现货交付期货平仓	100手2205合约
2022年2月底	现货交付期货平仓	90手2205合约
2022年3月底	现货交付期货平仓	80手2205合约
2022年4月某日	展期操作	10手2205合约，40手2209合约，30手2301合约
2022年4月底	现货交付期货平仓	40手2209合约，30手2301合约
2022年5月底	现货交付期货平仓	30手2209合约，30手2301合约
2022年6月底	现货交付期货平仓	20手2209合约，30手2301合约

续表

时间	操作	持有
2022年7月底	现货交付期货平仓	10手2209合约，30手2301合约
2022年8月底	现货交付期货平仓	30手2301合约
2022年9月底	现货交付期货平仓	20手2301合约
2022年10月底	现货交付期货平仓	10手2301合约
2022年11月底	现货交付期货平仓	至此，现货18个月合同履约完毕，期货无持仓

由于供货协议为点价交易，基差风险可忽略不计，套期保值中唯一的变数在于2022年4月某日展期操作中的2205合约、2209合约、2301合约价格不同，从而可能带来风险。通常，这个风险是无法控制的，因为这个市场没有人能精确预测到10个月以后的市场状况，但企业参与套期保值，必须根据历史经验按最坏的情况考虑，预留保证金以及评估套保效果。

十二、在套期保值实际操作中，企业如何进行套保系数管理？

在实际套保操作中，会出现一些和理论知识不同的情况，如果照搬照抄教条理论，最终会出现期货套保头寸未能锁住现货风险敞口的情况。除了基差风险本身，企业在套期保值过程中还新增或放大了其他口径的风险。

（一）增值税率的影响

首先需要注意的是，期货价格都是含税价，因此企业在套期保值中，要根据自身实际的增值税情况，在期货头寸上扣除相应的系数。

案例6-8 增值税影响套保效果

某贸易商签订了确定时间和价格的A商品11300吨销售合同,需要补充相应货物以供销售,假设A商品增值税率为13%,则其需要购入多少吨A商品期货合约?

为了规避基差波动的干扰,我们假设当时A商品现货与期货均为1130元/吨,贸易商在未来某个时候购买了130吨A商品的同时,将其期货头寸全部平仓,期现成交价均为2260元/吨。

对于现货端而言,现货报价同样是完税价,因此贸易商实际采购成本提升了,即:

$(2260-1130) \div (1+13\%) \times 11300 = 11300000$(元)

而其在期货端的收益为:

$2260 - 1130 = 1130$(元/吨)

因此,其为了完全抵消期现市场的盈亏,应当建立的期货头寸为:

$11300000 \div 1130 = 10000$(吨)

将以上计算步骤倒推,我们得出:

实际期货头寸数量=现货风险敞口数量÷(1+增值税率)

如果我们照搬公式,在期货上也按11300吨建仓,那么由于受增值税率的影响,实际期货价格波动会高于现货价格波动,两者之间的盈亏并没有完全冲抵,就是说,期货头寸与现货风险敞口并不对应,未能取得预期的套期保值效果。所以,在实际套保过程中,需要额外考虑增值税给套保头寸带来的影响。

(二)现货、期货波动率差异的影响

我们还应关注的是现货波动率对套保效果的影响。我们做一个极端假设:如果某个内陆地区某商品物流不便且需求量极少,其价格在一年之内也没有太大的变化。如果对该地区的企业进行教科书式的套期保值,现货端波动反而不大,这样会演变成单方面承受期货端波动风险的情况,结果是做了套保反而比不做套保风险更大。

在实际运用中,出现以上极端假设的可能性较小,但现货与期货波动率

不同步的情况却是经常发生的，即期现波动出现错位。在此情况下，将期货与现货按照1∶1进行套期保值，并不能将风险降低到最低。根据期货和现货的相关性和自身波动率，需要调整适当头寸数量，求出一个风险最小套保比例，从而使期现对冲后的风险套保效果达到最佳。

由此，我们通过分析现货波动率的影响和增值税率的影响，得出最终的实际套保比例系数：

实际套保比例系数 = 现货价格变动标准差 × 现货价格和期货价格变动标准差的相关系数 ÷ 期货价格变动标准差 ÷（1 + 实际增值税率）

使用这种换算出来的系数作为比例进行套保，与现实情况更加贴合，自然可以取得比书面理论知识更佳的应用效果。

自测题

一、不定项选择题

1. 以下（　　）属于套期保值的操作原则。
   A. 方向相反　　B. 种类相同或相近　　C. 数量相等　　D. 时间一致

2. 根据方向区别，套期保值分为（　　）。
   A. 买入套期保值　　　　　　　　B. 卖出套期保值
   C. 期现套利　　　　　　　　　　D. 牛市套利

3. 以下关于基差的描述，正确的是（　　）。
   A. 基差 = 现货价格 − 期货价格
   B. 基差 = 期货价格 − 现货价格
   C. 基差走强是指基差的绝对值走强
   D. 基差走弱是指基差的数值走弱

4. 基差的影响因素有（　　）。
   A. 持仓费　　　　　　　　　　　B. 期货手续费
   C. 期货保证金　　　　　　　　　D. 便利收益

5. 以下基差变化对套期保值效果的影响中，正确的是（　　）。

A. 基差走强，买入套期保值效果变好
B. 基差走弱，买入套期保值效果变好
C. 基差走强，卖出套期保值效果变好
D. 基差走弱，卖出套期保值效果变好

6. 上游生产企业主要运用（   ）进行套期保值。
A. 买入套期保值   B. 卖出套期保值
C. 两者皆可   D. 不需要套期保值

7. 上游生产企业通过套期保值可以达到以下（   ）目的。
A. 锁定生产成本   B. 锁定销售价格
C. 降低库存风险   D. 把握高利润良机

8. 企业套期保值团队整个工作流程中，（   ）部门必须自始至终保持参与其中。
A. 贸易部   B. 投资部   C. 财务部   D. 风控部

9. 以下对于企业套期保值的认识中，错误的有（   ）。
A. 只要进行了套期保值，就不再会有任何风险
B. 只要套期保值头寸是盈利的，套期保值就是成功的
C. 套期保值既然不产生额外利润，对于企业而言就是个负担
D. 套期保值业务让财务部兼顾一下就可以了

10. 企业套期保值过程中的主要风险来源包括（   ）。
A. 套保变投机   B. 保证金风险
C. 操作风险   D. 期货头寸亏损风险

二、判断题

1. 套期保值的效果主要是由期货价格变动决定的。   （   ）

2. 乙二醇生产企业担心未来乙二醇价格下跌，造成库存价值降低，采取卖出套期保值锁定利润。   （   ）

3. 煤制乙二醇企业不可以参与乙二醇期货市场套期保值。 （   ）

4. 乙二醇生产企业可以通过基差交易在一定程度上规避套期保值中的基差风险。   （   ）

5. 较小型生产企业可以不在自己的套期保值管理小组中配置风控部。
( )

参考答案

一、不定项选择题

1. ABCD   2. AB   3. AD   4. AD   5. BC   6. B

7. ABCD   8. D   9. ABCD   10. ABC

二、判断题

1. ×   2. √   3. ×   4. √   5. ×

第七章

中间贸易商如何运用乙二醇期货工具

本章要点

> 本章从乙二醇中间贸易商参与期货套期保值的必要性出发，结合中间贸易商自身在上下游贸易中的特殊位置，对具体情况进行了具体分析，通过枚举各种案例，让读者对中间贸易商的套期保值产生更加清晰的认识，最后就中间贸易商参与期货套期保值的优势进行了探讨。

 一、中间贸易商是否有运用乙二醇期货工具进行套期保值的必要性？

乙二醇不属于危险化学品，一般的贸易商仅需要经过市级审批即可取得乙二醇经营贸易的从业资质，具有入市门槛低的特点。此外，我国乙二醇需求量大,且进口依赖度高,尽管近年来我国乙二醇产能持续扩张,但仍不足以完全覆盖市场需求。影响乙二醇价格的因素较多,投机性较强,对于参与乙二醇贸易的中间贸易商而言,价格波动风险较高。

生产商是通过将基础原材料转换成高级产品产生价值,从而获取利润,而中间贸易商是通过商品买卖的价差获取利润的。在理想状态下,商品的价格反映商品的价值,中间贸易商依靠提供物流服务产生相应价值,获取商品增值后的利润。但在实际的交易过程中,现货价格往往会根据客观情况的变化而改变。例如,当某地区乙二醇供大于求时,乙二醇价格会低于其正常价值,在供大于求的关系极度扭曲之时,甚至有可能出现低于成本价格销售的情况;而当乙二醇供不应求时,乙二醇价格又会高于其正常价值。同样,随着供不应求的现象越来越普遍,乙二醇价格就越会超过其正常价值。在贸易商买卖商品的过程中,如果出现了供求关系的重大变化,或者原材料价格出现了重大变化,那么由于时间差的存在,贸易商的实际买进卖出的结果会随之出现较大波动,当波动方向处于对其贸易流向不利的情况时,贸易商就有可能蒙受经营上的损失,因此,乙二醇中间贸易商有进行套期保值的必要性。

二、中间贸易商如何判断自己的风险敞口?

中间贸易商销售模式多样,可以建立常备库存滚动销售,也可以根据签订的订单进行备货,与上游乙二醇生产企业主要从事销售不同,中间贸易商根据其销售模式的不同,在多头和空头都有可能面临风险敞口,而分析其风险敞口方向是其套期保值的第一步,也是最重要的一步,一旦风险敞口方向判断错误,往往会加剧其本身现货经营风险。

中间贸易商日常经营行为的本质是库存的建立和去化的反复过程。在这个过程中,必然有相应的采购合同和销售合同,通过采购合同置办库存,再通过销售合同去除库存,并在此过程中赚取差价,差价就是企业经营的核心利润。

采购合同和销售合同的具体内容，决定了中间贸易商的风险敞口。假定采购合同和销售合同数量相同，且定价依据和模式一致，如果两者都是敲定价格，则两者之间不存在风险敞口，因为进货价和出货价都是定死的，可以直接通过两者之间的价差得出总利润。如果采购合同和销售合同的一端是敲定价格，而另一端是随行就市，则随行就市的一端即为风险敞口，因为贸易商将在那一头面临市场价格往不利方向波动的风险，需要根据企业自身经营目标和情况，进行全部或者部分套期保值。如果采购合同和销售合同的价格都是随行就市的，则需要具体情况具体考虑，如果采购和销售的价格能在同一时间完成，则可以认为两者之间不存在风险敞口；如果两者的价格不能在同一时间确定，比如采购价确定在前，销售价确定在后，此时贸易商将承受销售价随行就市的波动风险。又比如，采购价确定在后，销售价确定在前，则情况相反，贸易商需要进行相应的套期保值，以应对在物流过程中，市场价格往不利方向波动，出现较大波动的风险。另外，需要注意的是，如果采购合同和销售合同的定价依据和模式不同，比如不同区域的现货价，或者采用不同周期的均价等，就需要根据实际的情况分别测算采购环节和销售环节的现货风险敞口，以及不同的套期保值系数，从而制定相应的套保策略。判断中间贸易商的风险敞口可参见表7-1。

表7-1　　　　　　　　如何判断中间贸易商的风险敞口

采购端	销售端	风险敞口
□	□	无
□	×	风险敞口为销售端，此时持有现货多头，需卖出套保
×	□	风险敞口为采购端，此时持有现货空头，需买入套保
×	×	根据采购与销售定价的先后及定价依据和模式测算合同执行不同阶段的现货风险敞口方向与数量，制定相应套保策略

注：□为敲定价格，×为随行就市。

覆盖风险敞口的方法还是套期保值的基本原则，即数量相当，方向相反，时间一致。数量相当与方向相反，相对而言比较容易理解，但随着市场合同的多样性,在时间一致性方面还需要紧贴实际操作。如果结算价格就是随行就市的,那么在现货成交后,了结期货头寸即可;如果结算价格是按照周度市场均价,则期货端需要在当周的每一个交易日分散平仓以尽量贴合实际效果;如果结算价格是按照其他方式规定的,则依次类推,以尽量能够贴合实际操作,达到理论上最佳的套期保值效果。

在接下来的章节中,我们将针对以上各种具体情况,就套期保值操作进行详细举例说明。

三、采购价确定、销售价不确定时企业如何进行套期保值?

当中间贸易商采购价确定、销售价不确定时,其主要承受的风险来自市场价格向下波动时,销售价格随之下跌,从而对企业经营利润造成冲击。其风险敞口为销售端,此时中间贸易商持有现货多头,按照方向相反原理,需做空期货,进行卖出套期保值。

案例 7-1 中间贸易商卖出套期保值示例

在 5 月乙二醇生产企业降价促销期间,中间贸易商 A 以低于市场价 300 元/吨的价格购入 2 万吨乙二醇,并与下游聚酯厂 B 签订了 8 月底随行就市一次性交付的销售合同。在这批物资流通过程中,300 元/吨即企业的核心利润。由于担心未来价格下跌,中间贸易商 A 进行了卖出套期保值,在乙二醇 9 月合约做空 2000 手。假设当时市场价为 4500 元/吨,期货价格为 4600 元/吨,并在 8 月底履行合同的同时将 2000 手期货空头持仓全部平仓。

(1) 假设市场价格下跌,8 月底市场价为 4000 元/吨,期货价格为 4150 元/吨,此时中间贸易商进行的套期保值操作见表 7-2。

表7-2　　　价格下跌时中间贸易商卖出套期保值示例

时间及盈亏	现货市场	期货市场	基差	利润
5月	市场价格4500元/吨	卖出价4600元/吨	-100元/吨	300元/吨
8月底	卖出价格4000元/吨	买入价4150元/吨	-150元/吨	—
盈亏	相当于亏损500元/吨	盈利450元/吨	走弱50元/吨	250元/吨

若不做套期保值，则到了8月底，中间贸易商利润将变为300-500=-200元/吨，即亏损200元/吨。

（2）假设市场价格不动，8月底市场价为4500元/吨，期货价格为4600元/吨，此时中间贸易商应进行的套期保值操作见表7-3。

表7-3　　　价格不动时中间贸易商卖出套期保值示例

时间及盈亏	现货市场	期货市场	基差	利润
5月	市场价格4500元/吨	卖出价4600元/吨	-100元/吨	300元/吨
8月底	卖出价格4500元/吨	买入价4600元/吨	-100元/吨	—
盈亏	不赚不亏	不赚不亏	不变	300元/吨

若不做套期保值，则到了8月底，中间贸易商利润依然为300元/吨。

（3）假设市场价格上涨，8月底市场价为5000元/吨，期货价格为5050元/吨，此时中间贸易商进行套期保值操作见表7-4。

表7-4　　　价格上涨时中间贸易商卖出套期保值示例

时间及盈亏	现货市场	期货市场	基差	利润
5月	市场价格4500元/吨	卖出价4600元/吨	-100元/吨	300元/吨
8月底	卖出价格5000元/吨	买入价5050元/吨	-50元/吨	—
盈亏	相当于盈利500元/吨	亏损450元/吨	走强50元/吨	350元/吨

若不做套期保值，则到了8月底，中间贸易商的利润将变为300+500=800元/吨。

我们将以上三种情形归纳成表格（见表7-5）。

表7-5　　　　　中间贸易商卖出套期保值效果示例

利润	价格下跌500元/吨	价格不变	价格上涨500元/吨	平均利润
套期保值（元/吨）	250	300	350	300
不做套期保值（元/吨）	-200	300	800	300

可以看到，套期保值并不会使中间贸易商产生额外利润，无论参与套期保值与否，贸易商的平均利润均为300元/吨，即企业核心利润。我们通过乙二醇期货月线级别行情走势可以看到，乙二醇月内波动超过500元/吨是家常便饭，在不做套期保值的情况下，实际利润波动非常大。但通过套期保值，可以为企业平滑随着价格波动带来的利润波动，帮助企业提前锁定利润，平稳经营，同时有助于企业有效对企业未来发展作出规划并实现目标。

事实上，由于乙二醇现货价格对市场信息高度敏感，当贸易商通过确定采购价取得乙二醇后，无论有没有签订销售合同，就应当对这部分库存进行卖出套期保值，因为此时现货价格波动已经开始影响贸易商手中这批货的价值了。当贸易商在随后的日子里签订了确定价格的销售合同后，在签订当天应将这部分套期保值头寸平仓了结；当贸易商在随后的日子里签订了随行就市的销售合同后，期货套期保值头寸一直持有至定价期间。定价期间应根据销售合同具体而定，可能有所不同，此时需要保持平仓的时机和步伐与之一致。

在案例7-1中，假设一次性交付的2万吨（2000手）销售合同的定价为8月最后一周周一到周五的市场均价，则期货套期保值持仓在最后平仓时需要在对应的交易日里平均平仓，即每个交易日分别平仓400手。假设最后一周周一到周五的市场价分别为4000元/吨、4020元/吨、4050元/吨、4400元/吨、4430元/吨，对应的期货价格分别为4150元/吨、4160元/吨、4200元/吨、4590元/吨、4600元/吨。首先，我们可以得出，实际现货结算价为市场价的平均价，即4180元/吨，期货平均平仓价为4340元/吨。具体参见表7-6。

表7-6　　均价定价下中间贸易商卖出套期保值效果示例

时间及盈亏	现货市场	期货市场	基差	利润
5月	市场价格4500元/吨	卖出价4600元/吨	-100元/吨	300元/吨
8月底	卖出价格4180元/吨	买入价4340元/吨	-160元/吨	—
盈亏	相当于亏损320元/吨	盈利260元/吨	走弱60元/吨	240元/吨

通过周一到周五的平均平仓，最后期货均价与现货均价相比，基差为-160元/吨，走弱了60元/吨，最终企业在现货市场亏损320元/吨的情况下依然能够获得利润240元/吨。一周实际基差示意见表7-7。

表7-7　　一周实际基差示意（现货价以实际销售成交价表示）　　（单位：元/吨）

项目	周一	周二	周三	周四	周五	均价
现货价	4180	4180	4180	4180	4180	4180
期货价	4150	4160	4200	4590	4600	4340
基差	30	20	-20	-410	-420	-160
原基差	-100	-100	-100	-100	-100	-100
基差变化	走强130	走强120	走强80	走弱310	走弱320	走弱60

从表7-7中可以看到，与任选一个交易日一次性平仓相比，平均平仓操作下基差变化的绝对值最小，其最终利润也最贴近核心利润，能够取得最好的套保效果。

细心的读者一定已经发现我们假定的一周价格中最后两天出现了明显的上涨，从而导致单日价格与平均价格的偏差，似乎是有意为之。当然，在大多数情况下，现货价格在一段时间内大致能保持平稳运行，任选一个交易日一次性平仓与"麻烦地"每日分散平仓结果区别并不大，但是，既然贸易商参与套保的宗旨是为了锁定利润，降低生产经营过程中企业收支的波动率，为何不用更稳妥的能够抵御市场意外情况发生的方式去进行呢？

四、采购价不确定、销售价确定时企业如何进行套期保值?

当中间贸易商采购价不确定、销售价确定时,其主要承受的风险来自市场价格向上波动时未来采购成本随之上升对企业经营利润的冲击。其风险敞口为采购端,此时中间贸易商持有现货空头,按照方向相反原理,需做多期货,进行买入套期保值。

此时,中间贸易商无须急于从市场购货,因为期货交易采用保证金制度,以10%保证金、三成仓估算,中间贸易商通过买入套期保值在期货市场建立虚拟库存,可以节省2/3的现金占用,用于其他开支。直到中间贸易商现货备货完成,期货全部平仓之时,才完全占用现货现金成本。通过买入套保,可以使中间贸易商资金周转更加灵活,但需要注意留下足够的资金用于维系保证金,避免因为无法及时追加保证金导致套保头寸被强平情况的发生。

案例7-2 中间贸易商买入套期保值示例

中间贸易商A在5月与下游聚酯厂B签订了在8月底确定价格一次性交付的销售合同。为了兑现合同,中间贸易商A需要在8月底之前备货2万吨乙二醇以保证能够按时发货。由于担心未来价格上涨,中间贸易商A进行了买入套期保值,在乙二醇9月合约做多2000手。假设当时市场价为4500元/吨,期货价格为4600元/吨,并在7月中完成备货的同时将2000手期货多头持仓全部平仓。

(1)假设市场价格下跌,7月中市场价为4000元/吨,期货价格为4150元/吨,此时中间贸易商进行的套期保值操作见表7-8。

若不做套期保值,到了7月中,中间贸易商的备货成本则为4000元/吨。

表 7-8 价格下跌时中间贸易商卖出套期保值示例

时间及盈亏	现货市场	期货市场	基差	实际备货成本
5月	4500 元/吨	买入价 4600 元/吨	-100 元/吨	—
7月中	买入价格 4000 元/吨	卖出价 4150 元/吨	-150 元/吨	—
盈亏	—	亏损 450 元/吨	走弱 50 元/吨	4450 元/吨

（2）假设市场价格不动，7月中市场价为 4500 元/吨，期货价格为 4600 元/吨，此时中间贸易商进行的套期保值操作见表 7-9。

表 7-9 价格不动时中间贸易商卖出套期保值示例

时间及盈亏	现货市场	期货市场	基差	实际备货成本
5月	4500 元/吨	买入价 4600 元/吨	-100 元/吨	—
7月中	买入价格 4500 元/吨	卖出价 4600 元/吨	-100 元/吨	—
盈亏	—	不赚不亏	不变	4500 元/吨

若不做套期保值，则到了7月中，中间贸易商的备货成本为 4500 元/吨。

（3）假设市场价格上涨，7月中市场价为 5000 元/吨，期货价格为 5050 元/吨，此时中间贸易商进行的套期保值操作见表 7-10。

表 7-10 价格上涨时中间贸易商卖出套期保值示例

时间及盈亏	现货市场	期货市场	基差	实际备货成本
5月	4500 元/吨	买入价 4600 元/吨	-100 元/吨	—
7月中	买入价格 5000 元/吨	卖出价 5050 元/吨	-100 元/吨	—
盈亏	—	盈利 450 元/吨	走强 50 元/吨	4550 元/吨

若不做套期保值，到了7月中，中间贸易商的备货成本则为 5000 元/吨。

我们可将以上三种情形归纳成表 7-11。

表 7-11 中间贸易商买入套期保值效果示例

实际备货成本（元/吨）	价格下跌 500 元/吨	价格不变	价格上涨 500 元/吨	平均成本
套期保值	4450 元/吨	4500 元/吨	4550 元/吨	4500 元/吨
不做套期保值	4000 元/吨	4500 元/吨	5000 元/吨	4500 元/吨

同前文卖出套保一样，买入套保也能够缩小备货成本的波动区间，通过

大致锁定备货成本，结合固定价格的销售合同，从而大致锁定中间贸易商经营利润，使企业平稳有序发展。

与前文卖出套保不同的是，卖出套保的平仓时机对应的是"销售合同中规定的时间点是相对固定的"。而备货的时间点可以是在8月底之前的任意时间点，只要不影响销售合同的履行即可。从上述示例和表格，我们也可以看到基差变化对实际备货成本的影响：当基差走弱时，实际备货成本走低，对中间贸易商更为有利。因此，中间贸易商可以主动选择基差较弱的时机完成现货采购以及期货平仓的动作，从而在有限的范围内，为自己争取更多的利润。

同样，根据套期保值数量相等、时间一致原则，如果中间贸易商采取的是分批采购，只需分批平仓即可，平仓的数量需要对应采购数量。此外，平仓的方式也应当对应采购合同中的定价方式。

五、采购价与销售价都不确定时企业如何进行套期保值？

采购价与销售价都不确定的套期保值情况较为复杂，需要根据具体情况分门别类讨论。

当采购地与销售地相同或相邻的情况下，市场价格波动方向及幅度相对一致，当采购价格风险与销售价格都不确定时，它们的价格波动风险相互冲抵，此时无须套保。采购端或者销售端的任意一端随着实际操作确定后，会转为某一端固定而另一端依然随行就市的情况，此时依照前文对号入座操作即可。

当采购地与销售地较远的情况下，我们首先需要考虑的是两地价格波动情况是否一致，若其中的一个地点因为地处内陆物流不便，供需体量小，价格长期稳定，可以将在该地发生的随行就市交易视为确定价格交易，为另一端交易做套期保值，并根据两地的波动率调整套期保值比例系数，若两地都有一定的交易体量，但是价格的波动率不同，则需要通过分别计算两地价格的波动率，再精确得出套保比例。

其次，采购地与销售地在两地容易，导致采购与销售行为的敲定时间间隔存在一定的时间差，当某一端价格确定后，另一端价格确定前，风险敞口就会单边打开。

案例 7-3 采购价与销售价都不确定的套期保值示例

中间贸易商 A 有进货渠道优势，与附近聚酯厂 B 签订了旺季月份每天供货的销售合同，以贸易商 A 进货所在地市场价结算。中间贸易商 A 拟在聚酯厂 B 附近修建仓库 C，以便集中存放乙二醇，并每天通过仓库 C 向聚酯厂 B 发货。此时，A 的采购价和销售价都不确定，但由于采购价与销售价采用的定价依据相同，多空敞口数量一致，且面临相同的价格波动风险，敞口方向相反，风险互相抵消，因此无须套保。

某日，中间贸易商 A 采购一批次乙二醇 D 运往仓库 C 进行存放，此时 A 的采购价确定，批次 D 的价格风险敞口打开，因为在运输途中以及缓慢的每日发货过程中，批次 D 的价值将受市场价格波动影响，需要进行期货套期保值。由于批次 D 是现货多头，因此需要根据 D 的体量进行相应的卖出套期保值。

到了旺季，中间贸易商 A 按照销售合约每天要向聚酯厂 B 发货，则需要每天将与发货量对应的期货套期保值头寸及时平仓，若周末也保持发货，可摊平到周一和周五这两天进行平仓，以尽量达到套期保值中数量相同、时间一致的要求，直到销售合同结束，对应的期货套期保值头寸此时也应当正好完全平仓了结。

中间贸易商 A 通过这样的操作，可以有效地规避物流和存放过程中现货价格波动对其库存价值的影响，有效地锁定其经营利润，保持长久稳定的理想经营状态。

六、中间贸易商参与卖出套期保值的优势有哪些？

首先，中间贸易商参与卖出套期保值，可以起到套期保值最基本的锁定销售利润的作用。通过锁定销售价格，避免随行就市的销售合同因为现货价格下跌从而给企业经营造成亏损。

其次，中间贸易商通过参与卖出套期保值，可以在一定程度上规避下家信用违约对自己造成的损失。一般情况下，信用违约容易发生在价格下跌期间。当产业处于繁荣期，下游订单多而上游货物少，此时往往市场供不应求，容易造成一物难求的局面，表现为价格上涨。此时，乙二醇"僧多粥少"，便利收益极高，下游工厂若手握购买合同（即中间贸易商的销售合同），高兴还来不及，违约概率不大；反之，在产业处于萧条期，下游订单少而上游货物多，此时往往市场供应过剩，表现为价格下跌。在此过程中，一方面下游工厂有破产清退风险，导致中间贸易商的销售合同被违约，另一方面上游生产厂商为了清理库存，往往会降价促销，或者提高优惠力度。当优惠力度远远超过违约金后，合同违约发生概率加大，此时，中间贸易商虽然得到了赔付违约金，但手中现货价值已经随着市场价格跌至非常低的水平，不采取同样力度的促销活动难以出货，若中间贸易商没有参与套期保值，此时往往面临亏损；反之，若中间贸易商参与了套期保值，即使下游厂家违约，依然可以通过期货交割入库锁定销售利润，规避市场价格下跌造成的违约风险，并额外收到了违约金。

最后，当现货违约风险发生后，参与套期保值的中间贸易商在获得额外违约金的情况下，可以更加游刃有余地处理这批货物。由于卖出套期保值贸易商的现货成本和期货入场价均已确定，贸易商可以直接计算期货交割后获得的利润，并与市场下游报价进行比较，若报价利润低于交割利润，中间贸易商大可直接将这批货物通过期货交割的方式了结。在违约的背景假设下，市场往往充斥着让利促销，若不参与期货套期保值，则中间商只能跟随市场上的打折力度处理这批货物，往往面临亏损；若参与了期货套期保值，中间贸易商则不需承担让利打折对自己利润的挤压，可以通过交割，确保绝大部分自身利益。

七、中间贸易商参与买入套期保值的优势有哪些?

首先,最基本的,中间贸易商通过参与买入套期保值,可以起到锁定成本的作用。避免由于现货上涨,导致采购成本大幅提高,无法在已经签订的固定价格销售合同中兑现预期利益的风险。

其次,中间贸易商通过买入套期保值建立虚拟库存,可以有效降低备货成本。众所周知,期货市场是保证金市场,通过期货市场建立多头持仓代替现货库存,一方面期货保证金远不及全额现货资金,另一方面期货持仓不需要支付现货仓储费,通过期货建立虚拟库存可以节省大量现金。此外,建立虚拟库存还可以解决应对实际库容不足的问题,最大化促进贸易销售效率。

案例 7-4 中间贸易商利用买入套期保值建立虚拟库存示例

中间贸易商 A 自建仓库库存容量为 1 万吨,时值 3 月,贸易商仓库中已有 8000 吨乙二醇,准备应付 4 月初的 8000 吨销售合同。此时,贸易商 A 另外新签了一份 5 月中旬交货的确定价格的 5000 吨乙二醇销售合同,假设当时乙二醇现货价格 4000 元/吨,若按照传统交易,贸易商 A 需要设法另外租借到足够的仓库囤放多出来的 3000 吨乙二醇,直到 4 月初自建仓库 8000 吨库存清空,并花费现金:4000×5000=2000 万元进行备货。

若进行买入套期保值,假设期货价格 4100 元/吨,保证金 12%,中间贸易商 A 使用三成仓位建立套期保值头寸,则需要期货资金:4100×5000×12%÷30%=820 万元。

可以看到,通过买入期货建立虚拟库存,实际需要使用的资金远小于直接置办现货,且买入套期保值后大可不必额外寻找仓库囤积现货,贸易商可以等待 4 月初自建仓库 8000 吨库存清空后,从现货市场采购 5000 吨乙二醇放置在自建仓库的同时,将期货套保头寸了结。通过建立虚拟库存,中间贸易商更有效地解决了自身库容一时紧张的问题。

最后，我们在各种套保案例中已经充分了解到，影响套期保值最终效果的因素在于基差变化。对于卖出套期保值而言，平仓时机往往与销售时间点对应，是一个固定点，因此基差变化无法控制；对于买入套期保值而言，虚拟库存的平仓时机可以是不影响现货销售进度的任意一个时间点，操作上相对灵活。中间贸易商可以在此期间寻找更有利于自己的基差，进行买入现货同时平仓期货的动作，在锁定成本的同时进一步有限优化自身成本。即使中间贸易商全程没有找到更有利的点，最终的结果也是按照理想情况操作下的理论结果，无须承担除了基差风险以外的其他风险。

自测题

一、不定项选择题

1. 中间贸易商在市场中承受（　　）风险。

A. 采购端价格波动风险　　　　　　B. 销售端价格波动风险

C. 两者都有　　　　　　　　　　　D. 无风险

2. 中间贸易商参与期货套期保值的目的是（　　）。

A. 利用期货市场对冲未来销售价格下跌的风险

B. 利用期货市场的保证金制度优化库存管理

C. 利用期货市场对冲未来采购价格上涨的风险

D. 利用期货市场的杠杆性增加投机收益

3. 以下（　　）情况下，中间贸易商可能出现风险敞口。

A. 采购端价格固定，销售端价格也固定

B. 采购端价格固定，销售端价格随行就市

C. 采购端价格随行就市，销售端价格固定

D. 采购端价格随行就市，销售端价格也随行就市

4. 采购价确定，销售价随行就市时，中间贸易商可以通过（　　）锁定销售价格。

A. 买入套期保值　　　　　　　　　B. 卖出套期保值

C. 观望　　　　　　　　　　　D. 以上都可以

5. 采购价随行就市，销售价确定时，中间贸易商可以通过（　　）锁定销售价格。

A. 买入套期保值　　　　　　　B. 卖出套期保值

C. 观望　　　　　　　　　　　D. 以上都可以

6. 通过买入套期保值，中间贸易商可以（　　）。

A. 锁定采购成本　　　　　　　B. 锁定销售价格

C. 建立虚拟库存　　　　　　　D. 减少资金占用

7. 通过卖出套期保值，中间贸易商可以（　　）。

A. 锁定采购成本　　　　　　　B. 锁定销售价格

C. 规避违约风险　　　　　　　D. 减少资金占用

8. 以下（　　）情况需要进行乙二醇套期保值。

A. 某乙二醇贸易商签订了 5000 吨的销售订单，未来需要采购 5000 吨乙二醇现货

B. 某乙二醇贸易商有 1 万吨乙二醇库存，已签订未来 1 万吨随行就市的销售订单

C. 某乙二醇贸易商签订了 1 万吨价格固定的销售订单，但该企业目前只有 5000 吨现货库存

D. 某乙二醇贸易商签订了 1 万吨随行就市的销售订单，该企业已有 1 万吨现货库存

二、判断题

1. 乙二醇可以像普通商品一样，随意买卖，不需要取得经营贸易的从业资质。　　　　　　　　　　　　　　　　　　　　　　　　　（　　）

2. 乙二醇贸易商参与套期保值的目的是减少损失，扩大利润。（　　）

3. 乙二醇贸易商担心未来采购乙二醇价格上涨，通过买入套期保值锁定购买成本。　　　　　　　　　　　　　　　　　　　　　　　（　　）

4. 乙二醇贸易商通过买入套期保值，建立虚拟仓库，可以在一定程度上缓解现货库容紧张问题。　　　　　　　　　　　　　　　　　（　　）

5. 中间贸易商做期货套期保值时，只需要对风险敞口进行覆盖即可，

没有敞口的部位不需要套期保值。　　　　　　　　　　　　　（　　）

参考答案

一、不定项选择题

1. C　　2. ABC　　3. BCD　　4. B　　5. A　　6. ACD　　7. AC
8. ABCD

二、判断题

1. ×　　2. ×　　3. √　　4. √　　5. √

第八章

下游生产企业如何运用乙二醇期货工具

> **本章要点**
>
> 本章首先探讨下游生产企业参与乙二醇期货市场的原因,再针对具体情况进行举例说明,最后,归纳总结期货套期保值对下游生产企业的作用。

 一、下游生产企业为什么要参与乙二醇期货市场?

乙二醇作为一种重要的石油化工中间体,主要用于生产聚酯材料(聚酯纤维、聚酯薄膜、工程塑料),聚酯需求约占全球乙二醇消费总量的90%,在我国则占据乙二醇消费总量的96%。除此之外,乙二醇还用于生产防冻剂、包装树脂、润滑剂、增塑剂、涂料等。

如表8-1,2010—2019年,我国乙二醇表观消费量在10年内翻了一番,年复合增长率为8.19%。根据卓创资讯,2020年我国乙二醇表观消费量进一步增长至1929万吨。与庞大的消费规模相比,我国乙二醇虽然经历了连续的产能扩张,但供应量依然难以与消费规模匹配,对进口十分依赖,即使是产能快速扩张的2021年,我国乙二醇进口依存度依然高达四成以上。高进口量同时带来的是价格的不确定性,无论是乙二醇自身成本的涨跌,还是国内乙二醇装置的开工率、进口船期的多少,都会对乙二醇价格造成影响,使下游生产企业的生产成本始终处于波动中。为了稳定下游企业的正常生产运营,保持企业的稳定增长,下游生产企业需要通过套期保值锁定自己的成本,防止公司利润在成本端上涨波动中被冲击、吞没。

表8-1　　　　　我国乙二醇表观消费量及进口依存度

年份	表观消费量(万吨)	产量(万吨)	进口量(万吨)	进口依存度(%)
2019	1808.50	814.90	994.70	55.00
2018	1649.88	668.89	981.44	59.49
2017	1453.20	583.39	871.62	59.98
2016	1261.00	510.00	752.55	59.68
2015	1271.00	400.00	872.84	68.67
2014	1287.00	443.00	845.00	65.66
2013	1192.08	368.00	824.62	69.17
2012	1097.80	302.30	796.50	72.55
2011	938.40	229.00	710.00	75.66
2010	890.20	220.50	670.00	75.26

数据来源:Wind。

二、下游企业如何利用乙二醇期货进行买入套期保值?

作为乙二醇的消费方,下游企业是天然的现货空头,其时刻对乙二醇有大量需求。根据方向相反原理，下游企业主要运用买入套期保值，其在期货市场建立多头套期保值头寸管理现货，以达到规避成本价格波动风险的目的。

乙二醇价格上涨对下游聚酯企业成本端的影响十分明显，因为乙二醇排在 PTA 之后，是生产聚酯的第二大用料。当下游聚酯企业签订的产品销售订单是固定价格而不是随行就市时，乙二醇价格上涨对企业的影响就更加明显。

案例 8-1 下游企业买入套期保值示例

下游聚酯企业 A 在 5 月与下游服装厂 B 签订了在 8 月底以确定价格一次性交付的销售合同。为了兑现合同，下游聚酯企业 A 需要在 6 月底之前备齐原料开始生产，其中就包括乙二醇 2 万吨。由于担心未来原料价格上涨，下游聚酯企业 A 进行了买入套期保值，在乙二醇 9 月合约上做多 2000 手。假设当时市场价为 4500 元/吨，期货价格为 4600 元/吨，在 6 月底完成备货的同时，下游企业 A 将 2000 手期货多头持仓全部平仓。

（1）假设市场价格下跌，6 月底市场价为 4000 元/吨，期货价格为 4150 元/吨，此时下游企业进行套期保值的操作见表 8-2。

表 8-2   价格下跌时下游企业买入套期保值示例

时间及盈亏	现货市场	期货市场	基差	实际备货成本
5 月	4500 元/吨	买入价格 4600 元/吨	-100 元/吨	—
6 月底	买入价格 4000 元/吨	卖出价格 4150 元/吨	-150 元/吨	—
盈亏	—	亏损 450 元/吨	走弱 50 元/吨	4450 元/吨

若不做套期保值，则到了 6 月底，中间贸易商的备货成本为 4000 元/吨。

（2）假设市场价格不动，6 月底市场价为 4500 元/吨，期货价格为 4600 元/吨，此时下游企业进行套期保值的操作见表 8-3。

表 8-3　　　　价格不动时下游企业买入套期保值示例

时间及盈亏	现货市场	期货市场	基差	实际备货成本
5月	4500元/吨	买入价格4600元/吨	-100元/吨	—
6月底	买入价格4500元/吨	卖出价格4600元/吨	-100元/吨	—
盈亏	—	不赚不亏	不变	4500元/吨

若不做套期保值，则到了6月底，中间贸易商的备货成本为4500元/吨。

(3) 假设市场价格上涨，6月底市场价为5000元/吨，期货价格为5050元/吨，此时下游企业进行套期保值的操作见表8-4。

表 8-4　　　　价格上涨时下游企业买入套期保值示例

时间及盈亏	现货市场	期货市场	基差	实际备货成本
5月	4500元/吨	买入价格4600元/吨	-100元/吨	—
6月底	买入价格5000元/吨	卖出价格5050元/吨	-100元/吨	—
盈亏	—	盈利450元/吨	走强50元/吨	4550元/吨

若不做套期保值，则到了6月底，中间贸易商的备货成本为5000元/吨。

我们将以上三种情形归纳为表8-5。

表 8-5　　　　下游企业买入套期保值效果示例

实际备货成本（元/吨）	价格下跌 500元/吨	价格不变	价格上涨 500元/吨	平均成本（元/吨）
套期保值（元/吨）	4450	4500	4550	4500
不做套期保值（元/吨）	4000	4500	5000	4500

表8-5中我们可以看到，和其他上中游企业的结果一样，套期保值并不带给下游企业额外的利润，其作用在于帮助企业控制其成本和利润。下游企业通过套期保值操作，无论未来价格涨跌，都能将其备货成本控制在套期保值入场时对应的现货价格附近。

与中间商的买入套期保值一样，下游企业可以在5月至6月底的这段时间主动选择基差较弱的时机完成现货采购以及期货平仓的动作，从而在有限的范围内，为自己争取更多的利润。

下游企业在备货过程中可以选择一次性进货，也可以选择分期进货，这些都是可以的，只要能够确保期货端的平仓操作，能够保持数量相当，时间一致即可。

三、下游企业如何进行卖出套期保值？

之前我们说过，下游生产企业是乙二醇的需求方，是现货天然空头，理应进行买入套期保值。但是，在一些特殊的情况下，下游生产企业也有必要参与卖出套期保值。

当下游生产企业装置意外检修，或者在环保、安全生产、能耗双控等背景下，响应国家政策要求降低生产负荷，或者有下游毁单情况发生时，在已经备齐足够生产原料的情况下，会出现原料堆积情况。此时，为了规避原料随价格下跌在未来出现贬值风险，可考虑对多余原料进行卖出套期保值，直到检修完毕重新开车、限制政策放松、重新寻找到下游订单后，再将卖出套期保值头寸平仓了结。

具体操作与前文例子相类似，操作过程中需注意时刻保持数量相等、方向相反、时间一致等套期保值原则。

四、下游企业参与期货套期保值的优势有哪些？

首先，下游企业参与期货套期保值最核心的优势在于套期保值本身的原理，使下游企业可以大致锁定其生产成本，使其避免生产利润在成本飙涨的过程中被不断蚕食，甚至不赚反亏的风险。

其次，与中间贸易商一样，下游企业也可以通过买入期货套期保值建立虚拟库存，一方面能够更有效地进行库存管理，另一方面也可以利用期货交易是保证金交易的特性，在备货初期减少现金流占用成本，直到用现货库存逐步取代虚拟库存后，才占用全额备货资金。在订单繁忙的高峰期间，也可以利用虚拟库存在一定程度上缓解实际库容紧张的问题。

案例8-2 下游企业利用买入套期保值建立虚拟库存示例

下游企业A的自建仓库可容纳PTA与乙二醇等生产原料，其中乙二醇库存容量为1万吨。时值3月，下游企业A仓库中已有8000吨乙二醇，准备应付到5月初的生产任务。此时，企业A又接到另一个需要在5月初交付的下游固定价格销售订单，完成该订单企业A需要5000吨乙二醇作原料。假设当时乙二醇现货价格4000元/吨。若按照传统操作，企业A为了避免原材料价格波动造成新订单利润损失，应在乙二醇市场价发生重大变化之前尽快完成备货。这就需要企业A设法另外租借到足够的仓库囤放多出来的3000吨乙二醇，直到乙二醇库存随着生产逐渐消化至1万吨以下，并花费现金$4000 \times 5000 = 2000$万元进行备货。

若进行买入套期保值，假设期货价格4100元/吨，保证金为12%，生产企业A使用三成仓位建立套期保值头寸，则仅需要期货资金$4100 \times 5000 \times 12\% \div 30\% = 820$万元，并且无须额外寻找仓库，企业A可以根据自身仓库剩余容量，自行灵活安排乙二醇原料采购，同时根据数量相等的原则将买入套期保值头寸逐步平仓，直至清零。

最后，由于在套期保值过程中，案例中的企业A可以根据实际情况，寻找基差更有利于自己的时间点进行备货，使整个期货套期保值过程中期货与现货收益总和得到一定程度上的优化。

总而言之，下游企业通过参与期货套期保值，相当于多了一个能够影响自身运营的工具。在有效、合理使用期货工具的情况下，可以有效锁定企业的生产经营利润，为企业长期稳健发展提供帮助。

自测题

一、不定选择题

1. 以下（　　）企业可以使用乙二醇期货为其原料采购做买入套期保值。

   A. 聚酯生产企业　　　　　　　　B. PTA 生产企业

   C. 乙二醇生产企业　　　　　　　D. 防冻液生产企业

2. 下游生产企业参与乙二醇买入套期保值的目的是（　　）。

   A. 高抛低吸，摊低乙二醇购买价格

   B. 规避原材料价格上涨风险

   C. 拓展聚酯销售渠道

   D. 规避乙二醇库存价值下降风险

3. 下游生产企业参与乙二醇卖出套期保值的目的是（　　）。

   A. 高抛低吸，拉高乙二醇销售价格

   B. 规避聚酯销售价格下跌风险

   C. 拓展聚酯销售渠道

   D. 规避乙二醇库存价值下降风险

4. 通过买入乙二醇套期保值，生产企业可以（　　）。

   A. 锁定成本价格

   B. 建立虚拟库存，缓解库容紧张

   C. 减少初期采购投入

   D. 通过选取有利的基差适当优化采购成本

5. 生产企业在买入乙二醇套期保值过程中，主要面临的风险有（　　）。

   A. 基差异常走强

   B. 基差异常走弱

   C. 在期货持仓亏损的情况下，投资部交易员擅自加仓，试图摊低期货平均开仓价

D. 期货价格大幅走低后，企业没有足够的资金追加保证金

6. 当所需套保周期超过1年时，生产企业可以（　　）。

A. 不参加套保

B. 到能够覆盖套保周期的期货合约上市后再参加套保

C. 在当下最远的活跃合约进行套期保值，随后到期交割

D. 在当下最远的活跃合约进行套期保值，随后按照具体需求向后展期

二、判断题

1. 聚酯生产企业参与期货套期保值，是为了规避原材料价格波动的风险。（　　）

2. 聚酯生产企业在看涨乙二醇未来价格时，可以通过买入套期保值获利。（　　）

3. 聚酯生产企业作为天然的现货需求方，主要参与买入套期保值。（　　）

参考答案

一、不定选择题

1. AD　　2. B　　3. D　　4. ABCD　　5. ACD　　6. D

二、判断题

1. √　　2. ×　　3. √

第九章

投机交易者如何运用乙二醇期货

> **本章要点**
>
> 本章从投机的定义出发,讲述了投机交易的主要分类、主要分析方法及投机交易中的注意事项。希望本章能对读者构建自身的投机交易体系有所帮助。

乙二醇期货与其他所有商品期货一样,并没有特殊之处,所以,投机交易者如何运用乙二醇期货,就是投机交易者如何运用期货。乙二醇在其中的作用只是给市场以更多的投机机会,比如技术分析派交易期货,乙二醇期货的作用就是作为一个新的期货品种,能够提供更多的技术图表和可能发生的交易信号点。而对于基本面流派,乙二醇期货不外乎是多了一个可供研究的品种标的,可从中寻找交易机会,这个过程与同类型其他化工品的基本面研究交易几乎完全相同,区别也仅限于乙二醇期货自身的基本面与其他期货品种的差异。因此,投机交易者如何运用乙二醇期货,我们准备直接从期货这个大方面展开。

一、何为投机交易？

顾名思义，投机交易者即指期货市场上的投机交易参与者，因此，为了了解何为投机交易者，我们首先需要搞清楚何为投机交易。

在我国，自古以来，投机都是贬义词，比如投机取巧、投机倒把、投机分子等，但在西方，投机（speculation）是一个中性词，是指利用市场出现的价格波动进行低买高卖并从中获得利润的交易行为。期货投机，就是指交易者通过预测期货合约未来价格变化，以在期货市场上获取价差收益为目的的期货交易行为。套期保值交易的目的是利用期货市场规避现货价格波动风险，而投机交易的目的是赚取价差收益。因此，期货投机者在交易中为了博取价差收益的同时，也承担相应的风险，正所谓"风险和收益成正比"。理论上，一个期货品种未来走势的投机结果，即收益和风险都可能是无穷大的，而套期保值者的参与动机则是厌恶风险，这是两者根本性的区别。

投机的关键在于投机者对价格未来变动的分析预测是否准确，当判断错误时，投机者自然面临相应的风险。从广义的角度讲，在各种不同的场合，如股票市场、期货市场、基金市场、彩票市场，甚至在赌博行为中，投机者一般期望自己的实力或者运气超过市场平均水平，从而在投机过程中最终获取收益。但由于实际应用中手续费的存在，期货交易实际上是偏向零和的负和游戏。在负和游戏中，参与者需要远超平均水平才有可能在投机过程中获得收益。这也符合在股票与期货市场中，最终能够赚钱的只是其中一小部分人这么一个客观事实。

期货作为双向交易的市场，投机者在方向上可以做的选择更多。与大众更为熟悉的股票市场不同的是，期货市场投机交易者不但可以低位做多高位平仓，也可以高位做空低位平仓。当然，更多的投机选择意味着更频繁的交易行为，这对于那些实力不到平均水平的投机者而言更加不利，因为双向交易相当于任何方向的价格波动都可能获得收益或者面临风险。

期货市场的另一个特征是保证金交易，保证金交易意味着杠杆交易，会放大交易过程中的收益和损失。打一个比方：假设在现货市场，1个杯子值1块钱，1块钱就只能买到1个杯子，但在期货市场，假设10倍杠杆下，1块钱就可以买到10个杯子。当杯子涨到1.1块钱的时候，相当于投机者每个杯子都赚了0.1块钱，若此时平仓他就有了2块钱，投机资金翻倍。但是，哪怕杯子仅仅跌了0.1块钱，跌到1个杯子0.9块钱，相当于投机者每个杯子都亏了0.1块钱，他就把这1块钱亏没了，如果他账户里一共就只有1块钱，那么他就需要追加保证金，否则就将面临强制平仓。而在现货市场，只有这个杯子的价值跌到0，才会输光这1块钱，这就是杠杆交易对盈亏的放大作用。

期货市场还有一个机制就是"T+0"交易，即当日以内就可以了结新建立的头寸。在这个机制下衍生出很多种投机交易模式，比如"抢帽子"交易、短线炒手的高频交易，以及由此衍生出来的高频量化交易等。在这些交易模式里，现在都有成熟的投机方法论，在实际交易中运用，可能会获利。但是高频交易会同时带来高昂的手续费，如果在具体操作上没有有效的盈利机制能够覆盖手续费，哪怕平仓盈亏是正的，算上手续费后账号总体上依然可能是亏损的。

从以上三点我们可以看到，所有的事物都存在两面性。尽管从双向交易、保证金制度和"T+0"交易的角度看，期货市场具备更多的交易灵活性，但其背后也暗含着更大的风险性。期货市场固然是投机者的乐园，但对于投机水平尚不足以做到稳定盈利的参与者而言，反而可能是个更加高效的收割机。

此外，在通常情况下，期货市场投机者会在到期日之前提前平仓了结已有头寸，不会进入交割环节。除了期现套利以外的投机者，瞄准的是期货市场中的价格波动，因此，不会将期货头寸留置到交割环节。国内交易所也规定了个人投资者持仓到期日，规定将超过持仓到期日之后依然存在于期货合约中的个人投资者持仓予以限期强制平仓，以保证交割的正常运作。比如，对乙二醇期货而言，自交割月份第一个交易日起，交易所就会对个人客户交割月份合约的持仓予以强行平仓，情节严重的，交易所甚至会依照有关条例对交易者以相应处罚。

二、投机交易如何分类?

在期货投机交易中,根据其交易内容的差异,我们能够将其分类为价差投机和套利交易。其中,价差投机是较为传统的交易模式,是指投机者根据自己的分析判断,在期货市场特定的某个合约中进行的低买高卖行为,又称单边交易。而套利交易则拓展了期货投机交易的内容,因为其交易的并不是某一个期货合约的绝对价格,而是某一组期货合约之间价格的差值。在成熟的交易投研体系中,这种以价差为对象的交易模式同样能够获取丰厚利润。价差投机与套利交易的区别见案例 9-1 和表 9-1。

案例 9-1 价差投机与套利交易的区别

表 9-1　　　　价差投机与套利交易的区别　　　　(单位:元/吨)

合约	2021 年 7 月 8 日价格	2021 年 7 月 20 日价格
EG2108	5017	5465
EG2109	4987	5341
EG2110	5001	5291
EG2111	5026	5268
EG2112	5041	5240
EG2201	5045	5175
EG2202	5066	5199
EG2203	5088	5211
EG2204	5117	5194
EG2205	5105	5242
EG2206	5206	5231
EG2207	4810	4998

投机者 A 判断未来乙二醇价格上涨，在 7 月 8 日买入 EG2109 合约多单 10 手，买入价格为 4987 元/吨，并在 7 月 20 日以 5341 元/吨的价格全部平仓，赚取收益：

$10 \times 10 \times (5341-4987) = 35400$（元）

这就是价差投机交易。

投机者 B 判断未来 EG 9-1 价差会走强，在 7 月 8 日买入 EG2109 合约多单 10 手的同时买入 EG2201 合约空单 10 手，并在 7 月 20 日全部平仓，赚取收益。

算法一：

EG2109 合约多单收益 = $10 \times 10 \times (5341-4987) = 35400$（元）

EG2201 合约空单收益 = $10 \times 10 \times (5045-5175) = -13000$（元）

最终收益 = $35400 - 13000 = 22400$（元）

算法二：

7 月 8 日 EG 9-1 价差 = $4987 - 5045 = -58$（元/吨）

7 月 20 日 EG 9-1 价差 = $5341 - 5175 = 166$（元/吨）

最终收益 = $10 \times 10 \times [166-(-58)] = 22400$（元）

算法二为套利交易。从算法二可以看出，套利交易关注的本质为不同合约之间价差变化，而不是合约的绝对价格本身。此外，由于关联合约方向相反的头寸相互制约，多数情况下套利交易在收益性和风险性上较单边价差的投机性要较小。

根据套利是否涉及现货市场，期货套利还可分为价差套利（Spread）和期现套利（Arbitrage）。

价差套利，是指利用期货市场上不同合约之间的价差进行的套利交易。不同合约可以是同一个期货标的的不同月份合约，这种套利模式又称作跨期套利，同一个标的下不同合约之间的价差称作月差，一般以"近月－远月"表示。例如，前文示例中的"9-1"即表示"9月－1月"，9-1 价差（月差）即指 9 月合约与 1 月合约对应价格相减所得的差值，示例中交易的本质正是这个差值的波动情况。大连商品交易所有专门的套利交易编码，如图 9-1 所示，序号 117 对应的就是 EG 9-1 价差，交易所编码为 SP eg2109&eg2201，该合约价格直接以价差的形式显示，忽略其绝对价格，且在运行机制上能够保证投资者多空"两腿"同进同出。在实际应用中，套利投机者可以直接以价差下单并成交，代替了原先需要分别在两个不同合约进行开平仓的烦琐行为，规避了开仓过程中手忙脚乱、忙中出错以及由于两个合约进场之间的时间差可能导致实际进场后的价差比期望进场价差更不利的情况，更方便套利交易者使用。

序号	合约名称	最新	现手	买价	卖价	买量	卖量	成交量	开盘	最高	最低
115	SP eg2108&eg2110	—	—	—	—	—	—	0	—	—	—
116	SP eg2109&eg2110	97	1	96	98	49	1	11800	128	128	70
117	SP eg2109&eg2201	165	1	164	167	1	1	13238	232	232	129
118	SP eg2110&eg2111	35	1	28	30	8	11	2794	-15	42	-15
119	SP eg2110&eg2112	44	1	43	45	4	3	2877	10	56	10

图 9-1 价差套利

价差套利还可以是不同期货标的之间的套利，这种套利模式又称作跨品种套利。这些品种之间通常会有较强的联系，比如乙二醇、PTA 与短纤、镍与不锈钢、螺纹与铁矿石、焦煤与焦炭等。投机者通过基本面或者技术面分析，认定一些相关品种在未来的强弱关系，就可以择机对这些品种进行反向对冲交易，对较强的品种建立多头头寸的同时对较弱的品种建立空头头寸。由于不同品种之间价格与单位不同，跨品种套利需要对多空双方的头寸进行调整，以匹配相应关系。目前，市场上主要有两种配平思路，一种是根据生产关系，比如，短纤数量 = 0.855 × PTA + 0.335 × 乙二醇数量，通过调整系数使相应品种之间数量对应关系尽可能符合生产关系系数，这种交易又称作利润交易，因为该价差在一定程度上反映了短纤生产利润的变化；另一种是根据价值配平，即通过调整多空两个品种的头寸数量使两者的合约价值（合约价值 = 合约价格 × 合约单位 × 头寸数量）尽可能配平。

案例 9-2 为何要通过调整开仓量配平不同合约的合约价值

只有配平不同合约的价值，才能使账户收益更加准确地反映对应合约之间的强弱关系。假设品种 A 与 B 之间具有较强的关联性，投机者 C 判断在行业政策的驱动下，未来 A 的走势比 B 的走势更强。

具体分析：我们假设当时 A 价格为 500 元，单位为 10 吨/手，1 手 A 的价值为 5000 元；B 价格为 2000 元，单位为 10/手，1 手 B 的价值为 20000 元。我们同时假设在未来一段时间内，A 价格上涨了 2 倍至 1500 元，B 价格上涨了 1 倍至 4000 元，符合投机者 C 认为未来 A 比 B 走势更强的判断。

在价值没有配平的情况下，假设投机者 C 分别开仓 A 多单与 B 空单各 1 手，此时 A 的合约价值 5000 元与 B 的合约价值 20000 元并不匹配：

A 收益 =（1500－500）×10×1＝10000（元）

B 收益 =（2000－4000）×10×1＝－20000（元）

总收益 ＝10000－20000＝－10000（元）

虽然投机者 C 判断对了 A 与 B 的未来强弱关系，但是由于操作上没有进行价值配平，哪怕 A 比 B 多涨了 1 倍，最终交易结果并不能真实反映 A 与 B 之间的强弱关系对比。

在价值进行配平的情况下，假设投机者 C 分别开仓 A 多单 4 手与 B 空单 1 手，此时 A 与 B 的合约价值均为 20000 元。

A 收益 =（1500－500）×10×4＝40000（元）

B 收益 =（2000－4000）×10×1＝－20000（元）

总收益 ＝40000－20000＝20000（元）

通过正确配平合约价值，投机者 C 因为准确判断了未来行情变化获取了收益。

价差套利还可以是不同市场之间的套利，这种套利模式又称作跨市套利或者跨境套利。比如，国内上期所的铜期货与伦敦金属交易所的铜期货之间的套利，上期所燃料油期货与新加坡燃料油纸货之间的套利等。相较于前两种套利，跨境套利需要考虑的因素要复杂得多，有时候虽然两个市场上同一个标的价格相差甚远，但因为受到各自客观原因的制约，最终价格并不会向投机者期望的方向收敛。这时候可能会涉及实物交割，即把货物从价格便宜的地区卖往价格昂贵的地区，套利性质也从跨境价差套利转为跨境期现套利。这中间需要考虑很多额外的因素，比如汇率、运费、仓储费等，在实际操作上往往需要丰富的经验和成熟的团队。

期现套利，是指通过利用期货市场与现货市场之间的不合理价差进行反向交易而获利。理论上，期货价格与现货价格之间的价差主要反映的是持仓费用。但在现实中，有时候会出现两者明显偏离的情况，这就出现了期现套利机会。如果"期货－现货"远超过持仓费用，套利者就可以通过买入现货的同时卖出期货，等到合约到期时将现货进行交割，因为期现价差远超现货仓储费用，在折算交割成本后剩下的盈余就是期现套利者瞄准的套利利润；反之，如果期现价差远不及持仓费用，套利者也可以通过卖出现货的同时买进期货，等到合约到期后再用交割所得现货补充之前卖出现货，折算交割接货成本后剩下的盈余就是期现套利者瞄准的套利利润。在实际操作中，也可以不通过烦琐的交割完成期现套利。在期现价差从偏离的情况回归到正常情况时，期现套利者可以通过期现两端了结头寸获取收益。

案例9-3 期现套利示例

假设7月10日，商品A的9月期货合约价格为5000元/吨，其现货价格为4800元/吨，"期货－现货"价差为200元/吨，期现套利投机者B计算得出，7月10日到9月交割的仓储费及交割费用总计60元/吨，投机者认为存在套利机会。其在当天以4800元/吨的价格买入现货，同时以5000元/吨的价格做空同等数量的期货，并一直持有至合约到期交割，其期望收益为200－60＝140元/吨。

在这个过程中，期现套利投机者B主要承担的风险在于货物保管运输过程的损坏以及仓储费的变化，若期间仓储费大涨，B的套利收益就会减少甚至变为亏损。但一般认为短期内这两种风险发生的可能性都较小，与其他投机行为相比，期现套利几乎可以直接锁定利润，因此市场又把这种套利行为称作无风险套利。

与价差套利相比，期现套利者瞄准的利润是期现市场之间不合理的价差。一旦价差出现，期现套利者通过一系列操作取得的收益几乎可以根据当时价差和仓储费直接计算得出，因此又称为无风险套利。而价差套利更考验投机者对未来市场判断的准确能力，投机性更强。期现套利者的相对稳健是建立在他们具有现货头寸的优势上的，期现套利参与者往往是现货生产经营企业或者中间贸易商，包括之前介绍的，跨市套利参与者往往也是手中有现货的相关企业经销商，这样才能通过手中的现货冲抵期货市场风险。

综上所述，投机交易分为价差投机以及套利交易，套利交易根据是否涉及现货，分为期现套利与价差套利，价差套利又分为跨期套利、跨品种套利和跨市套利，其各自特点决定了它们投机性的强弱。通常，风险与收益是成正比的。

三、投机交易方式如何分类？

在实际投机交易中，市场上对具体交易方式有很多分类方法。一种比较传统的交易方法，即根据自己的判断作出相应的交易行为，被称为主观交易，主观交易的结果往往与自己对行情的判断能力直接挂钩。主观交易的优点是灵活，能够随时把握行情异动，主动及时地将其他市场信息纳入投研体系中，缺点是需要自己控制风险，且过于灵活与过度投机往往只相隔一层纸。对于经验尚浅的投机交易者，主观交易的缺点有被放大的可能性，即使是经历了多年主观交易的熟手，偶尔也会陷入"天人交战"中，被人性中的贪婪和恐惧影响。

市场上有一种激进的观点，认为主观交易就是凭感觉交易，在根本性上是有缺陷的，这并不完全正确。实际上，成熟的主观交易者是有相对固定的一套或者多套交易思路的，同样，其也有严格的风险控制标准。作为基本面主观交易者，他们对市场和基本面的调研评估的程度，是客观交易者难以达到的，这是主观交易的优势。无论对于主观交易，还是后面我们提到的客观交易，本身并没有优劣之分，两种交易方法都有赢家和输家，充分发挥各自的优势，在保持进步的同时尽可能规避缺陷才是重中之重。

与主观交易相对应的交易方法，即将交易行为中的一点一滴都完全规范，并忠实执行，这样的交易被称为客观交易，量化交易亦在此范畴。目前，已经有相当部分的客观交易从手动半自动交易进化为程序化交易，对于国内期货交易而言，这是较为新兴的交易模式。客观交易的优点在于，交易结果不会受投机者本身的影响，能够完全规避人性的弱点，但是交易的结果依然需要客观交易逻辑能够经得起市场考验。客观交易的缺点或者难点在于市场上有些信息尤其是政策类的信息很难量化，这个时候如果市场出现重大变化，那么客观交易模型可能依然会兢兢业业地发出一个看上去很不合时宜的交易信号。客观交易的另外一个难点在于当一套客观交易逻辑失效时，因为在之前该逻辑始终成功，客观交易者往往难以及时对交易逻辑进行修正，甚至在出现小部分失效后还坚持原来的交易逻辑，认为这只是正常的回撤，从而导致更大的损失，即所谓的幸存者陷阱。

客观交易的本质在于复制，这点与技术流派重大假设之"历史是会重演的"不谋而合。通过大量复制大概率下的能够取得收益的交易过程，基于大数定律和概率论形成的稳定的成长型收益曲线，是客观交易的理想目标。客观交易同样需要充分发挥优势，并积极补足缺陷，但客观交易的难点在于交易逻辑被市场证明失效之前很难被发现，过于敏感又不利于保持交易模型的稳定性。事实上，要挖掘出长期有效且稳定的交易逻辑并没有那么容易。

 四、投机交易者的主要分析方法有哪些？

投机交易者的主要分析方法，一般分为基本面分析法和技术面分析法。基本面分析更加关注影响期货价格变化的宏观因素、产业因素和行业因素等，或者说关注改变行情的原因。技术面分析则通过对行情价格变化本身的分析来对未来行情作出判断，并不关心其原因。而绝大多数的投机交易者采用的是两者兼顾的混合型分析法。接下来，我们就分别简单介绍这两种分析法，供读者参考。

（一）基本面分析法

对商品期货而言，基本面分析法是指对一切能够影响商品价格走势的因素进行分析，从而分析和预测商品期货价格和走势的方法。投机者期待通过基本面分析判断期货价格变动的中长期趋势。一个全面完整的基本面分析法应当涵盖涉及品种的宏观分析、供求分析、产业链分析等。

1. 宏观分析

宏观分析一般包括经济周期、经济政策、经济数据等，是通过对当前大环境的分析判断商品总体倾向。在其他如供求关系等条件一致的情况下，繁荣扩张背景下与萧条紧缩背景下的商品价格走势可能会完全不同，宏观分析的主要目的就是解决这些问题。

经济周期一般由复苏、繁荣、衰退和萧条四个阶段组成。在经济周期性波动的不同阶段，大宗商品的供求和价格具有不同的特征，进而影响商品价格。一般而言，复苏阶段开始时是整个周期的最低点，产出与价格均处于最低水平，随着复苏阶段的推进，生产随着需求的恢复而回暖，价格也开始逐步反弹；随着复苏阶段推进到一定程度，经济重新呈现出繁荣的景象；随着需求不断恢复扩张，生产力逐渐满足不了过高的需求了，价格迅速上涨到较高的水平，整条生产链各环节之间的利润迅速扩大；随着利润持续扩大，新增投产如雨后春笋般地冒了出来，但过高的价格抑制了需求的进一步增长，甚至导致需求萎缩，而供给却由于新增投产迅速超过了需求，价格迅速下跌，信用风险大幅增加，经济周期就进入了衰退期。萧条阶段是经济周期的最后一个环节，此时，由于信用破产大量产能退出，供应大幅回落，需求也延续衰退周期的萎靡之势，价格下跌速度逐渐放缓，在大量破产、产能清退、行业洗牌中失衡的天平也逐渐平衡，迎接下一轮周期的复苏阶段。

相对而言，价格的波动由于惯性会略微滞后于经济周期波动，在做期货价格分析时，首先要明确当前经济周期所处的阶段。不同阶段的供求关系及后续变化会有不同的表现，我们只有准确掌握经济周期，才不至于对供求关系的后续预判出现重大差错。

延伸阅读

美林时钟

美林时钟全称美林投资时钟理论（The Investment Clock），最早由美国知名投行美林证券（2008年金融危机时被美国银行收购）在2004年发表的同名报告《投资时钟（The Investment Clock）》中提出。该理论表述了资产轮动与经济周期之间的关系,随后被市场广泛应用。美林时钟是一个实用的指导投资周期的工具,能有效地将资产、行业轮动、债券收益率曲线及经济周期联系起来,并且帮助投资者判断识别经济周期的重要转折点。

美林时钟通过经济增长率GDP指标和通货膨胀率CPI指标的高和低将钟面四等分,划分出复苏、过热、滞胀和衰退四个阶段(见图9-2)。

复苏阶段对应经济上行、通胀下行,此时收益率关系为"股票>债券>现金>商品";

过热阶段对应经济上行、通胀上行,此时收益率关系为"商品>股票>现金>债券";

滞胀阶段对应经济下行、通胀上行,此时收益率关系为"现金>商品>债券>股票";

衰退阶段对应经济下行、通胀下行,此时收益率关系为"债券>现金>股票>商品"。

值得注意的是,在实际应用中,经济周期在美林时钟的对应区域运行通常不是匀速的,且在阶段更替过程中因为客观环境或者经济政策变化,完全有可能出现倒退回原来阶段的情况。

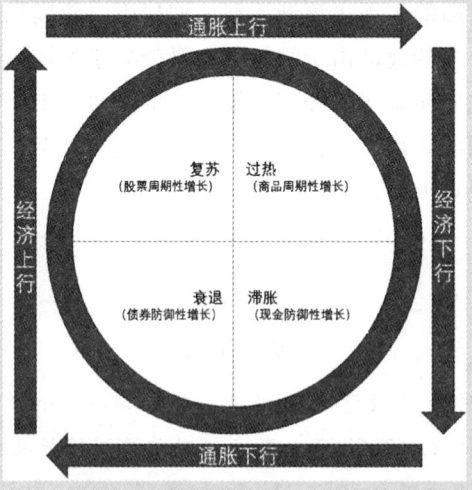

图9-2 美林时钟示意图

经济政策一般分为货币政策、财政政策和产业政策。

货币政策是世界各国普遍采用的经济政策，是中央银行为了实现特定经济目标而采用的各种控制和调节货币供应量和信用量的方针和措施的总称，核心是对货币供应量的管理，其表现形式包括信贷政策、利率政策和外汇政策。

一般而言，宽松的货币政策包括降低利率、降低准备金率以及增加流通中的货币量等，其通常是为了刺激经济增长，增加居民就业，此时商品物价水平会随着货币供应量的增加而上涨；反之，紧缩的货币政策包括上调利率、上调准备金率以减少流通中的货币量等，其通常是为了抑制经济过热，缓解通货膨胀，此时商品物价水平会随着货币供应量的减少而下跌。随着金融深化和虚拟经济的发展，利率工具在现代市场经济中的地位和作用日益重要。除此之外，货币政策还会影响本币汇率，汇率变化对作为出口大国的我国影响深远，对美国则直接影响以美元计价的国际大宗商品价格。可见，货币政策十分重要。

财政政策是一国政府对国家经济进行调控干预以实现其宏观经济目标的工具，财政政策的主要手段包括调整税收、调整预算、增减国债、购买性支出和财政转移支付等。在 20 世纪 30 年代凯恩斯主义产生后，财政政策成为调节经济和挽救经济危机的重要手段，政府常常在经济萧条时期实行扩张性财政政策，通过刺激社会总需求加快经济复苏，在经济过热时期实行紧缩性财政政策，以减少社会总需求延缓经济危机的降临。在经济周期切换的一些重要时间点，主要国家财政政策目标的变化及其推进落实情况往往会对商品价格产生重大影响。

产业政策也是常见的经济政策之一，是指一个国家制定的，用以引导国家产业发展方向，引导推动产业结构升级，协调国家产业结构，使国民经济健康可持续发展的政策。产业政策主要通过国民经济计划、产业结构调整计划、产业扶持计划、财政投融资、货币手段、项目审批来实现。产业政策往往具有明确特定的指向性，往往只对特定商品产生影响。最近几年的产业政策，如供给侧结构性改革、打击"地条钢"、打赢蓝天保卫战、促进碳中和等对黑色产业链品种的价格走势产生了深远的影响。

经济数据，是指全球各国发布的一系列宏观经济数据。其中，读者们耳熟能详的就有GDP、实际GDP、CPI、PPI、就业数据、PMI等，是期货市场投机者用来判断当前经济周期以及预测未来经济政策变化的重要依据，是宏观分析实际运用中的根基。

2. 供求分析

供求分析，是微观经济学中对指定商品供求关系的分析，用以预测该商品未来价格走势的方向性。当供不应求时，市场就成了卖方市场，卖方处于优势地位，商品价格易涨难跌；当供大于求时，市场就成了买方市场，买方处于优势地位，商品价格易跌难涨；当供求平衡的时候，买卖双方处于对等关系，商品价格没有明确的方向性。

供给，是指在某一时间和地点，在不同价格水平下卖方愿意且能够提供的产品数量。供给由期初库存、国内产量和进口量构成。期初库存即上一期的期末结存量，直接影响本期的供给，在期初库存过剩的情况下，将制约本期价格上涨；反之，则市场将难以抑制价格走高。国内产量指在当前阶段某商品在国内生产的数量。根据商品本身的性质，制约产量的因素不同，比如农产品的产量比较依赖播种面积和天气情况，工业品的产量则相对依赖行业产能和开工情况。对于乙二醇而言，新增产能的投产情况、主要炼厂的开停工检修计划、可能影响生产的行业政策及环保政策等都可能影响其产量。进口量同样会影响供给面，对于不同商品而言，进口对供给的影响力大小与进口依存度有关，作为进口依存度较高的乙二醇，其投资者需要关注进口船期、进口利润、港库库存等数据变化。

影响供应的因素主要有商品自身的价格与生产成本之间的利润关系、生产的技术水平、相互竞争及互补产品的价格、生产者对未来的预期、政府的政策以及其他因素等。

需求，是指在一定的时间和地点，在不同价格水平下，买方愿意且能够购买的产品数量。需求由国内消费、出口量和期末库存构成。国内需求指当前阶段某商品在国内消费的数量，主要受下游需求迫切性、下游生产利润水平、下游生产经营景气程度等因素影响。出口量，是指本国生产的商品销往国外市场的数量，这里有一个与进口依存度类似的指标，叫出口依存度，像乙二醇这种几乎不出口的商品，其出口量分析可以忽略不计。期末库存本身并不是需求，但可以通过比较期末库存与期初库存，得出当期的供需情况为供大于求还是供不应求,同时期的期末库存即下一个时期的期初库存。

影响需求的因素主要与商品自身价格,与其竞争、互补产品的价格关系,下游的价格预期,下游的景气程度,下游对该商品需求的迫切程度以及产业链的消费结构有关。

均衡价格理论(Equilibrium Theory)最早由英国经济学家马歇尔和法国经济学家瓦尔拉斯引入并创立,当市场供给力量(Supply)与需求力量(Demand)正好相等时形成的价格,即为均衡价格 P_E。在完全市场中,由于供给和需求力量的相互作用,市场价格趋向于均衡价格。如果市场价格高于均衡价格,则市场上将出现超额供给,超额供给使市场价格趋于下降;反之,如果市场价格低于均衡价格,则市场上将出现超额需求,超额需求使市场价格趋于上升,直至均衡价格。因此,市场竞争使市场稳定于均衡价格。在均衡价格水平下,相等的供求数量被称为均衡数量 Q_E(见图9-3)。

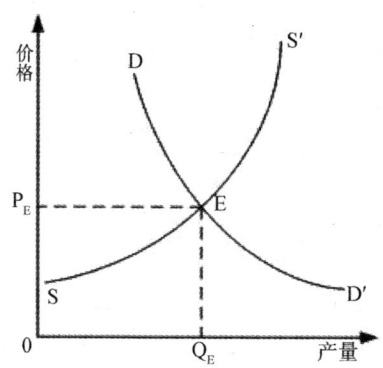

图9-3 均衡价格示意图

为了让供求分析方法更简便,且更直接地体现出某个商品的供求关系,供求平衡表(Balance Table)是一种目前比较受市场欢迎的分析工具。供求平衡表中罗列了大量能够直观体现供需方面的数据,包括期初库存、产量、进口量、消费量、出口量、期末库存,包括一些加工后的数据,比如能够直观地体现当下供需状况的库存消费比。

库存消费比 = 期末库存/当期消费

通常而言,库存消费比数值越大,供大于求的指向越明显;反之则供不应求的指向越明显。比值过高或者过低意味着供需两端严重不平衡。

在一些重要的行业报告中，机构也倾向于以供求平衡表的方式表达商品的当前状态，例如，美国农业部发布的行业报告以及三大能源机构 IEA、OPEC、EIA 发布的能源展望报告。表 9-2 是由卓创资讯发布的乙二醇供求平衡表，基本反映了近几年国内乙二醇供求基本面的信息。

表 9-2　　　　乙二醇供求平衡表（2016—2020 年）　　　　（单位：万吨）

指标	2016 年	2017 年	2018 年	2019 年	2020 年
期初库存	219.81	117.96	74.40	100.44	56.84
产量	503.31	571.71	668.89	746.76	889.16
进口	757.00	875.11	978.96	994.85	1120.80
总供应量	1480.12	1564.78	1722.25	1842.04	2066.80
出口	1.95	1.80	0.42	1.16	1.25
下游消耗量	1360.21	1488.58	1621.39	1784.04	1870.11
总需求量	1362.16	1490.38	1621.81	1785.20	1871.36
期末库存	117.96	74.40	100.44	56.84	195.44

资料来源：卓创资讯。

3. 产业链分析

除了宏观分析与供求分析以外，由于包括乙二醇在内的很多期货品种并不是一个独立的商品，而是整个产业链中的一环，因此整个产业链的景气程度，或者产业链上下游的某一个环节出现了强驱动，也会影响该品种自身走势。

以乙二醇为例，在产业链上游产业中，由于其生产工艺的多样化，油价、煤价都可以作为成本端因素影响乙二醇的价格波动，在其最大的下游产业中，聚酯行业的景气程度或者聚酯行业的某个行业政策，都可以成为乙二醇价格的影响因素。

要研究预判乙二醇未来的价格走势，也可以从产业链入手，深度挖掘找出其价格波动的内在驱动因素，并通过预测该驱动因素能否持续，来对乙二醇未来价格方向作出预判。

(二) 技术面分析法

期货市场技术分析方法是通过对市场行为本身的分析来预测价格的变动方向，主要针对该品种合约的具体运行状况，包括价格、交易量、持仓量等数据及对加工产物的分析比较，预测该合约未来价格走势方向。

一切技术面分析法的理论基础都是基于以下三大假设：

1. 市场行为反映一切信息

技术面分析法认为，投资者的交易行为已经充分考虑了影响市场价格的各种因素，因此只需要研究市场交易行为本身，就可以知道当前市场状况，而无须花费精力逐一关心价格背后的宏观面、基本面、政策面等影响因素。

2. 价格呈趋势波动

技术面分析法认为，对于已经形成的趋势来讲，价格通常会沿目前的趋势继续运行，直到有反转的现象产生为止。价格虽然上下波动，但在一段时间内往往会有一个较为明确的大方向。技术面分析法是通过一切图形及指标工具分析，判断出当前的方向以及方向反转的信号，从而通过相应的操作赚取利润。

3. 历史会重演

技术面分析法认为交易行为与人类心理因素有一定关系，并基于这层关系，交易行为将趋于相对一定的模式。价格会以特定的形态或者指标特征表达人们对某商品看好或看衰的心理，因此可以通过统计分析的方法，寻找一些规律性的图形和指标，形成一套有效的操作逻辑以符合行情走势，并从中赚取利润。

根据分析对象的侧重以及分析逻辑的差异，市场上实际运用中的技术面分析法差异很大，市面上也有很多书籍对特定的技术指标有详细的阐述以及辩证的讨论，我们在此并不作过多展开。

技术面分析法由于其不重视价格波动的背后原因，在学术界讨论中争议颇多，但在期货市场实际运用中，依然有大量受众，其中不乏一些传奇人物。俗话说，存在即合理，技术面分析法无论在股市还是期市上始终有一定的市场，我们无须过于神化或者排斥技术面分析法。

五、投机交易者在期货交易中扮演了怎样的角色?

前文我们曾经介绍过,期货市场是为了解决产业链相关者对商品远期价格波动困扰而成立的,其中似乎与投机交易者没有太多联系。期货市场发展至今,尽管套期保值依然存在,但市场上绝大多数的成交量却由投机交易者贡献,甚至一些原本做套保的企业在行情剧烈波动的诱惑下也逐渐开始"不务正业",入市投机。投机交易者与期货市场之间到底是什么样的关系呢?

投机者是期货市场风险的承担者。首先,投机行为的本身就具有风险性;其次,期货市场只能转移风险,并不能消灭风险,套期保值者现货头寸的风险由其期货套保盘的交易对手即投机者承担。当然,投机者也不必觉得自己很吃亏,套期保值者的目标是对冲现货风险,降低其经营业绩的盈亏波动率,因此,其头寸的盈亏关系具有随机性,当套期保值者的现货头寸处于盈利状况下,其期货套保盘大概率为亏损,投机者自然就随之获益。此外,期货市场中的投机者远比套期保值者多,因此,也可以说是套期保值者将其少量的价格波动风险(或收益)释放到期货市场,由广大的投机者稀释并消化。因此,套期保值者与投机者实质上是共生关系,并没有地位上的高下之分。当然,对于那些本应通过套保消灭现货敞口最终却"不务正业"入市投机的现货企业,它们相当于在舍弃了转移风险工具的同时,又给自己的生产经营增加了风险。

投机者是期货市场流动性的提供者,如果期货市场中只有套期保值者,即使市场上有大量的供求信息,也会因为交易量的缺失难以在期货市场中找到交易对手,或者由于盘口的稀疏,少量的交易就会导致价格剧烈波动。此外,市场总有那么一段时间会出现因为各种因素导致盘中某个方向的情绪倾向性很明显的情况,由于参与者对未来价格方向判断的相对一致性,缺乏足够对手盘,导致无法成交的情况会更加严重,造成风险事件发生时却无法转移风险的结果。而投机者的加入则使套期保值盘随时快速交易成为现实。越是成交量大的市场，套期保值盘的成交时间越短，对于投机者而言，成交量大，意味着冲击成本的减少，更有利于大资金参与其中，从而进一步放大成交量，如此循环反复，不断做大市场。

最后，越是投机者活跃的品种，越是有利于价格发现以及缓解价格波动。在介绍无风险期现套利的章节中，我们曾经提到过，不合理的期现价差下会存在期现套利行为，期现套利者通过期现套利赚取利润，而作为期现交易的结果，期现的不合理价差会发生收窄，从而使期货合约到期前的合约价格与现货价格逐渐靠拢，发挥发现价格功能。越是投机者活跃的品种，能够容纳的交易量越大，因此，期现套利对盘面的冲击力度越小，使期货发现价格的过程更加平缓。

另外，市场上总有那么一些投机者想要人为恶意操纵市场并从中获益，当然，这并不能躲过监管部门的清算。在其实际操纵市场行为的过程中，投机度越活跃的品种，其中蕴含的庞大资金量和盘口资金量就越会增加恶意投机者操纵市场的难度，其操纵效益就越低；而投机力度小、成交量和持仓量都很稀少的品种，反而容易成为恶意操纵市场者的目标。

六、投机交易者在交易过程中如何进行策略管理？

在投机交易者的交易过程中，需要注意以下事项。首先，交易者需要有过硬的盈利能力。对于主观交易者而言，这意味着扎实的基本面投研能力，对于客观交易者而言，这意味着一套能够盈利的策略，这也是许多投机者在交易初期深受困扰的问题之一。其次，盈利能力只代表进攻，一个不会防守的投机者是很难在杠杆交易市场上长期存活的。作为一个合格成熟的投机者，风险管理和资金管理必不可缺。进攻失败后可以重新再来，但防守失败后本金往往会受到降维打击。可以说，我们若要长期在市场上存活并保持盈利，必须要做到攻守兼备，其中，防守比进攻更重要，只有保证了生存，才有资格谈论美好。

在期货市场上,有很大一部分投机者尚未形成自己的策略体系,他们仍然在四处寻找策略,比如,好的技术指标和参数有哪些,好的投研体系搭建需要什么,好的产业链数据库要包含哪些核心数据,一些加工过的数据背后的公式又是啥,哪里的小道消息又多又快又准等。其中,极端一点的,更是直接跳过策略去寻找具体的交易计划,比如最近什么品种有机会,做多还是做空,什么地方可以进场等。

这些投机者往往还没有形成自己的交易体系和研究框架,他们的交易手法并不固定,加上缺乏足够的自信,其交易随机性很高,而且常常会带情绪交易。所以,为了避免交易的随意性,投机者应搭建且固化自己的交易体系,并在交易过程中不断升级体系,这是交易的第一步。一个基础的交易体系至少要具备以下三个要素:建仓计划、理想情况下的平仓计划、不理想情况以及风险较大的情况下的止损计划。缺乏任意一个要素的交易体系都是不完整的,而一个完善的交易计划则应在此基础上更加详尽充实。

我们在前文也提过,基本面分析和技术面分析并没有高下之分,市场上大部分人也都是采取两者兼顾的态度。问题在于,无论哪个分析方法,我们都需要把它做精,只有精细程度超过市场上大部分竞争对手了,才有可能通过这种方法稳定盈利。

基本面分析固然十分重要,但实际应用起来也不是每个人都能做到的。受人脉限制以及资源制约,绝大部分人在做基本面研究的过程中,会遇到这样那样的困难,也不能完全把握每一个细节。也就是说,先不论方法论,大部分人甚至都不能为基本面分析搜集到足够有用、及时且全面的市场信息,而这点恰恰是制约大部分人发展其基本面研究的核心因素:巧妇难为无米之炊。往往只有产业内人士,以及一些有配套资讯数据调研支持的专业研究员,才具备提升基本面分析能力的先决条件。

技术面分析看似没有基本面分析那么多制约,任何人只要想用就可以用。但实际操作起来,往往问题更大。首先,要寻找一套能够在过去几年稳定盈利的交易方法本身就很难;其次,即使找到了这个方法,我们还要面对幸存者偏差这个陷阱。

幸存者偏差,指的是当取得资讯的渠道仅来自幸存者时,此资讯可能会与实际情况存在偏差。很多投资者喜欢用技术指标，通过拟合出最佳参数得出其交易方法。但实际操作中，往往会发现这些过去发挥出色的参数在后续的应用中并不尽如人意，而可能使投机者陷入无限修改参数的死循环，鲜有持续盈利者。其原理很简单，在已经发生的被钉死的行情中，任选一个技术指标，通过繁多的参数筛选，必然存在一个最优解和一个最差解，这个最优解本身和最差解的反向信号之间的优胜者就是我们所说的拟合参数后的幸存者，所以说，要从已知的行情中寻找出一个幸存者是何其容易，但这个幸存者对于未来的不确定行情有多少指导意义我们并不知道。当下一个时间段的市场兴衰或者突发事件发生点的节奏变化，往往会导致过去拟合过程中的最优解在之后的运用中失效。

规避幸存者偏差或者判断一套交易指令中是否存在幸存者偏差并不是一件容易的事。首先，很多投机者从心理上就很难放弃一个具有光辉历史的交易策略，因为幸存者偏差陷阱会让投机者意识不到这个策略构架有问题，投机者只会认为这是一个很成功的策略；其次，判断本身也需要成本，包括时间成本和资金成本。一般而言，非参数型固定策略以及自身背后能寻找到的市场逻辑支持不是随机幸运数抽取的策略，能更好地规避幸存者偏差风险。

我们前文提过，技术面分析的本质是复制，通过概率模型期望正收益和大数定律来确保其无数次交易后的长期收益。最后，我们通过介绍赌场的某些游玩项目的设计原理，并将其与期货策略进行类比，来让广大投机者更加清晰地认识到自己到底需要一个什么样的交易策略。

延伸阅读

赌场某些项目设计原理与期货策略的相通之处

猜大小：三个骰子，随机抛出，一共有 $6×6×6=216$ 种可能性，三个骰子点数和的范围是 $3\sim18$，$3\sim10$ 算小，$11\sim18$ 算大，赔率为 1 赔 1，看上去很公平。但在看似公平的背后，还有一个小规则，当三个骰子点数完全一样时，比如三个一点，共有 6 种可能性，在这 6 种情形时，不管赌客猜大猜小,庄家通杀。所以,实际上,无论赌客猜大还是猜小,只有 (216-6)÷2=105 种可能性是赚钱的,胜率为 105÷216×100%=48.61%。

猜奇偶:一个轮盘,共有 36 个常规数字,以及 0 和 00 共 2 个特别数字,共划分 38 个区域。随机滚动轮盘,根据轮盘停止后小球所在区域对应的数字,如果奇偶性与赌客的压注一致就算赌客赢,赔率为 1 赔 1;反之则算赌客输。和猜大小一样,0 和 00 这 2 个特别数字既不算奇数,也不算偶数,一旦滚出这 2 个数字,无论赌客猜奇猜偶,庄家通杀。所以,实际上,赌客的胜率只有 18÷(36+2)×100%=47.37%。

除此之外,每个项目赌场都会标识该区域最大下注额,任何赌客在单轮开盘中,下注总额不得超过最大下注额。

将这些规则对标到期货市场就很明显了。首先,赌场的每个策略都具有正的数学期望,1 赔 1 的赔率看似公允,实际上给予赌客的是公平合理全凭运气、放心参与的心理暗示,再通过一些看上去无伤大雅的规则设置,造成胜率有 1%~3% 的偏差,当无数赌客尝试了无数多次后,在大数定律下,赌场赚钱是再正常不过的。也就是说,在期货市场上,一个理想的可行策略,其数学期望必然是正的,广大投资者可以通过检验自己固有策略的胜率和盈亏比,判断是否满足正的数学期望。

其次,在最大下注额这里,赌场已经把自己的单笔最大止损和资金管理做好了,这也是我们下文会讲到的风险管理和资金管理。只要有最大下注额的限制,赌场就不怕资金量远超过他的玩家利用资金优势使其爆仓,哪怕赌客"家财亿贯",也只能在大数定律下不断地将小钱输给赌场。

所以,一个好的策略,就是一个将期望正收益策略与绝对的资金及风控管理两者完美结合的策略。但由于策略本身的不稳定性以及人性弱点的客观存在,完美策略仍然是绝大部分投机者毕生追求的理想境界。

七、投机交易者在交易过程中如何进行风险管理？

对于期货投机者来说，风险主要的来源是交易过程中产生的交易风险。一个能够盈利的策略或者出类拔萃的基本面投研能力只是投机者在期货市场上盈利的必要条件，但并不能保障一个投机者能够在期货市场上安全无忧。因为期货交易具有比其他市场交易更多更大的风险，其中最主要的原因是期货是杠杆交易，以及每个期货合约都有到期日。杠杆交易意味着投机者承担的风险是商品价格波动率本身的数倍，这个倍率往往在10倍左右；到期日则意味着单笔期货交易是有时间限制的，即使一个投机者对长期商品趋势的判断是正确的，但如果短期内波动并没有明显向着有利的方向波动，甚至在合约到期前价格还处在偏不利的方向，那么该投机者这笔交易的最终结果还是亏损。

除了杠杆效应和到期机制，期货市场的交易风险还包括交易者的非理性投机。我们发现，一般期货初学者喜欢讨论的往往是具体的市场信息和策略，以及自己或者周边的经典交易案例，而资深大佬们却喜欢谈论人性和天道，很少会谈论某一个具体策略。在期货市场上长期搏杀后，期货投机者往往会发现，跟寻找一个稳定盈利的策略相比，更难的是对人类本能中贪婪与恐惧的克服。对于这些人性中天然存在的要素，即使很多投机者已经领悟并总结出一个不错的交易策略，执行下来却可能完全走样。该进场的时候不敢进，行情启动了追悔莫及又去追，该持有的时候怕亏回去拿不住，该止损的时候又不愿承担损失死拿扛单，到最后，实际交易的内容与交易策略南辕北辙。照理说，偏差的结果是随机的，但邪门的是在这种情况下，投机者一般都是亏损的，因为人性的弱点往往会缩小投机者的盈利，放大投机者的亏损。尽管交易成功率在人性驱动下，"谨慎"的影响下，可能会有小小的提升，但是在大数定律下，由于盈亏比被大幅弱化，往往难有善终。

所以，市场上有相当一部分条件成熟的客观交易员转去做程序化交易，就是为了克服人性中的弱点。而对于主观交易者，制订交易计划和明确交易内容就是重中之重。在判断出趋势后，主观交易者需要制订详尽的交易计划方能严格执行，计划须包括明确的交易方向，在哪个区间建仓，建仓的方式，是否加仓以及加仓的区域，止损位在哪里，盈利后在不同阶段如何处理等。只有交易计划足够详尽，在遇到状况时才能及时处理，临时思考难免会陷入人性的弱点，导致最后交易执行成"四不像"。

在期货市场上，风险是不可避免的，正所谓"常在河边走，哪能不湿鞋"。大到全球经济危机，小到行业政策突发，投机交易者很难保证每次突发事件发生时自己都能规避风险。但是，当风险发生后，投机者是否具备成熟的风险管理机制和能力，其最终的交易结果或许会完全不同。

常有投机者说自己从不止损，因为之前频繁止损让自己的账户亏损了，在不止损后账户反而盈利了。首先，这个言论本身就带有强烈的幸存者偏差，只要坚持不止损，爆仓之前的所有策略当然都是盈利的；其次，这类投机者的问题可能在于还没有找到合适的策略，因此交易结果不稳定，而不应归咎于风险管理。要想在期货市场"活"得长，风险控制管理必不可少，投机者需要长期树立风险管理心态，加强风险管理水平，特别要警惕被短暂的侥幸逐渐渗透心防，最终变成完全不设防的状态。

八、投机交易者在交易过程中如何进行资金管理？

资金管理的目的与风险管理类似，都是在于防守，但由于本金的重要性，市场往往将资金管理单独提出，作为期货日常交易的重要组成部分。

在期货交易过程中，本金是非常重要的，在小额盈亏的情况下或许并不明显，比如100万元账户亏1000元，只要赚1000元就能回本，但是在本金大额亏损后，投机者需要加倍努力才能还原本金，因此保护本金不出现降维式倒退是重中之重。

从图9-4、表9-3中可以看到，当本金损失量在10%以内，为了挽回本金需要额外获得的盈利并不多,但是本金损失超过 20% 以后,为了挽回本金所需要付出的努力就呈几何倍数上升,这就是保护本金的重要性。

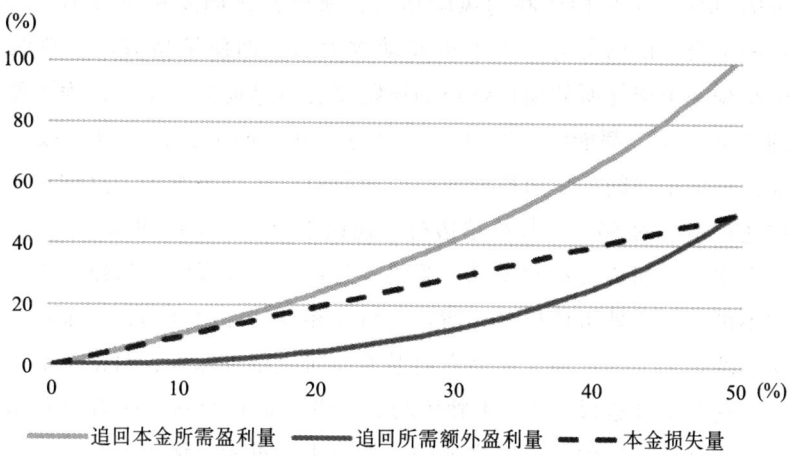

图 9-4　本金的损失与追回

表 9-3　　　　　追回本金所需盈利及额外盈利

本金损失量(%)	追回本金所需盈利量(%)	追回本金所需额外盈利量(%)
1	1.0	0
5	5.3	0.3
10	11.1	1.1
20	25.0	5
30	42.9	12.9
40	66.7	26.7
50	100	50
60	150	90
70	233.3	163.3
80	400	320
90	900	810
100	+∞	+∞

资金管理,就是在交易过程中管理本金,从广义的角度说,就是资金的分配。在各个策略上根据其风险性、盈亏比分别配置相应的资金,从而覆盖

自己能够承受的单笔交易最大亏损和单日交易最大亏损。相对而言，跨期套利交易可以分配更多的比例，因为其风险度相对其他投机略低，但也不应超过本金的50%。跨品种套利的风险稍大，所以其比例要相应减小。跨市套利是在两个交易市场交易，当单边波动放大后，即使策略成功，总收益增加，但至少一个交易所的期货账户的风险度会迅速提高，所以，为了使套利策略的两条"腿"都能够按照自己的交易计划长期维持，在分配投入比例时就要注意留足空间。单边投机而言，短线可以适当分配多一点的资金，但也不应超过本金的50%，长线单边持仓建议不超过本金的30%。

重仓交易是期货交易的大忌，策略本身再好，在漫漫交易路程中只要碰到一次不可控的意外事件推动行情往与持仓相反的方向波动，本金就会蒙受难以承受的损失。一个期货交易者对基本面研究得再深入，对某个品种再了如指掌，这个市场也没有100%胜率的交易者，重仓交易意味着只要错了一次，那么在杠杆放大效应下，之前的一切成果都可能付诸东流。

所以，在期货交易过程中，一个好的策略是必要条件，但是没有完善健全的风险管理和资金管理机制，一个好的策略也未必能够带来一个好的结果。只有在防守稳健的情况下，才能充分进攻，这是长期立足于期货市场必须解决的一个问题。

自测题

一、不定项选择题

1. 在我国，期货市场的收益率和风险度比股票市场的大，是因为（   ）。
   A. 期货交易是保证金制度　　　　B. 期货是双向交易市场
   C. 期货交易是T+0制度　　　　　D. 期货合约有到期日

2. 以下（   ）属于期货投机交易。
   A. 日内高频量化策略　　　　　　B. 单边交易
   C. 套利交易　　　　　　　　　　D. 套期保值

3. 套利交易主要包括（   ）。

A. 跨期套利　　B. 跨品种套利　　C. 跨市套利　　D. 期现套利

4. 以下（　　）套利交易的风险度最低。

A. 跨期套利　　　　　　　　B. 跨品种套利

C. 跨市套利　　　　　　　　D. 期现套利

5. 经济复苏阶段，以下（　　）标的持有价值更高。

A. 股票　　　B. 期货　　　C. 现金　　　D. 债券

6. 投机者在期货市场上的作用是（　　）。

A. 从其他类型期货参与者手中赚取盈利

B. 给期货交易增加流动性

C. 增加商品的波动率

D. 发现价格

7. 以下（　　）是供需平衡表中的要素。

A. 产量　　　B. 销量　　　C. 价格　　　D. 库存

8. 对于广大投资者群体，关于基本面和技术面，以下说法正确的是（　　）。

A. 基本面比技术面更好

B. 基本面和技术面可以互补

C. 基本面需要背后大量资源支持

D. 技术面只要选定技术指标做历史回测确定参数即可

9. 关于风险管理，以下说法正确的是（　　）。

A. 要事先做好风控计划

B. 要完全忠实地执行风控计划

C. 只要风险度不超过 100% 就可以不风控

D. 期货价格达到风控计划的止损线后，只要自己判断基本面没有发生改变，就可以先暂时不止损

10. 关于资金管理，以下说法正确的是（　　）。

A. 只要确保策略管理和风险管理，就可以重仓交易

B. 本金的保护是最重要的

C. 相比于重仓某一个品种，可以同时参与不同期货品种的交易以分散资金风险

D. 相比于重仓某一个合约，可以同时在该品种不同合约上建立相同方向的头寸以分散资金风险

二、判断题

1. 从某种意义上讲，期现套利也是套期保值中的一种。　　（　　）

2. 期货投机，是指交易者通过预测期货合约未来价格变化，以在期货市场上获取价差收益为目的的期货交易行为。　　　　　　　（　　）

3. 在将技术分析运用至交易层面时，须注意规避幸存者偏差陷阱。
　　　　　　　　　　　　　　　　　　　　　　　　　（　　）

4. 期货投机者的参与，转移并稀释了套期保值者在现货市场的风险及收益。　　　　　　　　　　　　　　　　　　　　　　　（　　）

5. 因为严格执行风控，导致账户频繁小额损失，很可能是风险管理拖了后腿。　　　　　　　　　　　　　　　　　　　　　　　（　　）

参考答案

一、不定项选择题

1. ABCD　2. ABC　3. ABCD　4. D　5. A　6. BD
7. ABD　8. BC　9. AB　10. BC

二、判断题

1. ×　2. √　3. √　4. √　5. ×

第十章

乙二醇期货市场的风险管理

本章要点

> 本章对期货市场中可能存在的风险进行了归纳总结，并通过简单的举例让读者有更加直观的认识，与读者探讨各种风险的应对方法，希望对读者有所助益。

乙二醇期货与其他所有商品期货一样，并没有特殊之处，乙二醇期货交易所面临的风险，与大多数商品期货交易所面临的风险也相同。但对于一些准备通过参与期货交易以便更好地配套自身生产经营的聚酯链企业，以及之前没有进入期货市场但未来有此打算并且恰好正在阅读本书的读者，我们认为还是有必要系统地阐述一下期货市场上可能面临的风险，并且提出一些应对措施的。

首先，我们要指出的是，这个世界中风险是绝对的，不管是在物理世界中还是二级市场内都是一样的，人们能做的只是更好地应对风险，降低风险发生后造成的危害，比如驾驶过程中系上安全带，疫情期间进入公共场所戴上口罩，从事危险工作的劳动者提前为家人购买保险，或者是期货交易期间控制仓位做好风控。无论是自然灾害、疫情风险还是二级市场中的"黑天鹅"事件,这些事物背后运行的本质是一样的,它们都是不可抗力,普通人无法预测和阻止它们的降临,即使期货市场中很多突发事件是人为的,但是对绝大部分交易者而言,这些事件依然可以被称作不可抗力事件,因为人们没有预测和改变这些事件发生的能力,只能被动接受这些事件发生后给行情带来的影响。其次,这些发生以后,人们可以有很多种不同的应对方法,而不同的方法最终会导致不同的结果。很多风险事件最终造成了特大损失,既有客观原因,也有主观上操作失当的因素。期货市场由于杠杆效应,其中的一切风险都会被放大,因此需要格外注意风险管理,避免过度伤害本金。

 一、什么是行情波动风险?

行情波动风险是期货市场参与者最常遇到的风险,无论是行情方向上的判断失误,还是发生了与持仓方向不利的突发事件,甚至只是行情本身的正常波动,都有可能给市场参与者带来风险。

对于普通的波动风险,我们可以通过事先制订详细的交易计划,并在风险发生时严格按照计划进行控制。一旦价格向不利方向波动,且已经达到了交易计划中的止损点,市场参与者就应当无条件撤离以保护本金。事实上,几乎所有期货参与者在其交易历史中都遇到过止损离场后行情价格又回到原地的现象。有一些参与者吸取了教训,使自己的交易策略更加优化,也有一些参与者就因为侥幸心理养成了不执行止损的交易习惯,对于不止损的那部分参与者,他们必须要做好面对一次行情再也不回头,继续向不利于自己的方向加速前进的准备。如果这是他们不能承受的,请严格止损以避免这种情况的发生。

案例10-1 2020年3月"OPEC+"减产会议未达成目标使油价暴跌,从而带来风险

2020年3月,"OPEC+"减产会议未达成目标,沙特阿拉伯与俄罗斯

一改之前的减产措施，转为全力生产，开始了原油价格战。沙特阿拉伯甚至一度准备在2020年4月庆祝其原油产量超过1300万桶/日。消息流出后，美国原油因为没有涨跌停板限制，直接录得20多年来日内最大跌幅，单日从41.57美元/桶暴跌至30.24美元/桶，跌幅高达-27.26%。国内原油由于涨跌停板限制，花了3个交易日才消化了外盘油价的跌幅。乙二醇作为原油下游产品，价格也受到一定影响，在跌停一日后，第二天又大幅低开，尽管第二天价格低开后走高，但我们可以看到之后的长期趋势依然是顺势向下（见图10-1）。

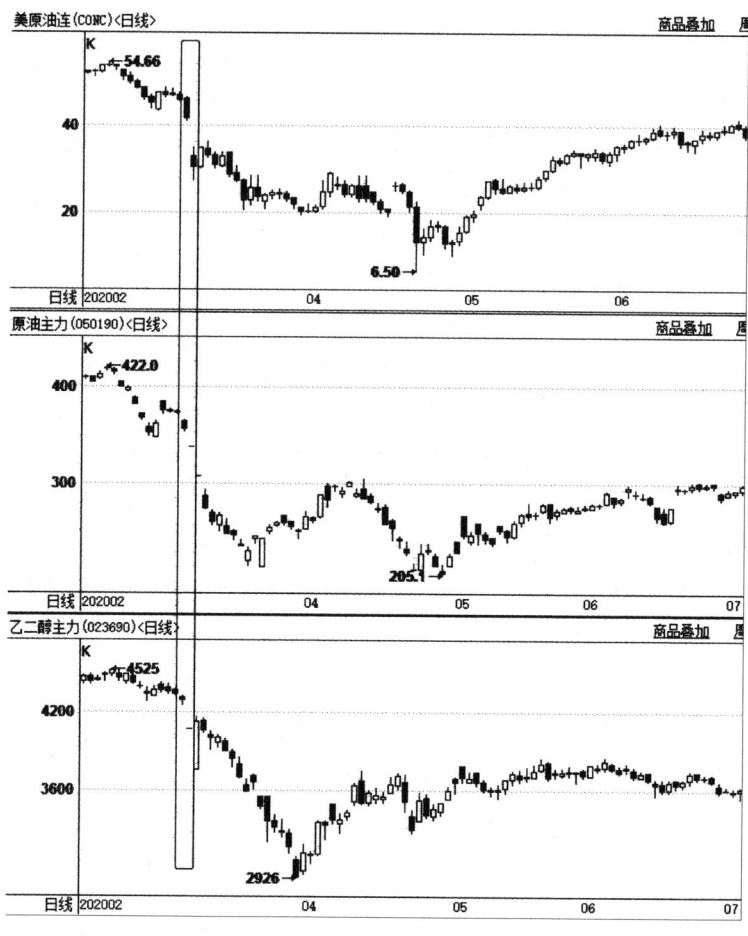

图 10-1

从风险控制的角度出发，此次事件是行业重大事件，对于原油多头持仓者而言，前两个跌停板交易日属于不可抗风险，由于价格锁定在跌停板，市场成交量寡淡，鲜有能够止损离场的，大多数交易者都是在第三个交易日才有离场机会。在这种情况下，资金管理优劣导致的差异就尤为突出，多头越是重仓的，在此期间损失量越大，甚至有发生穿仓需要追加保证金的可能。仓位控制合理的，尽管损失也不小，但至少还留有东山再起的机会。

而这段乙二醇行情就很好地诠释了扛单不止损的后果。这种情况下行情会不留情面地继续下行，导致损失继续扩大，即使资金量足够雄厚，仓位也足够轻，使多单坚定持有者能够扛过4月的价格低点，当时的主力合约为乙二醇2005合约，在该合约到期走完之前，乙二醇2005合约的价格从未回到3月6日下跌之前的高度，整个5月的价格也鲜有超过3600元/吨的时候（注：乙二醇2005合约走势与乙二醇主力略有不同，乙二醇主力在5月份反映的是乙二醇2009合约的走势）。也就是说，即使扛下来了，也难以改变亏损的结局，亏损的数量也远比3月10日第一时间止损来得大。

当然，看了这个例子后，读者不必过于恐慌，这种行业巨震是几年才会碰到一次的，一般意义上的行情波动风险，只要有成熟的风险管理和资金管理制度并且严格执行，多数交易者可以及时离场以避免损失进一步扩大。但是，大多数人只有在真正遇到了例子中的特大风险后才能体会到资金管理的重要性。绝大部分人依然会因为这样那样的侥幸心理，在交易过程中逐步放大仓位比重，或者本来日内短线交易者仓位虽然重一点，实际风险却不大，但是，随着交易时间的加长，交易经历逐渐丰富，且在没有经历过重大风险的情况下逐渐开始抱着侥幸心理留隔夜单，结果正好被这波行情逮着了，最后面对巨额亏损追悔莫及。因此，我们说风险管理和资金管理的意识是需要时刻保持的，用幸存者偏差理论解释，就是缺乏风险管理和资金管理意识的期货参与者迟早会为此支付高昂的学费。这些参与者中不乏一些仍然因为重仓交易或者不止损在期货市场上盈利的，但也只是在扮演幸存者的角色，正如卖降落伞的网店不会收到质量差评一样。

二、什么是保证金风险？

从广义的角度讲，期货市场中的大部分风险都可以归类到保证金风险，因为大多数风险最终的表现形式往往是保证金不足，无法补足后被强行平仓。在这里，我们主要探讨的是以保证金为起因的与期货市场相关的风险。

交易所在以下情况下通常会调整保证金率：合约进入交割月；行情出现单边市或者连续单边市；行情在一段时间内积累的单边波动超过交易所规定；国家法定节假日前后；其他交易所规定的适用情形。

以乙二醇合约为例：2020 年 3 月，乙二醇价格剧烈波动后，通常情况下投机保证金率由 6% 上调为 11%，进入交割月后，保证金率调整为 20%，出现单边市后下一个交易日的保证金率为 13%，连续两个同向单边市后下一个交易日的保证金率为 15%。在 2021 年春节后的第一个交易日上调 3 月至 5 月合约的保证金率至 14%，在其他节假日前后也会略微上调套保额度、保证金率。

当交易所提高保证金率后，即使行情一动不动，期货市场参与者的账户风险度也会迅速上升，一些原本风险度偏高的账户就可能直接突破 100% 的警戒线，触发追加保证金通知和强行平仓的警告。然而，在行情单边市或者连续单边波动超过一定幅度的情况下，交易所上调保证金率无疑加快了亏损者需要追加保证金的节奏，使情况变得雪上加霜。

还有一些特殊情形，即使期货参与者实际上并没有太大的亏损甚至正在取得利润，也会遇到保证金风险。比如，在套期保值交易和跨市套利交易中，就经常遇到这些问题，在此我们通过示例给读者一些直观感受。

案例 10－2　套期保值交易中的保证金风险

假设中间贸易商 A 持有一批货物并与下游工厂签订了一份 3 个月后以点价为定价方式的供货协议。A 担心未来货物价格下跌，在对应期货合约上卖空了相应数量的套保头寸,希望通过套期保值直接锁定整个销售环节中的利润。

然而,在两个月后,由于行业突发事件,该商品价格大幅上涨,主力合约涨幅超过30%,尽管作为整个销售环节而言,由于套保头寸的存在,中间贸易商A并不承担风险,因为3个月后的实物售价也会跟随期货上涨而上涨,与其期货头寸的损失完全对冲。但是,中间贸易商A的期货账户的空头持仓由于期货价格连续被拉涨造成亏损,收到了追加保证金的通知书。如果A没有多余的资金可以周转,则会导致账户持仓被强平,其现货就会出现风险敞口。若行情大幅上涨后,行业对过高的物价进行调控使该商品价格回落,则A的现货将不再有期货市场对冲合约的保护。

这个案例中的风险就是现货企业在套保过程中经常遇到的。因为在每日结算的期货市场做了套保,套保头寸若遇到较大的反向行情或者套保头寸仓位过重,就容易收到提示追加保证金的电话和通知书。如果由于资金链问题无法补足保证金导致套保头寸被强平,则此后套保效果将消失,风险敞口随之出现,若后期价格往反向波动,则将不再有期货套保头寸覆盖敞口。因此,现货企业在设计套保方案时,一定要做好企业财务及资金运作方面的管理,要着重考虑公司的资金状况,防患于未然。

跨市套利交易中的保证金风险比套期保值交易中的风险更大,因为跨市套利两边的头寸全部为期货头寸,当行情价格呈现单边波动时,无论跨市套利组合是否盈利,与价格波动方向相反的那边的持仓风险度必定提高。因此,在跨市套利交易计划设计中,要充分考虑套利品种未来的价格波动区间,以及相对应的需要追加的保证金数量。

三、什么是流动性风险?

期货市场上的流动性风险,主要指期货交易者无法按照与市场价格相近的价格进行期货交易的风险,在一些特殊的情况下,也会引申为无法大量有效地以市场价格附近的价格进行期货交易的风险。

流动性主要体现在三个方面:不活跃品种、不活跃合约和涨跌停板。在不活跃品种和不活跃合约中,买卖双方挂单稀少,且挂单价格与当前价格的差距往往较大。由于期货交易是自动撮合交易,在市场缺少对手盘的时候期货交易者无法在当前价格附近进行大量的对价交易。此时,若期货交易者必须要大量交易,比如套保合约平仓或者投机持仓止损,则必然要承担大量的冲击成本,成本大小与流动性缺失的程度成正相关。

冲击成本全称为价格冲击成本,是指在交易中需要迅速而且大规模地买进或者卖出,未能按照预定价位成交从而多支付的成本。冲击成本被认为是机构大户难以摆脱的"致命伤"。国际上,通常用冲击成本来衡量市场的流动性,因此,冲击成本又被称为"流动性成本",是指一定数量的委托迅速成交时对价格的影响,因此它是一个包含即时性和合理价格两方面要素的指标。

相应的流动性成本指标,比如价格冲击指数,是指一定数量交易(比如 10 万元)对市场价格的冲击程度。在我国,上海证券交易所会发布价格冲击指数,而在我国期货市场中,并没有类似指数发布。因此,如无特别需求,套保交易者和投机交易者都应该尽量选择成交量与持仓量最多的主力合约进行交易,以降低冲击成本。此外,还要尽量避免参与不活跃品种的交易。

案例 10 - 3 活跃品种、不活跃品种、主力合约、非主力合约的流动性比较

以上海期货交易所的螺纹钢期货与线材期货做比较,从成交量和持仓量可以明显看出,螺纹钢期货是活跃品种,线材期货是不活跃品种,两者的成交量与持仓量天差地别(见图 10 - 2、图 10 - 3)。而主力合约主要通过成交量与持仓量判断,螺纹钢 2201 合约就是螺纹钢主力合约,日成交量(按单边算)将近 150 万手,成交量十分活跃。如果是单边交易,除非有特殊需求,建议在此合约进行。如果是跨期套利,则必须在螺纹钢期货合约中选择两个合约进行操作,建议在成交量最大的螺纹 2110、螺纹 2201、螺纹

2205中挑选，大单交易须特别注意避开成交不活跃的螺纹2202、螺纹2203、螺纹2204、螺纹2206、螺纹2207合约。在这些合约中，买价与卖价相差甚远，在这些合约上交易将承受极大的流动性风险。

名称	最新	现手	买价	卖价	买量	卖量	成交量	涨跌	持仓量
螺纹2108	5430	30	5351	5399	30	60	270	77	6180
螺纹2109	5317	2	5316	5319	11	71	3064	-27	9409
螺纹2110	5432	55	5433	5434	1	21	502913	-47	630293
螺纹2111	5492	3	5491	5493	2	13	10264	-48	41226
螺纹2112	5521	1	5521	5523	2	6	16246	-55	55378
螺纹2201	5508	105	5507	5509	89	378	1461768	-48	1040313
螺纹2202	5375	1	5375	5380	25	14	556	-42	1162
螺纹2203	5392	1	5382	5388	26	24	264	-19	944
螺纹2204	5358	1	5377	5396	1	1	7	-41	157
螺纹2205	5372	2	5371	5374	6	10	49143	-17	84961
螺纹2206	5326	3	5326	5353	2	2	33	-25	106
螺纹2207	5380	1	5319	5366	1	3	11	42	100

图10-2 螺纹钢的成交量与持仓量

名称	最新	现手	买价	卖价	买量	卖量	成交量	涨跌	持仓量
线材2108	—	0	—	—	0	0	0	—	0
线材2109	—	0	6059	6170	1	1	0	—	4
线材2110	5845	1	5852	5878	8	2	21	-64	41
线材2111	—	0	5744	5950	1	1	0	—	1
线材2112	—	0	5760	5950	1	1	0	—	1
线材2201	5800	1	5628	5894	1	1	4	-1	9
线材2202	—	0	5630	5855	1	1	0	—	19
线材2203	—	0	5599	5851	1	1	0	—	0
线材2204	—	0	5521	5851	1	1	0	—	0
线材2205	—	0	5509	5841	1	1	0	—	4
线材2206	—	0	5449	5851	1	1	0	—	0
线材2207	—	0	5449	5851	1	1	0	—	0

图10-3 线材的成交量与持仓量

图10-4是期货行情软件常见的显示窗口。竖框中的数字代表的含义是当前交易所服务器中相应价格的挂单数量。如果在此时按市价做空10手螺纹2201合约，按照价格优先的原则，会在5456元/吨成交10手，成交后挂单量从81手下降为71手，最新价格依然为5456元/吨不变，就是说，螺纹2201合约的流动性能够保证10手空单的冲击成本为0；如果换做在线材最活跃的2110合约上做空10手，按照价格优先的原则，将分别成交2手5826元/吨，1手5810元/吨以及7手5809元/吨，成交完毕后最新价格将更新为5809元/吨，与当前的5844元/吨有着巨大的差距。

第十章 乙二醇期货市场的风险管理　253

螺纹2201(rb2201)					线材2110(wr2110)				
卖五	5461	355			卖五	5980	2		
卖四	5460	177			卖四	5970	1		
卖三	5459	57			卖三	5960	1		
卖二	5458	38			卖二	5956	1		
卖一	**5457**	**462**			卖一	**5838**	**1**		
买一	**5456**	**81**			买一	**5826**	**2**		
买二	5455	296			买二	5810	1		
买三	5454	373			买三	5809	7		
买四	5453	234			买四	5805	2		
买五	5452	509			买五	5790	1		
最新	5456	结算	5535		最新	5844	结算	5890	
涨跌	-100	昨结	**5556**		涨跌	-65	昨结	**5909**	
幅度	-1.80%	开盘	**5560**		幅度	-1.10%	开盘	**5894**	
总手	1597805	最高	**5589**		总手	26	最高	**5930**	
现手	46	最低	**5454**		现手	1	最低	**5830**	
涨停	**6000**	跌停	**5111**		涨停	**6381**	跌停	**5436**	
持仓	**1034544**	仓差	**73024**		持仓	**39**	仓差	**-7**	
外盘	783339	内盘	814466		外盘	20	内盘	6	

图 10 - 4　螺纹 2201 合约和线材 2110 合约行情

冲击成本 = （5844×10 - 5826×2 - 5810×1 - 5809×7）×10（线材期货合约单位）= 3150（元）

这笔交易占用的保证金成本 = （5826×2 + 5810×1 + 5809×7）×10×10%（线材期货保证金率）= 58125（元）

冲击成本占保证金比例 = 3150÷58125×100% = 5.42%

按三成仓位算，也就是说，这笔交易刚刚入场，本金就已经损失了大约 1.6%。这还只是 10 手的情况下，在手数增加的情况下，本金损失量将呈几何倍数上涨。

这就是流动性缺失风险造成的冲击成本。流动性风险对短期交易者意义不大，因为他们一般会选择在主力合约内交易，且短期内就会离场。流动性风险主要针对的是长期交易者，包括套期保值者以及长期套利者。随着时间的流逝，期货市场的主力合约会按照约定俗成的规律向后切换，如果长期交易者不及时将手中头寸转移到新的主力合约，随着原来主力合约的流动性逐渐减少，等到长期交易者需要平仓时，就要面对流动性风险。

就套利交易而言，尤其是跨期套利，必定有头寸建立在非主力合约上。在大连商品交易所和郑州商品交易所，有专门的套利交易编码供交易者使用，而上海期货交易所没有相关编码，交易者只能通过编程或者手动下单完成套利头寸的建立和离场。在这种套利交易中，流动性风险主要体现在一条"腿"成交入场而另一条"腿"仍然在场外未入场时，已经入场的那条"腿"要承受市场单边波动。一般我们建议，在上期所进行的跨期套利或者跨品种套利交易中，优先在非活跃合约建仓或者离场，当挂单成交后，迅速转到主力合约市价成交另外一"腿"，以尽可能避免流动性缺失对套利交易的风险。

除了市场的自然选择导致一些品种与合约会缺乏流动性以外，还有一种特殊的情形，当此情形发生时，即使是活跃品种的主力合约，依然会有流动性风险，那就是涨跌停板。涨跌停板的形成，是因为市场的多空力量对比出现了极度失衡，在市场几乎没有空头力量时，行情往往容易打到涨停板；反之则是跌停板。因为期货交易为撮合成交，当市场中一个方向的参与者大量缺失时，成交量自然会大幅下降，这就是涨跌停板造成的流动性风险。

以涨停板为例，由于市场都是买盘而缺乏卖盘，行情迅速上涨，为了让自己的委托能够迅速成交，在价格优先的规则下，会有大量买盘提高挂单价格，但又因为涨跌停板的限制，买盘无法越过涨停价报单，因此，最终大量买盘挂单滞留在涨停板上排队，等待寥寥无几的空头卖盘与之配对。在这种情况下，包括新多买盘和空头止损盘在内的大量多头买盘无法有效成交，成交量急剧减少，流动性风险急剧放大。这种情况下，由于价格钉死在涨停板，任何成交都不会有冲击成本的存在，但是成交本身都难以发生。

案例10-4 涨跌停板导致的流动性风险

2020年初，国内原油期货在短短两个月内触发了3次跌停板。第一次是国内疫情传播导致市场对原油需求忧虑，春节回来首日跌停1天。另两次是"OPEC+"减产会议目标未达成，外盘原油下跌将近30%，国内原油由于涨跌停板限制，在跟上外盘油价跌幅之前，连续跌停两天。从图10-5中下半区成交量可以看到，跌停三天对应的成交量均出现明显收窄，表示成交量的柱形高度可以忽略不计,当日成交急剧萎缩,反映了涨跌停板下的流动性风险。

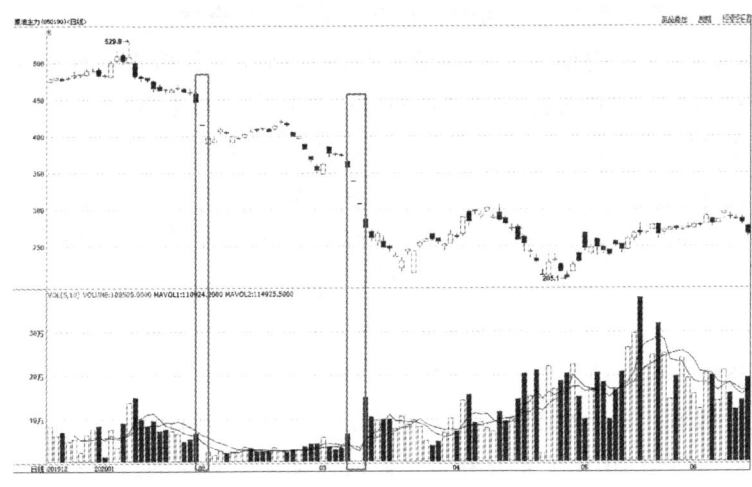

图10-5　原油期货的连续跌停板

对于这种涨跌停板下的流动性风险,只能预防,并没有太好的事后应对措施,因为涨跌停板往往都是应"运"而生,这些好运或者霉运根本不是普通交易者能够控制的。一旦发生,在市场上直接体现为流动性风险,等到流动性风险消失的时候,价格往往早已偏离原来的位置,几乎没有回旋的余地。那么怎么预防呢?在不知道何时会发生涨跌停板的情况下,我们只有坚持资金管理,保证仓位在低风险区域(比如三成或三成以下,节假日前进一步降低仓位)等,才能够在这类行情发生后使自己仍有转圜余地。重仓短线交易者,要坚持短线原则,坚决不留仓过夜,在日内盘中,价格有奔着涨跌停板迹象时,要及时提早离场。此外,所谓的重仓短线,我们也建议不要超过五成仓。

 四、什么是涨跌停板风险?

前文我们已经用到了涨跌停板的例子,之所以把涨跌停板再次单独拿出来讲，主要是因为涨跌停板几乎是风险最主要的来源，它囊括了行情波动风险、保证金风险以及流动性风险，是以上风险的集合体。

此外，由于国内期货交易所的涨跌停板制度，行情在出现单边市后，交易所往往会采取扩大涨跌停板的措施，比如乙二醇期货交易，涨跌停板后下一个交易日就扩板3%，如果继续出现同向涨跌停板，再下一个交易日进一步扩板2%。在这种情况下，尽管能够在一定程度上缓解流动性风险，通过扩板降低连板概率，达到及时释放流动性风险，方便交易者平仓止损，降低交易所保证金风险的目的，但也在一定程度上加剧了行情波动风险。

从历史经验来看，长假后出现涨跌停板的风险频率远高于其他时期，因为长假后的第一个交易日实际上反映的是整个长假期间市场上发生的所有事件。我们再借用2020年2月春节长假后回来第一天原油跌停板这个例子。如果春节期间期货交易所连续交易，根据当时外盘油价的波动情况，实际上内盘原油虽然还是会出现连日下跌，但并不会出现跌停板的状况。2月3日的跌停板实质上是对外盘油价整整一周5个交易日跌幅总和的体现。我们说过，一旦发生涨跌停板事件，事后可以采取的补救措施是很有限的，所以在长假之前，要格外注意资金管理。在这个市场上，我们要时刻做好最坏的打算，以保证我们能够持续在这个市场上生存，所以我们不能只盯着长假后价格可能往对自己有利的方向大幅波动的机会，更要关注长期在期货市场中规避风险，谨慎控制仓位，不要被一些带有幸存者偏差色彩的故事诱惑。将每个长假作为独立事件，我们永远不知道节后市场是风平浪静还是波涛汹涌，如果是波涛汹涌，我们也无法确保自己每一次都能够处在"幸存者"的位置。

最后，再给大家举一个长假后连续跌停板的例子，希望广大期货参与者能够意识到风险管理和资金管理的重要性。

案例10-5 长假后的连续跌停

2008年国庆节后沪铜主力走势如图10-6所示，图10-6中十字光标对应的是节前最后交易日。

第十章 乙二醇期货市场的风险管理 257

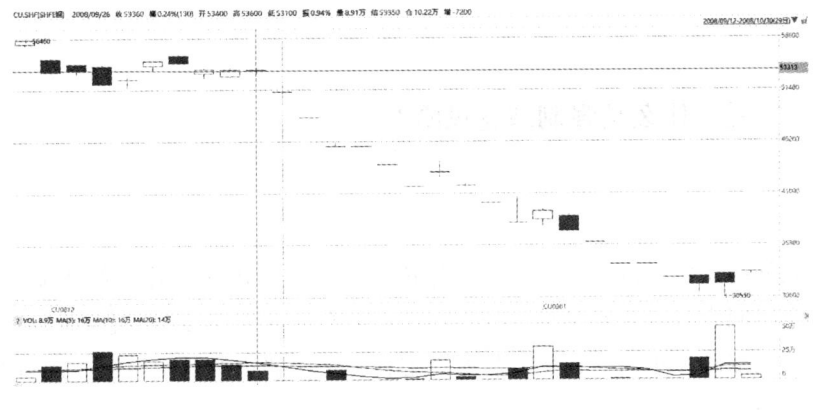

图 10-6

这段走势是 2008 年经济危机过程中经典的连续跌停走势。在国庆假期前，沪铜呈现震荡走势，并没有明确方向。国庆假期期间，外盘突然开始连续下跌，节后回来沪铜主力跟随外盘走势连续跌停。头两个交易日因为封死在跌停板上几乎没有成交量，第三个交易日盘中短暂打开跌停板，是节后第一个有一定成交量的交易日。但好景不长，最终铜价在第三个交易日收盘前再度封板。从事后看，第三个交易日可能是市场多头止损自救的最好机会了，因为之后连续 3 个交易日又是地量封板。我们可以看到，2008 年国庆节后的成交量动不动就出现地量，对应的就是跌停板行情，每一次市场重新出现流动性，沪铜的绝对价格都比前一次要跌落许多。也就是说，在这波极端行情中，市场多头每错过一次止损机会，就要进一步承受大量亏损。此后，沪铜延续跌势，在之后的几个月，沪铜价格一路从国庆节前的 53360元/吨跌到最低的 22210 元/吨，期间几乎没有任何像样的反弹过程。这种长时间的单边大幅下跌，即使轻仓交易也很难扛下来，扛下来了也基本没有重新盈利的机会了。所以，缺乏风险管理和资金管理的交易者，不管其交易策略如何卓越，以往积累的战绩多么辉煌，一生只要被这样的行情逮到一次，重仓过节，做错方向后第一时间没有止损，或者干脆死扛不止损，那么以前所有的努力基本就白费了。

五、什么是强制减仓风险？

此处所说的强制减仓风险并不是传统意义上的由于结算后保证金不足，在规定时间内又没有补足导致的强制平仓减仓，这里的强制减仓风险是特指发生连续涨跌停板后，根据交易所规定，为了化解市场风险触发的强制平仓减仓风险。

例如，《大连商品交易所风险管理办法》中提到：若某期货合约在第N+2个交易日出现与第N+1个交易日同方向涨跌停板单边无连续报价的情况时，且第N+2与第N+3个交易日不是该期货合约的最后交易日，交易所可在第N+2个交易日收市后决定并公告，对该合约实施下列措施中的一种或多种化解市场风险。在这些措施中就包括在第N+2个交易日收市后的强制减仓。

强制减仓，是指交易所将当日以涨跌停板价申报的未成交平仓报单，以当日涨跌停板价格与该合约净持仓盈利客户按持仓比例自动撮合成交。同一客户持有双向头寸，则其净持仓部分的平仓报单参与强制减仓计算，其余平仓报单与其对锁持仓自动对冲。强制减仓于第N+2个交易日收市后由交易系统按强制减仓原则自动执行，强制减仓结果作为第N+2个交易日会员的交易结果，强制减仓的价格为该合约第N+2个交易日的涨（跌）停板价格，由上述减仓造成的经济损失由会员、境外特殊参与者、境外中介机构及客户承担。

强制减仓的主要风险如下：

（1）对于方向正确的投机者来说，强制减仓可能导致策略效果减弱甚至提前结束交易；

（2）对于套利投机者来说，套利两条"腿"不同合约走势之间可能存在差异，因此可能造成其中一条"腿"被强制减仓，另一条"腿"依然在期货市场上承受单边波动的风险；

（3）对于套期保值投机者来说，强制减仓可能导致相应数量的现货再度出现风险敞口。

期货交易者当然可以等待单边市结束后回补仓位，但空仓期间期货市场的价格波动就是期货交易者需要承担的风险。若价格继续此前走势，则以上三种交易者将遭受计划外的损失。

那么如何尽可能规避强制减仓呢？我们只能从强制减仓的规则入手。按照规则，盈利的仓位都会进入分配，面临减仓风险，按优先程度排列分别为盈利6%以上的投机持仓、盈利3%以上的投机持仓、盈利0%以上的投机持仓、盈利7%以上的保值持仓。可以看到，所有的盈利投机持仓与盈利7%以上的套保持仓都在减仓范围内。实际情况下，经历了连续两个板之后，套保持仓盈利超过7%的概率也很大，所以几乎所有持仓都面临减仓风险。因此，我们只能从交易所开平仓先进先出的规则入手。以持有期货多头头寸在连续涨停行情下面临强制减仓风险为例。在N+2日集合竞价阶段，尽早以涨停板价格挂单做多，申报手数与自己持有多头数量相同，并在多头成交后立即平仓相应数量，保证多头总持仓不变。

需要注意的是，在涨停板行情下，多头入场需要排队，而多头离场是立刻成交，因此，不需要担心多单入场后平不了仓的情况。由于开平仓原则为先进先出，平仓离场的都是早期的多头盈利单，留下来的则是N+2当日入场的多单。由于当天价格始终在涨停板上，当日入场的多单无盈利，不计入强制减仓范围。

如此操作的风险有两种：首先，在极端单边市的情况下，成交有限，即使这么做了，也未必有预期的成效，但会比不做的情况稍好一点，当日成功换手的头寸将不再进入强制减仓范围。其次，若当天未发生极端单边市，期货行情出现波动，则需要在开市后立即平仓与报入数量相等的多单，如此将承受开盘后的短期波动风险。但若当天之后行情再度涨停，当日新开的多单由于收益较小，强制减仓的顺位得以大幅度延后，期货参与者需要在N+2日集合竞价开始之前自行衡量这两者的利弊并作出决断。

六、期货交易中还有哪些风险？

期货交易中除了上述主要风险外，还有千奇百怪的其他风险，我们在此仅作简单举例。

（一）硬件风险

硬件风险包括区域性临时断电断网、电脑或者手机出现故障等。断电断网可能是天灾导致的，也可能是人为导致的，但大部分情况下，不是期货参与者自己导致的。在这种情况下，建议尽可能及时恢复硬件设备，如果持有短期交易头寸，建议联系所选期货经纪公司对手中头寸进行处理。

（二）交易风险

对于手动交易而言，下错单是不可避免的交易风险，包括下错合约、下错价格、下错方向、下错数量等。其中，危害最大的是下错数量，几乎市场中所有的"乌龙指"都来自下单的时候在想要下单的数量后面多敲了一个甚至多个零，巨大的瞬间冲击量有时候能够直接打穿大量盘口，造成巨大的市场异动以及冲击成本。因此，在手动下单前，应尽可能保持状态，适度检查，降低犯错频率。

对于程序化交易而言，自然规避了大部分手动交易中的风险，但依然要面对下单手数风险。对于程序化交易的新手而言，策略逻辑本身往往得到了更多重视，而对市场容量变化与下单数量之间的关系往往没有仔细设计，尤其是针对大资金交易的程序化编程，就更应注意这点。市场上很多疑似"乌龙指"的交易背后都有程序化的迹象，更可怕的是程序化忠实地执行策略犯错的时候，交易员未必能第一时间发现错误，因此，在程序化的过程中，对交易数量也应当深入思考。

第十章 乙二醇期货市场的风险管理

(三) 违规风险

随着市场越来越成熟，相关部门对市场的监管也越来越全面。本书第二章罗列了大连商品交易所认定的异常交易和期货违规行为。事实上，无论交易哪个期货交易所的品种，期货交易者都必须充分认识市场的监管规则，避免踏入雷区。无论是主观恶意，还是在不了解规则的情况下误触条例，都将触发有关部门的监管规则，从而对自己的期货交易产生不利影响。

 ## 七、如何管理期货交易中的风险？

无论是期货市场还是现实生活中都充满着风险，人们会因为交通意外风险而拒绝出行吗？公司会因为经营风险直接关门大吉吗？娱乐活动中也存在这样那样的风险，但人们停止过娱乐吗？当然，这些问题的背景其实并不一样，比如，大多数人认为出行是必需品，而在疫情下聚众娱乐并不是必需品；经营公司更是一个复杂的社会问题，因此没有统一的答案。

对于期货风险，我们首先要做的不是畏惧，而是认识。只有充分理解了期货运行机制，了解了期货市场风险，人们才能对期货交易作出正确的判断。一些风险厌恶者在了解了期货机制后选择远离期货市场，这都是很正常的。期货交易并不是生活必需品，监管机构引入了适当性原则，期货经纪公司也只能吸纳风险承受能力足够的人进行期货交易。而对于现货价格剧烈波动的相关产业人士，期货不但不是风险，反而是避险工具。诚然，在套保过程中还会有保证金风险、基差风险等，但在长期的套保过程中，这些风险与其自身现货价格变动风险相比，不算什么。

这是管理风险的第一步。要管理一件事物，首先需要做的是充分了解它，而不是讳疾忌医，避之不谈。然后，我们就来到管理风险的第二步，事前管理总好过事后管理。

事前管理较事后管理有两个好处。首先，由于提前明确了管理目标，在具体执行上一切行为都是有据可查的。事后管理由于临时性比较强，风险出现时往往因为事发突然难以全面思考，加上需要处理风险的时候往往是亏损的时候，这时候人性的弱点最容易被放大，经常会作出一些情绪化的决定。而这些情绪化的决定，往往都是不利于控制风险的决定。当然，事前管理在具体执行时也会不可避免地受到人性干扰，但相对而言临场表现会更好，因为在内心天人交战的时候，至少有一个清晰完整的风险处理方案已经深深印入脑海。事实上，在本章罗列的一系列风险中，除了涨跌停板带来的一系列风险以外，其他风险大多是可防可控的。

事前管理的另一个好处就是能够更好地应对涨跌停板风险。坦率地讲，涨跌停板风险发生后可以采取的应对措施确实不多。在行情逆向跨过了一个板后，无论如何处理，基本都是亏损的，且大多数情况下，亏损量会远远超过预定止损点对应的亏损幅度。做好了事前管理，再进行充分的资金管理，就可以相应地控制好损失。当然，若遇上2008年这种超级"黑天鹅"事件，交易者可能依然会蒙受相当的损失。

在做好事前管理后，我们就来到管理风险的最后一步——勿存侥幸，不断完善。勿存侥幸，是指当风险真正来临时，要尽量避免人性的弱点给风控执行带来的干扰，坚决执行事前规划好的风控行动。或许有那么几次觉得自己执行错了，吃了亏，但是当真正的大单边来临的时候，按照事前管理执行，带给自己的肯定是幸运多一些。

资金管理更是不能心存侥幸的。期货交易是个长期的过程，一个人在期货市场上存活的时间越长，其之前的交易经历大概率更丰富，交易结果大概率也更美好。当一个人过于顺风顺水的时候，他对期货市场风险的认知往往会发生改变，处理问题时的心态也会发生变化，而这个时候往往是市场等待着他犯错的时候。因此，我们需要时时刻刻把仓位控制在合理的范围内，任何侥幸心理都不能有，如果有，也必须将其扼杀在萌芽中。

不断完善，是指在管理风险的过程中，不断改进自己的风险管理办法。一个人在期货市场交易的不同阶段，对风险控制的领悟是不一样的，无论是交易策略本身、投研分析体系，还是风险管理办法，都是可以不断优化的，但这种优化不能以侥幸的形式表现出来。

八、各类参与者面临的主要风险有什么?

本部分我们尝试对期货市场的主要风险进行归类,以方便各类期货参与者认清自己面对的主要风险。

对于短期投机者而言,其主要面对的风险为行情波动风险、价格在涨跌停板附近随时可能封板的涨跌停板风险,以及交易亏损时短期投机变长期投机的风险。

对于长期投机者而言,其主要面对的风险为行情波动风险、节假日保证金风险、涨跌停板风险,以及由此带来的强制减仓风险、长期投机者在价格向不利方向波动击穿计划止损位时未执行风控管理的风险。

对于套利者而言,其主要面对的风险为价差波动风险、节假日保证金风险、流动性风险、强制减仓风险,以及价差向不利方向波动击穿计划止损位时未执行风控管理的风险。

对于套期保值者而言,其主要面对的风险为节假日保证金风险、流动性风险、强制减仓风险,以及违背初心将套期保值逐步做成投机的风险。

所有这些,都是期货交易参与者需要注意规避的风险。

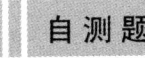 自测题

一、不定项选择题

1. 保证金风险的来源主要有(　　)。
A. 行情波动导致账户亏损　　B. 节假日前交易所提高保证金
C. 单边行情下交易所提高保证金　　D. 持仓合约进入交割月

2. 当期货出现涨停板时,(　　)。

A. 多单需要排队成交 B. 空单需要排队成交
C. 下一交易日保证金会提高 D. 下一交易日涨跌停板会放大

3. （　　）交易特别需要注意规避强制减仓风险。

A. 单边投机　　B. "双腿"套利　　C. 套保　　D. 高频量化

二、判断题

1. 有些期货市场的风险，是无法通过事后管理有效控制的，只能通过事前的资金管理降低损失。（　　）

2. 程序化交易无须应对市场风险。（　　）

参考答案

一、不定项选择题

1. ABCD　　2. ACD　　3. BC

二、判断题

1. √　　2. ×

后 记

本书是专为期货投资者编写的一本普及性读物，适合于乙二醇产业链企业和普通投资者阅读。

本书注意实用性、趣味性，以通俗易懂的语言、鲜明生动的案例将理论知识简单化，避免了理论知识阐述过程中的呆板僵硬。对乙二醇产业链企业而言，本书具有指导实务操作的作用，书中包含了大量套期保值、套利、风险管理的应用型案例，对企业应用乙二醇期货有一定借鉴意义。对于普通投资者而言，本书通过一问一答的形式，由浅入深地剖析乙二醇的基本面和技术面，有助于投资者快速了解乙二醇市场。

与证券、债券等金融工具相比，期货作为风险管理工具，专业性强，杠杆率高，风险大，这在客观上要求投资者具备一定的专业投资知识、经济实力以及风险承受能力。"期市有风险，入市需谨慎！"

本书由于篇幅限制，无法尽述相关实体企业及投资者在期货市场上可能面临的所有具体情况，不管是实体企业还是普通投资者，参与期货市场，都务必结合自身需求，制定科学合理的交易策略。企业参与套期保值要避免变成投机，普通投资者要严格评估自身能力，尽可能地熟悉并掌握交易品种的市场特点及操作技巧，并严格控制交易规模，避免遭受不必要的损失。

作为《期货投资者教育系列丛书》之一，本书由中国期货业协会组织编写，东吴期货有限公司肖彧、庄倚天、阮有、姜兴春、赵文婷、倪耀祥承担了本书的具体编写任务。大连商品交易所对本书书稿进行了审阅并提出了宝贵建议。

  本书在编写过程中还得到了中国证监会投资者保护局、期货部、大连商品交易所和东吴期货有限公司领导的指导和帮助，在此表示衷心的感谢！书中的错误之处，敬请批评指正。

中国期货业协会

《期货投资者教育系列丛书》编委会

2022 年 12 月

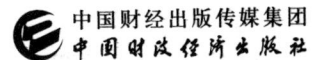

书单
FUTURES

一、系列

序号	系列
（一）	期货投资者教育系列丛书
（二）	金融衍生品系列丛书
（三）	中国期货业发展创新与风险管理研究
（四）	中国期货市场年鉴
（五）	"讲故事 学期货"金融国民教育丛书
（六）	全国期货从业人员资格考试参考用书
（七）	服务实体经济系列
（八）	期货投资者保护丛书
……	……

二、明细

（一）期货投资者教育系列丛书

序号	书名	书号
1	铜期货	978-7-5223-0293-5
2	精对苯二甲酸（PTA）期货	978-7-5223-1405-1
3	玉米	978-7-5095-3193-8
4	铝	978-7-5095-3181-5
5	小麦	978-7-5095-3183-9
6	锌	978-7-5095-3190-7
7	线型低密度聚乙烯（LLDPE）	978-7-5095-3184-6

续表

序号	书名	书号
8	早籼稻	978-7-5095-3076-4
9	棉花	978-7-5095-3033-7
10	燃料油	978-7-5095-3034-4
11	菜籽油	978-7-5095-2025-3
12	聚氯乙烯	978-7-5095-2592-0
13	棕榈油	978-7-5095-2589-0
14	黄金	978-7-5095-2532-6
15	白糖期货	978-7-5095-8814-7
16	豆类期货	978-7-5095-8815-4
17	焦炭	978-7-5095-4080-0
18	乙二醇期货	978-7-5223-1645-1
19	铅	978-7-5095-4086-2
20	鸡蛋期货	978-7-5095-5803-4
21	铁矿石期货	978-7-5095-5809-6
22	纤维板、胶合板期货	978-7-5095-5810-2
23	石油沥青期货	978-7-5095-5816-4
24	菜籽系期货	978-7-5095-5743-3
25	白银期货	978-7-5095-5955-0
26	玻璃期货	978-7-5095-5697-9
27	动力煤期货	978-7-5095-5802-7
28	稻谷期货	978-7-5095-5826-3
29	原油期货	978-7-5095-7708-0
30	苹果期货	978-7-5223-0455-7
31	花生期货	978-7-5223-0967-5
32	生猪期货	978-7-5223-0851-7
33	天然橡胶期货	978-7-5223-1184-5
34	钢材期货	978-7-5223-1175-3
35	甲醇期货	978-7-5223-1295-8
36	纸浆期货	978-7-5223-1277-4
……	……	……

（二）金融衍生品系列丛书

序号	书名	书号
1	股指期货（第二版）	978-7-5095-9432-2
2	场外衍生品（第二版）	978-7-5095-9596-1
3	国债期货（第二版）	978-7-5095-9601-2
4	金融期权（第二版）	978-7-5095-9598-5
5	外汇期货（第二版）	978-7-5095-9597-8
6	结构化产品（第二版）	978-7-5095-9600-5
7	金融衍生品习题集（第二版）	978-7-5095-9599-2

（三）中国期货业发展创新与风险管理研究

序号	书名	书号
1	中国期货业发展创新与风险管理研究（8）	978-7-5095-6907-8
2	中国期货业发展创新与风险管理研究（9）	978-7-5095-7523-9
3	中国期货业发展创新与风险管理研究（10）	978-7-5095-8144-5
4	中国期货业发展创新与风险管理研究（11）	978-7-5223-0213-3
5	中国期货业发展创新与风险管理研究（12）	978-7-5223-1483-9
……	……	……

（四）中国期货市场年鉴

序号	书名	书号
1	中国期货市场年鉴（2015年）	978-7-5095-6924-5
2	中国期货市场年鉴（2016年）	978-7-5095-7503-1
3	中国期货市场年鉴（2017年）	978-7-5095-8331-9
4	中国期货市场年鉴（2018年）	978-7-5095-9079-9
5	中国期货市场年鉴（2019年）	978-7-5095-9869-6
6	中国期货市场年鉴（2020年）	978-7-5223-0640-7
7	中国期货市场年鉴（2021年）	978-7-5223-1500-3
……	……	……

（五）"讲故事 学期货"金融国民教育丛书

序号	书名	书号
1	走进期货	978-7-5095-7095-1
2	如何进行期货交易	978-7-5095-7092-0
3	期货的套保和套利	978-7-5095-7093-7

续表

序号	书名	书号
4	期货交易中的"规矩"	978-7-5095-4355-9
5	金属期货	978-7-5095-7087-6
6	农产品期货	978-7-5095-7104-0
7	能化期货	978-7-5095-7088-3
8	金融期货	978-7-5095-7094-4
9	期权	978-7-5095-7217-7
10	场外衍生品	978-7-5095-7091-3

（六）全国期货从业人员资格考试参考用书

序号	书名	书号
1	期货及衍生品基础（第三版）	978-7-5223-1005-3
2	期货法律法规与职业道德	978-7-5223-0997-2
3	期货及衍生品分析与应用（第四版）	978-7-5223-0998-9

（七）服务实体经济系列

序号	书名	书号
1	期货行业主力复工复产案例集	978-7-5223-0168-6
2	期货服务实体经济案例集	978-7-5095-8029-5
……	……	……

（八）期货投资者保护丛书

序号	书名	书号
1	期海导航——期货投资常识与基础知识	978-7-5223-1045-9
2	期海护航——期货交易者合法权益保护	978-7-5223-1531-7

咨询电话：010-88190912

咨询邮箱：jiayanping@cfemg.cn